贵州书院文化研究团队资助项目

概念隐喻与

二语词汇教学研究

Conceptual Metaphor and
Vocabulary Teaching of Second Languages
Second Edition

吴胜伟　著

第2版

哈尔滨出版社
HARBIN PUBLISHING HOUSE

图书在版编目（CIP）数据

概念隐喻与二语词汇教学研究 / 吴胜伟著 . — 2 版
. —哈尔滨：哈尔滨出版社，2023.3

ISBN 978-7-5484-7077-9

Ⅰ . ①概… Ⅱ . ①吴… Ⅲ . ①英语—词汇—隐喻—教学研究 Ⅳ . ① H313

中国版本图书馆 CIP 数据核字（2023）第 038253 号

书　　名： 概念隐喻与二语词汇教学研究
GAINIAN YINYU YU ERYU CIHUI JIAOXUE YANJIU

作　　者： 吴胜伟　著
责任编辑： 王嘉欣
装帧设计： 中正书业

出版发行： 哈尔滨出版社（Harbin Publishing House）
社　　址： 哈尔滨市香坊区泰山路 82-9 号　　**邮编：** 150090
经　　销： 全国新华书店
印　　刷： 三河市龙大印装有限公司
网　　址： www.hrbcbs.com
E-mail： hrbcbs@yeah.net
编辑版权热线：（0451）87900271　87900272

开　　本： 889mm × 1194mm　1/16　**印张：** 18.25　**字数：** 301 千字
版　　次： 2023 年 3 月第 2 版
印　　次： 2023 年 3 月第 1 次印刷
书　　号： ISBN 978-7-5484-7077-9
定　　价： 68.00 元

谨以此书怀念我的母亲

序　一

能与胜伟相识，是因为他 2011—2013 年在闽南师范大学外国语学院攻读硕士学位，并选我当他的导师。

他给我的第一个印象是聪明绝“顶”，个子不算高，但见解往往很高；第二个印象是勤奋好学，他是我在学校图书馆“偶遇”次数较多的学生之一，也是能够进行学术探讨的学生之一；第三个印象是聪明能干，他是学生，也是父亲和老师，工作量很大，但我布置的工作他常常能够超量完成，读研 2 年，他在本科大学学报发表了 6 篇论文；第四个印象是积极向上，硕士毕业不久，他就开始准备读博，经过不懈努力，终于成为华中师范大学的博士生，并已顺利毕业。

胜伟读博期间，有多篇论文被核心刊物录用。作为他亦师亦友的老师，始终为他感到骄傲，感到欣喜。现在，他又将硕士学位论文拓展成一部专著，并嘱我作序，我欣然应允。

综观全书，有以下特点和创新点：

一是注重理论联系实际。作者在书中并没有过度强化认知语言学相关理论的推介，而是结合语言事实来阐释相关理论，这样就使理论更加“接地气”，读者读起来也不那么陌生和晦涩。比如，作者在解释汉语网络新词“C 位”的时候，先把“C 位”的最初义项、引申义项等通过实例分析的方式展现给读者，然后再利用概念隐喻的理论来解释“C 位”产生的认知理据和机制。这样，一方面增加了本书的可读性，另一方面也避免出现语言理论与语言事实“两张皮”的现象。

二是兼顾汉英词汇教学。中国人学习英语和外国人学习汉语，虽有差异，但其中也有不少共性的东西值得我们去探讨。在本书中，作者不仅探讨了如何提高中国学习者的英语词汇学习效果，或者说是提高其词汇产出深度，还研究了在对外汉语教学时如何进行词和成语的教学。虽然书中个别的教学方法或策略有待商榷，但作者这种探索的精神无疑是值得我们肯定和鼓励的。

三是传播知识和讲授方法并重。作者书中有大量关于英语词根、词缀知识的介绍，读者一方面可以学习相关的词汇学基础知识，另一方面还可以学会如何利用词根、词缀知识来提高词汇学习的效果，一举两得。最终达到既“授人以鱼”，又“授人以渔”的目的。

愿胜伟在今后的学术活动中，百尺竿头更进一步！

吴克炎

于闽南师范大学

2020 年 5 月 1 日

序　二

吴君胜伟嘱余作序，予自知才疏学浅，尝辞以俗务缠身，未敢专辄于是。吴君盛意难却，承其谬赞，某敢以陋文有玷斯圭。

今昔拜读吴君所赐书稿，获益匪浅，所论之处，精妙细致。其文随手拈来，因小见大，论证翔实，语言切当，如沐春风。吴君慧眼，其选题尝捃摭于日常，掘发语料，释新论、扬宏旨，论辩之间，往往齿颊留香。吴君所长与吾迥异，本文精疏之处，吴君克炎先生已论，予未敢置喙。

余与吴君胜伟兄旦夕相过从，交游甚密，知其人气度豪迈，㧑谦诚敬，举止大方，有学者风范。独学无友则孤陋寡闻，吴君堪称益友良朋。学以聚之，问以辨之，学，然后知无止境，知无涯，博学、广问，然后识之。故能具江海之胸襟，孜孜以求，宽以居之，仁以行之，遂成当世之楷范。

日迈月征，日新月异。学为易，创新者难。凡唯独具慧眼者，为学人所誉；唯善解论题者，为学人所赞。前仆后继，踵事增华，由是学术之繁荣昌盛于斯而兴焉。学问无大小，于细处留意，事事皆学问。我辈谨黾勉从事，不敢告劳。秉笔为文，如临于谷，如履薄冰，方可成黼黻文章。

是为序。

雷　励

庚子年辛巳月戊申日于水木清华时乐斋

目　录

第一章 绪 论

第一节 选题缘由

随着我国“一带一路”建设的推进和全球化进程的加快，世界各国互联互通的程度出现了前所未有的紧密，“地球村”已经形成。

众所周知，英语是世界上使用范围最广的语言，而汉语却是世界上使用人口最多的语言。汉语和英语都是联合国和世界主要国际组织的工作语言。因此，教中国人学好英语与做好汉语国际教育和推广工作具有同等重要的意义。

新东方学校创始人俞敏洪曾说过，“中国人在学英语上浪费了太多时间！”俞敏洪的意思是说中国人花在学习英语上的时间太多了。我们认为，时间花得多，如果英语学习效果特别好的话，尚情有可原，但事实却是“费时低效”。另据吴克炎报道，“时常遇到英语教育硕士无法完成英文摘要的情况，时常遇到一篇 6000 个词的英语毕业论文有上千个错误的情况……”吴克炎还指出，中国人学习英语缺乏真实的语言环境，大部分人不能像学习母语——汉语——那样在“不知不觉”中就学会了，而事实却恰恰相反，大部分中国人学习英语需要处处“有知有觉”，更可怕的是很多中国人的英语学习始终处在“难知难觉”的状态中。吴克炎的报道确实令人“触目惊心”！

随着我国国际地位的提高和国际影响力的进一步提升，国外“汉语热”和“中华优秀传统文化热”现象持久不衰。近年来，通过中国政府奖学金和自费来华留学的留学生数量也逐年增加。无论是在国外还是在国内，汉语国际教育和推广工作变得炙手可热。这些现象一方面为汉语国际教育和推广工作带来了新的契机，另一方面也对汉语国际教育工作提出了不小的挑战。虽然在 20 世纪 50 年代我们就成立了专门的机构来从事汉语国际教育和推广工作，经过这么多年的探索也取得了骄人的成就，但是我们在对外汉语教学的某些具体方面还的确存在有待提高和改进的地方，比如国外学生的词汇教学和产出方面。张和生通过调查发现，外国学习者经过一年左右的汉语学习已初步具备汉语语法结构方面的相关知识，也积累了一定量的词汇，但是词汇扩展的速度却明显放缓。他同时还建议，要解决这种问题，须从教材、教法、学习方法和二语习得等多方面、多角度进行探究，以寻求解决问题的方案或办法。

综上所述，无论是国内的英语词汇教学还是对外汉语词汇教学，在实践中都存在这样或那样的不足和需要改进的地方。本书写作的初心也就是想为国内英语词汇教学和对外汉语词汇教学事业的发展添砖加瓦，并尝试为上述问题的解决提供一点点的建议和设想。如果本书的观点能够得到学界同仁的认可，哪怕是一点点，本书写作的初衷也就达到了。

第二节　主要研究内容

一、认知语言学与概念隐喻

概括地介绍了认知语言学的学科发展、基本观点和主要研究范围，另外还就本学科国内外相关学者及其代表作进行了介绍。最早把概念隐喻纳入主流语言学研究范围的是 Lakoff 和 Johnson。他们的著作革新了学界对隐喻的认识。笔者结合相关研究，对概念隐喻的定义进行了界定，另外重点介绍了概念隐喻的特征、认知机制和主要类型。

二、汉语网络新词研究

笔者利用概念隐喻等认知语言学理论对近年来广泛使用的“网络语言”进行了研究，主要包括：“C 位”“吃土”“硬核”“小确幸”“狗粮”“× × 帝”“躺枪”“燃”“地摊经济”“打工人”“走你”“破防”。结合相关语料，我们主要探讨了这些网络新词生成的心理机制和认知动因，并对这些词的发展趋势和走向进行了预测，以期达到语言学“预测的充分性”。

三、概念隐喻与二语词汇习得的相关性

从文献梳理的角度对概念隐喻与二语词汇习得相关性进行了研究。从相关

研究的范式来看，有的研究是理论性的思辨研究，有的研究是基于教学实验的实证研究。无论是理论研究还是实证研究，研究结论一致认为概念隐喻理论与二语词汇教学有相关性，且成正相关。

四、基于概念隐喻的英语词汇教学

这一部分主要包括两章内容，即第五章和第六章。第五章我们以理论思辨性研究为主，从逻辑上探讨概念隐喻视角下的英语词汇教学的可行性、必要性以及具体的教学方式、方法和策略等，并结合具体实例进行了分析。第六章实际上是笔者的硕士学位论文，这是包括教学实验设计与开展、数据收集与分析完整的实证性研究论文。通过教学实验及数据分析，我们得出了这样的结论：基于概念隐喻的英语词汇教学在提高学习者的词汇产出深度方面具有显著性作用。

词汇在英语教学中起着越来越重要的作用，但师生大都追求短平快的效果而忽视了词汇本身所蕴含的深厚文化底蕴。词源教学的理论基础是认知心理学、二语习得等理论，它对加深二语词汇教学的效果有着十分重要的作用。

另外，本部分还探讨了二语教学的评价模式。传统的终结性评价抑制了大学生英语学习的积极性，教育部颁发的《大学英语课程教学要求》明确指出大学英语教学要改变单一评价模式，积极探索采用形成性评价模式。该模式要遵循学生在学习过程中的主体性等原则。教师要建立健全学生档案袋，把学业的考核放在学习的过程中进行，探索形成性评价与终结性评价相结合的大学英语评价体系。

五、基于概念隐喻的对外汉语词汇教学

在这一部分中，我们一是讨论了由“根”“管”和“火”等常见词根派生的相关词语，结合语言事实探讨了该类词的具体教学方法；二是讨论了“叶公好龙”“亡羊补牢”“刻舟求剑”“守株待兔”“明日黄花”“坐井观天”“黄粱一梦”“当一天和尚撞一天钟”“黔驴技穷”和“滥竽充数”十个成语的历史典故、出处来源等，然后结合例句具体分析了其语义内容和语用价值，最后分别讨论了它们在对外汉语词汇教学中的使用策略。

六、现代语言学大家学术思想对词法和写作教学的启示

这一部分首先介绍了朱德熙先生词组本位的语法观及其对词法和句法教学的启示，然后介绍了新时代背景下老舍的写作观对当今写作教学遣词造句的启示。

词组本位的语法观一是解决了内部自相矛盾的问题，实现了理论体系的内部一致性，二是使整个理论体系更具简明性和经济性。词组本位观强调词组无论出现在什么位置，其结构和功能都不会改变。

老舍关于"写作源于对生活的体验和思考，文风要清楚简洁朴素，写作贵在天天练认真练"的写作观对"双减"背景下的初中写作教学具有重要的指导作用。基于老舍的写作观，教师在教学过程中一要培养学生写作的真情实感，避免无病呻吟，二要用足用活互联网，鼓励学生开展形式多样的"微写作"活动，三要让学生明白"内容第一，形式第二"的写作道理。

七、语言学类课程教学改革与实践

这一部分重点介绍了语言学类课程思政改革的理论和实践，还介绍了疫情形势下语言学类课程借助 MOOC 进行教学改革的意义和路径。

课程思政是指在构建全课程的育人形势下使各类课程与思政课程同向同行，起到"协作"效果，实现立德树人的目标。"语言学概论"课程中融入课程思政元素是课程本身的内在要求，是提高学生综合素养的要求，是教育发展的必然要求。立足语言学课程知识体系，挖掘课程思政元素，因势利导，润物无声，实现立德树人的根本目的。

MOOC 的高质量性、便利性、交互性、生成性与建构性使其备受高等教育改革者关注，并成为在线教育的热点。"语言学概论"是语言文学类专业的一门基础性课程，具有很强的理论性和抽象性，教师的"教"和学生的"学"都存在不少亟待解决的问题。本研究采用"MOOC 视频 + 自制短视频"的模式，推进"语言学概论"课程的翻转课堂教学改革，探索理论课程教学的新模式，让学生掌握在线学习的新方法，最终在网络课堂和传统课堂的交融中实现教师角色的转变。

八、英汉构式的本体研究及对语言教学的启示

表示“存在”语法意义的There be构式是个焦点结构，存在物NP是句法焦点，它携带了不可解释的［焦点］特征。在特征核查的驱动下，存在物NP会移位到［Spec, FocP］处。存在物NP移位后其线性位置并没有发生显著变化。为凸显存在物NP，焦点标记Be参与句法合并，这就凭空投射出一个主语位置。为满足句法的EPP要求，虚主语There参与句法合并。

作为引导词的“that”可以引导不同性质的子句。作为引导词，它只具有语法意义，没有词汇意义，它在句法上可以实现在扩展IP的C处。C是个完句性的功能性成分，实现在C处的“that”会向整个CP渗透自身的特征，导致CP具有句子的某些属性。

“还干部一个清白”是个双宾结构，在功能上具有指称性的“一个清白”是程度宾语，其指称功能是由于限定范畴参与句法合并的结果。在限定范畴参与句法推导前，量词范畴、数词范畴、时制范畴和关系范畴等功能范畴先后参与句法计算。充当程度宾语的“清白”等谓词性成分没有发生名物化或者转类现象，即其语法范畴并没有发生改变。

“把”字句是语法学界研究的热点之一，先后出现“处置说”“致使说”和“掌控说”等观点。由动词宾语或小句主语提升移位而来的“把”后NP是说话人强调的重要信息，是句子的强势焦点。本书在特征核查理论的基础上，根据特征强度的概念提出了扩充的特征核查理论（EFC）。依据EFC理论，“把”后NP为删除强势的不可解释的[焦点]特征，会显性移位到[Spec, FocP]处进行特征核查，生成“XP+NP+VP”。作为焦点标记词的“把”通过“Ba-支持”的方式直接插入到NP前，生成“XP+把NP+VP”。“把”字句没有独立的句法地位，它只是人们用来表达焦点的一种手段。

九、二语习得理论视角下语言教学人才培养模式

民汉双语预科专业是兴义民族师范学院落实国家民族政策的特色专业，该专业具有报到率高、生源地和民族相对集中的特点。经过一年的预科培养，学生的学习成绩提高显著，顺利升入本科。根据民汉双语专业学生的特点，为其量身打造合适的人才培养方案是该专业成功设置的关键，巩固学生文化基础、

提高学生综合素质、强化中华民族共同体意识教育是本专业的人才培养的核心。

语文核心素养是指学生在语文学习过程中运用所学的知识表现出来的思维能力、审美能力和文化自信力，是学生语言综合运用能力的体现。乡村语文教师在学科核心素养方面存在欠缺。这是制约其参加培训、提高专业技能、专业发展和职业成就感获得的重要因素。完善教师培训制度和培养方式，加强乡村语文老师专业基础，提高文化能力和专业发展的自主意识，建构乡村语文教师学习共同体是实现核心素养下教师专业化的发展的必由之路。

第三节　价值与特色

一、兼顾国内英语词汇教学研究与对外汉语词汇教学研究

目前中国绝大多数小学、中学和大学所开设外语课程以英语为主，而词汇又是中国人学习英语的“拦路虎”之一，那么探讨英语词汇的教学方式和方法就格外具有现实意义了。再者，随着中国对外影响力增强，越来越多的外国人对中国语言文化感兴趣，在这种形势下研究如何高效地进行对外汉语词汇教学也有助于中国文化走出去，从而进一步加深中国与世界各国的交流与联系。

二、兼顾理论思辨研究与实验实证研究

在对外汉语词汇教学（包括成语教学）和英语词汇教学中，我们结合语言实例在理论上探讨了借用概念隐喻理论指导教学的必要性和可行性。另外，我们还通过实证研究的方式在 CZ 大学开展了为期一个学期的教学实验。教学实验表明，基于概念隐喻的词汇教学是一种提高学生词汇产出深度的有效教学方式。

三、兼顾学术专著的理论性和教科书可读性

认知语言学的概念隐喻理论是贯穿本书的一条理论红线，全书围绕着如何借用概念隐喻理论进行二语词汇教学逐步展开，有理论的探讨，也有实例的分析。因此，语言类专业的本科生、研究生可以选本书作为课外阅读书目，以提高语言学理论素养，并借鉴语言研究的具体方法。本书在介绍理论的同时，也提供

了大量的真实的语言材料。这样一来，我国英语学习者和国外汉语学习爱好者也可以把本书当作学习目的语的教材来使用。

四、兼顾语言理论的纵深与语言事实挖掘

我们知道，好的语言研究的选题要做到“顶天立地”。所谓“顶天”就是指研究的选题要有理论纵深，能够自然地关联上当代主流语言学理论或者其中某些方面，所谓“立地”是指研究的范围能够自然地覆盖一块语言事实，也就是能够实现“圈地”效应。邢福义先生曾经说过“语言研究要根植于泥土，语言理论要生发于事实”，也就是说语言研究者只有双脚深深地扎根于语言事实的泥土中，这样的语言研究才算是有了根基，这样的语言研究才是有生命力的，才是可信的，也才是可持续的。汉语语言学界长期重视语言事实的挖掘，认为“有一分材料就讲一分话”，即语言研究要以语言事实为依据。

第四节 主要内容与框架结构

本书写作思路和内容安排比较简约，我们可以用框架示意图表示如下：

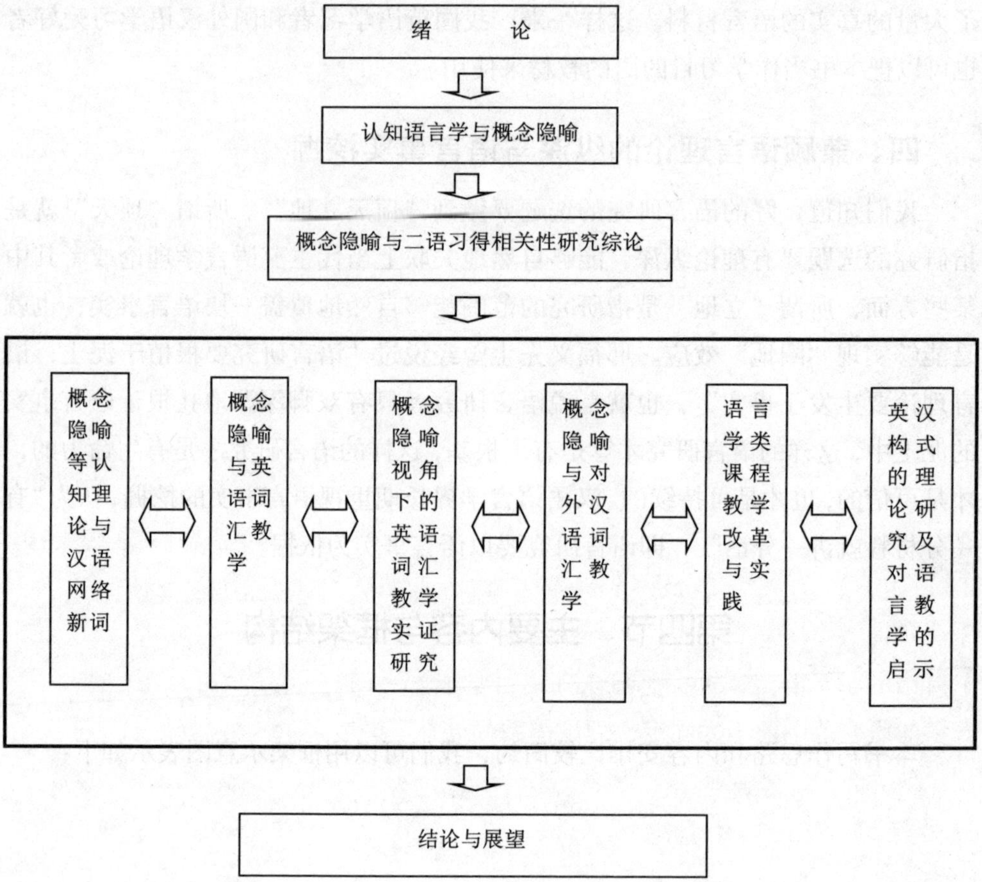

图 1-1 本书主要内容的框架示意图

第二章　认知语言学与概念隐喻

第一节　认知语言学

一、认知语言学的兴起

1989 年春，在德国杜伊斯堡（Duisbury）举行的认知语言学专题研讨会决定创办《认知语言学》（*Cognitive Linguistics*）杂志，成立国际认知语言学协会（International Cognitive Linguistics Association/ICLA），从此认知语言学正式有了自己的学术阵地，这标志着认知语言学成了一门独立的学科。但是，认知语言学的研究范围还不太固定，理论体系尚处在不断发展完善的过程中。

虽然认知语言学是一门新兴的学科，但其诞生却有着深刻的哲学和心理学基础。认知语言学的哲学基础是经验主义的认识论。经验主义认为没有绝对的客观现实，也没有脱离客观现实而独立存在的认知，认知是基于一定的自然条件和社会文化条件而存在的。大脑对客观世界的反映不是“镜像”，而是深深地烙上了社会文化和个人主观认识的印记。认知语言学的心理学基础来自于瑞士心理学家皮亚杰（J. Piaget）的建构论，主张认知来源于主客体之间的相互作用，强调认知结构是后天的，即认知来源于后天的经验、活动和实践。建构论从人类的生理基础出发，认为大脑的认知是以自身为基础向外扩展的，大脑的思维开始于大脑所存在的、与外界发生作用的人自身，即“身在心中，心在身中”。

认知语言学的兴起来源于对 Chomsky 转换生成语言学的不满。转换生成语言学认为人类的语言能力是独立于人类的其他认知系统而单独存在的，语言能力是存在于大脑中的天生的语言习得机制，即自然语言的句法是自足的，不受语义因素的影响。Lakoff、Langacker 等在语义问题上对形式语言学提出挑战，认为语义具有生成性，是语言系统的核心和基础，最终创立了认知语言学派。

语言学一直就有重视语义和功能研究的传统。古希腊时期的“名实之争”、文艺复兴时期对古希腊和古罗马文献的研究从根本上来说都是对语言意义和功能的研究。中国古代的训诂学也是研究语义的学科，传统的修辞学是一门研究语言使用和功能的学科。总之，语言意义和功能的研究有着深厚的学术土壤和根基。这也是认知语言学兴起和发展的条件。

近年来学科交融和信息技术的发展也为认知语言学的兴起提供了前提。社会语言学、文化语言学分别侧重社会和文化因素对语言习得、变异的影响；心理语言学、病理语言学分别侧重从人的心理和生理来探究语言的形成和发展；计算语言学、计量语言学更是以信息技术和数学模型为工具，研究句法和语义接口问题。这样就自觉或不自觉地否定了语言的自足性，从而撼动了转换生成语言学的理论根基，带来了基于认知主义和功能主义的新思潮。

二、认知语言学的内涵及其主要研究范围

（一）什么是认知语言学

认知语言学（Cognitive Linguistics）是一门以身体经验和认知为出发点、以概念结构和意义为研究中心，寻求语言事实背后的认知方式，并通过认知方式和知识结构等对语言做出统一解释的、新兴的、跨领域的学科。赵艳芳认为认知语言学是解释性语言学，是以语义为中心的语言学，是共性语言学，即认知语言学具有认知取向、解释取向、语义取向和共性取向，从而有利于揭示语言的本质和奥秘。张敏认为认知语言学是一个以我们对世界的经验以及我们感知这个世界并将其概念化的方法、策略作为基础和依据进行语言研究的语言学派。

我们认为认知语言学是以经验主义的认知论为哲学基础，以意义研究为中心，以人对外界的感知为出发点寻找语言表征背后所隐藏的普遍规律，并尝试做出统一解释的新兴的交叉学科。

（二）认知语言学的基本观点

1. 语言能力是一般认知能力的一部分

转换生成语言学认为语言能力独立于人类的一般认知能力，人生下来就具

有专司语言能力的语言官能（Language Faculty）。认知语言学与此恰恰相反，认知语言学认为语言能力和人类一般的认知能力没有什么本质上的区别，并不具有独立性，而是人类一般认知能力的一部分。比如，我们说“老张抓起扁担冲了出去”，一般不说“老张冲了出去抓起扁担”。原因就是“抓起扁担”和“冲了出去”这两个事件在时间上具有先后顺序，反映到句法表征上只能“抓起扁担”在前，“冲了出去”在后，否则即使句子符合语法，语义也发生了显著变化。再比如，在现代汉语中有“赵雷的书包”和“赵雷爸爸”的说法，一般认为“赵雷书包”不符合我们的语感。原因就是“书包”对于“赵雷”来讲是可以让渡的，而“爸爸”对于“赵雷”来讲是不可让渡的。换句话说，“书包”和“赵雷”的概念距离较之“爸爸”要远，因此“赵雷”和“爸爸”之间可以省略“的”，而“赵雷”和“书包”之间不能省略“的”。上面两个例子说明，句法成分之间的先后顺序和亲疏远近是事件发生的先后顺序和客观事物的亲疏远近在语言上的具体表现，语言能力是人类一般认知能力的一部分，并不具有独立性。

2. 句法是非自足的

转换生成语言学认为句法具有自足性（autonomy），是语言和语法的核心。转换生成语言学把语言系统切割成句法、语义、语音和词汇四大部分，主张句法从词库（lexicon）中选择词项（item），通过句法合并和移位等句法操作生成音义结合体的句法表达式，在句法拼读（spell out）后输送到逻辑层（LF）进行语义解读，输送到语音层（PF）进行语音赋值。由此可见，一切的句法操作都是为了满足接口条件，句法可以脱离语义甚至语音而单独存在。认知语言学认为句法是语言结构的一部分，与词汇、语音和语义密不可分，它们之间并没有明确的边界，转换生成语言学之所以把语言系统划分为四部分，只是技术上的划分而已，纯属为了研究的便利。比如：“吃了吗？”这句话是中国人用来打招呼的问候语，从句法上来看这是个疑问句，显然说话者并不是想获取对方“吃过饭”还是“没有吃过饭”的具体信息，而是寒暄或者问候。由此可见，句法、语义和语用交织在一起，从词法到句法到语义，再到语用，是一个连续统（continuum），它们之间并不是泾渭分明的。

3. 范畴是原型范畴，不是离散的

传统的范畴理论以理性主义为哲学基础，认为概念来源于客观世界的既定范畴，与进行范畴化的主体“人”没有任何关系，人类对客观事物的范畴化只是被动地描写世界。因此，传统的范畴理论认为范畴与范畴之间不存在重叠现象，事物之间的界限是彼此分明的。认知语言学的范畴观是原型范畴，认为同一范畴的成员彼此之间存在着家族象似性，成员之间的地位并不平等，有典型成员和非典型成员之分；典型成员和非典型成员之间构成一个渐变的连续统。需要强调的是，认知语言学范畴化的依据是属性（attributives），而不是特征（feature）。前者是客观事物在人类心理上的具体体现，而后者则是客观事物本身所固有的本质特性。比如："狗"，是犬科哺乳动物，生物学家对其进行分类的依据是特征，不是属性；而爱狗人士认为狗是人类的朋友，把"狗"划分到"朋友"的范畴，而被狗咬伤过的人可能对狗没有好感，认为"狗"是凶狠的动物，显然社会大众对"狗"范畴的划分是属性，不是特征。另外，随着时间的推移，被狗咬伤过的人慢慢地可能也会喜欢上狗，可见"人类的朋友"和"凶狠的动物"之间的界线并不固定。汉语词类的划分就是范畴化的一个具体实例，有的词一看就知道是名词，有的词一下子很难判定其范畴的归属，可能介于动词和名词之间。比如，在"这本书的出版"这个短语中，"出版"到底是名词还是动词还真不好判定。因为这里的"出版"既具有名词的特征，比如"这本书的出版让他评上了教授"；同时又具有动词的特征，比如"这本书的迟迟不出版，让他很着急"。

（三）认知语言学的基本研究方法

Ungerer 和 Schmid 认为认知语言学为语言研究提供了一套方法论和范式。简单来说，他们认为认知语言学是研究语言的一种方法。具体来讲，包括经验观（experiential view）、凸显观（prominence view）和注意观（attentional view）。

经验观认为语言使用者对事物的描写并不只局限于客观的描写，还会对它们的意义提供更丰富、更自然的描写，请看下例。

例（1）a. 新一代宝马汽车增添了动态稳定控制系统、启动/停止按钮、随动控制大灯、防爆轮胎、DVD 导航系统和驻车距离控制系统，给我的驾驶增添了许多乐趣。

b. 玛丽说："宝马汽车曾让我受伤，我讨厌宝马，我讨厌汽车！"

在例（1）a 中，是对宝马汽车配置和功能的描写，这是基于客观事实的描写，最后说“让我的驾驶增添了许多乐趣”则是对自己驾驶经验的描述，可见说话者是喜欢宝马汽车的。而在例（1）b 中，说话者玛丽也许是因为宝马汽车导致的车祸使她遭受了不幸，从而她对宝马汽车没有好感。同是对宝马汽车的描述，两个人由于不同的身体经验，说出的话语完全不同。这就是身体经验在语言表达中的作用。

凸显观是指语言结构中信息的选择与安排是由信息的突出程度决定的。比如，“滚出去，你！”这里之所以先说“滚出去”，然后再追补一下“你”，是因为说话者急于表达自己“命令”的意志。这里“滚出去”要比“你”更加重要，是说话人想要强调的焦点信息，这是因为追补成分“你”完全可以省略不说，即“滚出去！”。

另外，句法成分出现的线性顺序也与凸显有关，请看例（2）。

例（2）a. 刘大成买了一辆自行车给王小芳。

b. 刘大成买给了王小芳一辆自行车。

一般认为例（2）a 是与格句，例（2）b 是双宾句。从语法意义上来看，例（2）a 凸显的是“刘大成买自行车并将自行车送给王小芳的过程”，而例（2）b 则凸显的是“王小芳拥有一辆自行车”。简单来说，前者凸显的是“物品传递的过程”，而后者凸显的是“物品的实际占有”。说话者之所以做出这样的信息安排，完全是由信息凸显的视角决定的。

注意观就是指人们用语言表达的内容实际上只是反映了事件中能够引起我们注意的那些部分。比如，“王小红长得很漂亮，红红的脸蛋，弯弯的眉毛。”说话者说“王小红”很漂亮，并没有说她胳膊、手指漂不漂亮，而是只说她“脸蛋”和“眉毛”如何如何，这是因为说话者只是注意到了“王小红”的“脸蛋”和“眉毛”。一个事件是由多个元素组成的，没有被人注意的事件一般不会反映在言语里，请看例（3）。

例（3）鲁达喝道：“咄！你是个破落户！若只和俺硬到底，洒家倒饶了你！你如今对俺讨饶，洒家偏不饶你！”又只一拳，太阳上正着，却似做了一个全堂水陆的道场，磬儿、钹儿、铙儿一齐响。鲁达看时，只见郑屠挺在地上，口里只有出的气，没了入的气，动掸不得。（《水浒传》七十一回本之第三回）

例（3）是鲁提辖拳打镇关西的精彩片断，作者并没有描写鲁提辖如何施展拳脚、挥舞拳头的具体过程，而是把拳打的效果描写出来，即一拳打在太阳穴上，就像做了个水陆道场，一阵乱响，这说明作者关注的只是打的效果，而具体怎样打的作者并不关心。

（四）认知语言学的主要研究范围

1. 概念隐喻（Conceptual Metaphor）：这里的隐喻与修辞学研究的隐喻不同，认知语言学的概念隐喻认为隐喻是认知方式和思维方式，是人类认知世界、表征世界的基本手段。常规隐喻包含结构隐喻、方位隐喻和实体隐喻三种，创新隐喻包含文学隐喻和科学隐喻等。从本质上讲，概念隐喻是以甲事物来喻乙事物，是两个不同概念域之间的映射。

2. 概念转喻（Conceptual Metonymy）：同样，这里的转喻和修辞学中的转喻也不相同。转喻形成的基础是突显（salience）。我们知道事物或事件具有多个属性，而更加引起人们注意的是其最突出或最容易被理解或被记忆的属性。概念转喻一般用具体的有关联的事物来代替抽象的事物，是一个事物两个方面或属性的相互指代。

3. 范畴和范畴化（Category and Categorization）：范畴包括经典范畴和原型范畴，简单来说前者认为事物非此即彼，甲范畴和乙范畴之间泾渭分明；后者认为甲范畴和乙范畴的区别在于原型（prototype），它们之间的边界是相互重叠和渗透的，并不是泾渭分明的。所谓范畴化就是对事物进行分类的过程。范畴化是人类重要的认知方式之一，其基本作用就是在差异中找出相似借以给事物分类，以减轻人类认识世界过程中的认知负担。

4. 意象图式（Image Schema）：意象图式是人们通过对具有相似关系的多个个例反复感知体验、不断进行概括而逐步形成的一种抽象的框架结构，是介于感觉与理性之间的一个重要环节，是运用了完形、动觉和意象三种互动方式认知外界事体间关系而获得的一种理想认知模型，是形成句法构造、获得意义的主要方式。

5. 象似性（Iconicity）：象似性是指语言符号在音、形或结构上与所指之间存在类似镜像的现象。换言之，语言的形式和内容之间存在着非任意的、有理据的和可论证的关系。Givón 提出了语言象似性三原则：数量象似性（quantity iconicity）、距离象似性（distance iconicity）、顺序象似性（linearity iconicity）。

6. 概念整合（Conceptual Blending Theory）：简单来说，概念整合强调"1+1>2"，是把人类来自不同空间的输入信息有选择地提取其部分意义，最终整合起来形成新概念结构的系列认知活动，具体包括类属空间（Generic Space）、输入空间Ⅰ（Input Space Ⅰ）、输入空间Ⅱ（Input Space Ⅱ）和合成空间（Blending Space）。概念整合的方式有糅合型整合、截搭型整合。

7. 构式语法（Construction Grammar）：构式语法并不是指某种单一的语法理论，而是代表了一种语法研究理念，表现为一种语法理论模型。Goldberg 是构式语法理论的主要贡献者，她于 1995 年出版了《构式：论元结构的构式语法研究》（*Constructions: A Construction Grammar to Argument Structure*），2006 年出版了《运作中的构式：语言概括的本质》（*Construction at Work: The Nature of Generalization in Language*）。这两本书中译本由北京大学出版社出版，吴海波翻译。Goldberg 在书中认为所谓构式就是指"当且仅当 C 作为形式与意义的结合体 <Fi, Si>，Fi 的某些方面或 Si 的某些方面不能从 C 的构成成分或从已经确立的构式中精确地推导出来时，那么 C 就是一个构式"。

8. 认知语法（Cognitive Grammar）：认知语法理论，Langacker 是主要贡献者，他把概念结构等同于概念化，而概念化是由语义内容和识解能力两部分组成的。认知语法理论认为概念的意义不是来自语言表达的词典意义，而是来自于认知域（Cognitive Domain）。李福印认为概念意义不是来自语言所表达的语言知识，而是来自与该语言表达相关的世界知识。简言之，概念的语义内容是由认知域提供的。识解（construe）是指人类的认知能力和不同认知方式共同作用于同一场景，导致了不同的语言表达和不同意义的产生的过程。

三、国内外认知语言学的代表人物及其著作

（一）国外

公认的国外认知语言学代表人物，也可说是认知语言学的开创人有三位，分别是 George Lakoff、Ronald Langacker 和 Leonard Talmy。

认知语言学代表人物首推 George Lakoff。他 1942 年生于美国，1966 年在印第安纳大学获博士学位，后在加州大学伯克利分校任教。1980 年，Lakoff 和

Johnson 合作出版了《我们赖以生存的隐喻》（*Metaphors We Live By*），系统提出了概念隐喻理论，奠定了认知语言学理论基础。1987 年，Lakoff 又出版了《女人、火、危险事物——范畴揭示了思维的什么奥秘》（*Women, Fire, and Dangerous Things: What Categories Reveal about the Mind*），提出了原型范畴理论的基本理论和基本研究方法。2004 年，Lakoff 在北京航空航天大学“第一届中国认知语言学国际论坛”上做了系列讲座，向中国学者系统推介了其理论。后来，Lakoff 在研究上有所转向，但始终没有脱离认知语言学的研究，他目前从事认知语言学在政治领域方面的研究。

认知语言学的第二位代表人员当推 Ronald Langacker。他 1942 年生于美国，1966 年在伊利诺伊大学获博士学位，后在加州大学圣地亚哥分校任教。Langacker 几十年来一直从事认知语法的研究，是公认的认知语法创始人。他分别于 1987 年和 1991 年出版了两卷本的《认知语法基础》（*Foundations of Cognitive Grammar*），其中上卷侧重理论，下卷侧重实例应用。另外，Langacker 对构式语法的研究也有相当的贡献。

认知语言学的第三位代表人物当推 Leonard Talmy。他 1942 年出生于美国，1972 年在加州大学伯克利分校获博士学位，后在纽约州立大学布法罗分校任教。Talmy 主要从事认知语义学研究，出版了两卷本的《认知语义学》（*Toward a Cognitive Semantics*）。该书提出的“概念结构系统”奠定了认知语义学的基础，是认知语义学研究领域学者必读的著作。上卷主要研究概念的构建，下卷主要描述概念构建过程中呈现的类型学和结构特征。

（二）国内

认知语言学进入中国比较早，从事相关领域研究的学者也比较多。下面简要介绍一下部分学者及其代表作，按著作出版的先后顺序排列。

张敏，《认知语言学与汉语名词短语》，1998 年由中国社会科学出版社出版。

石毓智，《语法的认知语义基础》，2000 年由江西教育出版社出版。

赵艳芳，《认知语言学概论》，2001 年由上海外语教育出版社出版。

胡壮麟，《认知隐喻学》，2004 年由北京大学出版社出版。

沈家煊，《认知与汉语语法研究》，2006 年由商务印书馆出版。

王寅，《认知语言学》，2007 年由上海外语教育出版社出版；两卷本的《构式语法研究》，2011 年由上海外语教育出版社出版。

陈忠，《认知语言学研究》，2007 年由山东教育出版社出版。

李福印，《认知语言学概论》，2008 年由北京大学出版社出版。

吴为善，《认知语言学与汉语研究》，2011 年由复旦大学出版社出版；《构式语法与汉语构式》，2016 年由学林出版社出版。

束定芳主编的《认知语言学研究方法》，2013 年由上海外语教育出版社出版。

文秋芳等，《认知语言学与二语教学》，2013 年由外语教学与研究出版社出版。

四、小结

认知语言学是一门“年轻的”学科，在国外兴起后迅速传播到中国，受到中国广大研究者的欢迎和追捧。原因之一是中国语言学的研究一直有重视意义的传统，甚至语法研究都要考虑意义；之二是汉语“意合”的特性也非常适用认知的相关理论进行解释；之三是转换生成语言学研究汉语总有“削足适履”之感，这就为重视意义和功能的认知学派提供了快速发展的空间。

第二节 概念隐喻

在修辞学上，隐喻包含暗喻和借喻。所谓暗喻是指本体和喻体都出现，使用“是、变为、成为、等于”等喻词；所谓借喻是指本体不出现，或不在本句出现，而是借用喻体直接代替本体，请看例（1）。

例（1）a. 党是舵手，党是灯塔，始终指引着我们前进的方向。

b. 那个红领巾飞快地跑过来，小心翼翼地把倒在路边的老奶奶搀扶起来。

在例（1）a 中，说话人把“党”比喻成“舵手”和“灯塔”，使用的喻词为“是”，这里使用的修辞方法为暗喻；在例（1）b 中，本体“小学生”没有出现，用喻体“红领巾”直接代替本体“小学生”，显然这是借喻。隐喻，在传统的语言学研究中被划归到修辞学的范畴，对其感兴趣的主要是修辞学家，主流的语言学家对其是极不重视的。因为他们把隐喻看作一种修辞格，只是语言运用的技巧。我们不妨把这种观点叫作“隐喻的修辞观”。

1980 年，Lakoff 和 Johnson 合著的《我们赖以生存的隐喻》（*Metaphors We Live By*）由芝加哥大学出版社出版，标志着概念隐喻正式被纳入认知语言学的研究范围。我们把认知语言学研究的隐喻称为“隐喻的认知观”。

一、概念隐喻的定义

Lakoff 和 Johnson 认为“隐喻在日常生活中无处不在，不仅在语言中，而且在我们的思维和行动中都是这样。”（Metaphor is pervasive in everyday life, not just in language but in thought and action.）隐喻在本质上不是一种修辞格，而是一种认知活动，对我们认识世界有潜在的、深刻的影响，从而在人类的范畴化、概念结构、思维推理的形成过程中有潜在的、深刻的影响，从而在人类的范畴化、概念化结构、思维推理的形成过程中起着十分重要的作用。赵艳芳认为概念隐喻是利用一种概念来表达另外一种概念，而概念隐喻形成的前提是两种概念之间的相互关联和映射。认知语言学的隐喻是一种认知机制，在这一机制中，一个认知域被部分地映射到另一个认知域，后者依据前者而得到部分的理解。

我们认为概念隐喻是人类思维和认识世界的基本方式，是从源域（source domain）到目标域（target domain）的映射，一般来讲是以简喻繁，以具体喻抽象。概念隐喻是经济的认知模式，比如下例。

例（2）a. 高考是人生的十字路口。

b. Jim Smith is at a crossroads in his life.

在例（2）中，“十字路口”和“crossroads”是一种隐喻的说法，是实体隐喻，即“life is journey”。源域是“旅行”，目标域是“人生”，说话者以“旅行”映射“人生”，在映射过程中源域“旅行”的各种属性就投射到目标域“人生”上了，即人生和旅行一样，有起点，有终点，也有十字路口。在概念隐喻的理解过程中，源域的相关特征被投射到目标域中，并成为目标域的一个有机组成部分。换言之，源域特征决定了目标域特征的识解。在例（2）中，源域“旅行”具体形象，对于理解抽象的“人生”大有裨益。因此，概念隐喻是语言的经济性的具体体现。

二、概念隐喻的特征

概念隐喻的本质特征是“相似”（similarity），人们在使用语言的过程中能够在具体事物和抽象概念之间找到相似点，从而习惯于借用表示具体事物的词语来表达抽象的概念。根据 Lakoff 的观点，概念隐喻包含普遍性、系统性和概念性三个主要特征。

（一）概念隐喻的普遍性。概念隐喻不是一种特殊的语言表达手段，它代表了语言的常态，在日常生活中的运用是相当普遍的。Lakoff 和 Turner（1989）指出，最有生命力、最有效地正是那些确立已久以至于人们习以为常，不费力气便自动冒出来的无意识的东西。因此，最重要的概念隐喻是那些通过长期形成的规约而潜移默化地进入日常语言的无意识的概念隐喻。

（二）概念隐喻的系统性。概念隐喻不是个别地、随意地制造出来的，而是有系统的。不少看似孤立的概念隐喻，其实都有着这样那样的联系，可形成某种结构化的概念隐喻群。

（三）概念隐喻的概念性。概念隐喻不光是个语言的问题，它更是一种思维方式，也就是说，思维过程本身就是隐喻性的，我们赖以思考和行动的概念系统大多是以概念隐喻的方式建构和界定的。（以上三个特征转引自吴为善著作）所谓概念隐喻的普遍性是指概念隐喻存在于我们的日常生活中，无处不在，无时不有，以至于普遍到我们常常使用却感知不到它的存在，请看例（3）。

例（3）a. 毛主席是中华民族的伟大领袖。

b. 这首诗意境深远。

c. I am feeling up.

d. Turn down the radio, please.

例（3）的四个例句在日常生活中使用率非常高，也非常普遍。这四个句子都使用了概念隐喻，在例（3）a 中，“领袖”本义指衣服的领子和袖子，这里指伟大人物毛主席；在例（3）b 中，“深远”是个空间概念，指水很深或道路遥远，这里用空间概念来喻诗词的意境；在例（3）c、d 中，英语 up 和 down 是用来表示方向的方位概念，也可以说是空间概念，在这里却分别被用来形容人的心情和收音机的音量，up 意为“向上”，表示“心情好”，down 意为“向下”，表示“音量低”。这些例子由于人们经常使用，非常常见，以至于普遍到人们习焉不察。

我们知道系统是由多个相互联系的元素组成的集合。从数量上来说，一个元素不能够组成系统，要多个元素才行；从联系上来说，元素间要相互联系，孤立的元素也不行。这样的话，所谓概念隐喻的系统性就是指源域和目标域之间存在着这样或那样的联系，并且这些联系是有规律的，而不是杂乱无章的。请看例（4）。

例（4）a. 上级—下级 上司—下属 上流—下流

上层—下层 上策—下策 上等—下等

欺上瞒下 上梁不正下梁歪 一人之下，万人之上

b. 高昂—低沉 高调—低调 高涨—低落

趾高气扬—低声下气 心高气傲—低三下四

眼高手低 高不成，低不就 人往高处走，水往低处流［例（4）引自吴为善著作］

在例（4）中，“上”和“下”，“高”和“低”都是用来表示空间概念的词语。“上”代表“好的事物”或“人们所追求的、渴望得到的地位”，“下”则反之。拿“上层”和“下层”来说，人人都想步入社会的上层，结交精英人士，不愿意栖身下层。同样，“高”代表“好的、健康的”，而“低”则反之。比如“人往高处走，水往低处流”，“高处”指“好的地方”，“低处”指“不太理想的地方”。可见，由空间概念的“上”和“下”、“高”和“低”所派生出来的词语在语义上有着联系，并且这种联系是呈系统的，也是有规律可循的。

所谓概念隐喻的概念性是指概念隐喻是人类认知世界的基本方式，是思考问题的基本方法。我们知道世界上的事物何止万千，但语言符号是有限的，人们不可能给予每一个事物或现象一个专门的标记或符号，只能采用隐喻的方式来大致描绘事物、性质状态和行为动作。比如，用来形容“黑”的词语有“乌黑”和“炭黑”，这两种“黑”有什么区别？我们只能通过“乌”和“炭”来区别，这里的“乌”和“炭”就是人类认识和表征“黑”的思维方式。再比如，“窗口”本来指房子的一个构件，现在却可以用来指电脑系统的一个界面。这里的“窗口”就是一个概念隐喻，由于人们通过房子的窗口可以看到窗外的优美世界，同样地，人们使用电脑的操作系统的界面也可以看到各种事物。电脑里的“窗口”和房子的“窗口”有着相似的功用。人们借用房子的窗口来表征电脑的“窗口”反映了人类认知方式的概念性和隐喻性。

下面，请看例（5）。

例（5）a. 他们不少人被病毒感染，有的甚至英勇牺牲，但更多的人藏起防护服和口罩遮掩下的疲惫，用坚定的眼神持续向患者传递必胜信心，给深受疫情困扰的人民群众带来莫大的光明与希望。（《中国社会科学报》，2020 年 4 月 5 日）

b. 网络攻防武器的源头是计算机病毒。从技术本质上讲，计算机病毒与其他程序没有什么不同。两者的不同体现在功用上，正常程序维持与顺畅计算机、网络的运行，计算机病毒则是破坏计算机、网络的正常运行。显然，“破坏者”的定位与功能，为计算机病毒军事化、成为网络攻防武器提供了可能。（《解放军报》，2020 年 1 月 17 日）

显然，例（5）a 中的“病毒”和例（5）b 中的“病毒”并不一样，前者是自然界中存在着的一种生物，能够对人类或其他动物的生命安全造成危害；后者是一种计算机程序，危害计算机和互联网的安全。显然，两者具有共同特点，都有寄生的宿主，且都对宿主有危害，但两者也有很大的不同。实际上，这里的“计算机病毒”是一种隐喻的表达方式，这同样反映了语言表征的经济性。

三、概念隐喻的认知机制

Lakoff 和 Johnson 认为概念隐喻由源域（source domain）和目标域（target domain）组成，两个认知域通过相似性联接起来，如图 2-1 所示。

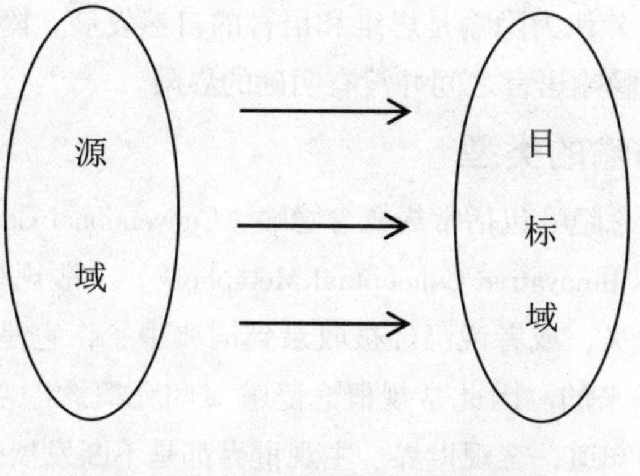

图 2-1 两个认知域通过相似性联接

在上图中，源域是简单的、具体的、容易理解的事物或概念，目标域是复杂的、抽象的、不容易理解的事物或概念，但源域和目标域存在认知上的相似性，比如例（6）。

例（6）a. 贾大龙花了500多万在上海买了套两居室。

b. 李时珍花了30年时间完成了《本草纲目》的写作。

例（6）中的两个例子一个是“花钱”，一个是“花时间”，显然“钱”是具体的、可见的事物，相对于“时间”来讲，可能更容易理解。换言之，“花钱”是认知上的源域，而“花时间”是认知上的目标域，从而形成“time is money”的概念隐喻。“钱”可以购买商品，而“时间”同样也具有购买力，“钱”花出去就像“时间”流逝一样，因为“钱”和“时间”都是稀缺的珍贵资源。

这样的例子在英语中也不少，请看例（7）。

例（7）a. Jim is wasting his father's time.

b. Could you give me a few minutes?

c. Thank you for your time.

d. We should budget our time.

e. You are running out of your time.

f. I spend three years to get my doctor degree.

g. That machine can save your hours.

在例（7）中，“时间”像“金钱”一样，可以“浪费”（waste），可以“给”（give），可以“预算”（budget），还可以“节省”（save）。

总之，认知观的概念隐喻认为概念隐喻是一种认知机制，是一种跨概念域的系统投射。赵艳芳认为隐喻是思维和语言的自然发展，隐喻语言同样是正常语言，字面语言和隐喻语言之间并没有明确的界限。

四、概念隐喻的类型

一般来讲，概念隐喻包括常规概念隐喻（Conventional Conceptual Metaphors）和创新概念隐喻（Innovative Conceptual Metaphors）。常规概念隐喻已经成为词语的部分词汇意义，或者说已经被收录到词典中了，它是经过了多次反复使用最终得以沉淀下来的。因此常规概念隐喻又叫死概念隐喻（Dead Conceptual Metaphors）。我们知道，客观世界、主观世界都是不断发展变化的。这样一来，作为社会交际的主要工具的语言也必须随之发生变化，否则将会给交际造成障碍，最终会导致交际无法正常进行。同样的道理，概念隐喻也是在不断发展和创新的。赵艳芳认为概念隐喻创新的动力可能来自于说话者独特的个人感受，也可能是出于表达新事物的需要。

（一）常规概念隐喻

1. 结构性概念隐喻（Structural Conceptual Metaphor）

结构性概念隐喻是指人们在认知中广泛地用其他事件的概念结构来表征本事件的概念结构，最终在理解、表述这个事件时，系统地借用另一事件的词语。换句话说就是通过一个概念来建构另一个概念。这两个概念的认知域自然是不同的，但它们的结构各自保持不变，即各自的成分存在着有规律的对应关系。比如在“辩论是战斗”这个概念隐喻中，人们常常会借用“战斗”的词语来表征“辩论”。

请看下面的例子。

例（8）a. 四年级二班最终取得了辩论赛的胜利。

b. 辩论课上，王老师耐心地教我们辩论的战略战术。

c. Tom and Mary defended their position strongly.

d. Jerry hit back at their criticism.

汉语中的“胜利”和“战略战术”，英语中的“defend”和“hit back”本来是用来描述战争的词语，在例（8）中它们却被用来描述“辩论”，也就是用“战斗”的概念结构来建构“辩论”的概念结构。它们各自的概念结构并没有发生变化，但它们却存在着对应关系：“战斗”有“进攻”“防御”“撤退”“反击”和“输赢”等环节，同样，“辩论”也有与之对应的各个环节。

再比如在“love is battle”这个结构性概念隐喻中，我们可以有“她虽然已年过半百，但在老李猛烈的炮火攻击下，最终还是被老李给俘获了”的说法。这里把“老李”的追求比作“猛烈的炮火攻击”，把“她”答应了“老李”的追求比作“被老李给俘获”。“爱情”是目标域，“战斗”是源域，说话人能用“战争”这个事件的概念结构来建构“爱情”这个事件的概念结构，因此这两个事件间存在着平行的对应关系。

结构性概念隐喻体现了不同范畴之间的内在联系，显然结构性概念隐喻不是一个孤立的范畴向其他领域的另外一个范畴的语义扩展，而是通过一个概念的结构来建构另外一个概念；源域概念和目标域概念之间的认知域虽然不同，但是它们的结构却保持不变，两个概念间的成分存在着有规律的对应关系。

2. 方位性概念隐喻（Orientational Conceptual Metaphor）

方位性概念隐喻不是用一个概念来映射另外一个概念，而是在同一个概念系统内部参照空间方位自行建构起来。简单来说，所谓方位性概念隐喻是指参照空间方位而建立起来的一系列隐喻概念。我们知道空间方位是人类赖以生存的基本概念，包括“上—下”“左—右”“前—后”“高—低”“深—浅”和“远—近”等，这些概念产生较早，人们很容易理解，在此基础上人们将其进一步抽象，用来表征情感态度、身心健康状态和社会地位等概念结构。

在“happy is up”和“sad is down”这一对方位性概念隐喻中就是把“高兴”比作“上”，把“伤心”比作“下”。

请看例（9）。

例（9）a. Han Meimei is feeling up.

b. Li Lei is feeling down.

c. Today I’m really low.

d. Tom’s father is in high spirits these months.

在例（9）中，说话人形容“Han Meimei”心情好用的“up”，形容“Li Lei”心情不好用的“down”；说明“I”精神状态不佳、低落用的是“low”，说明“Tom’s father”精神高涨用的是“high”。

同样，类似的例子在汉语中也用，请看例（10）。

例（10）a. 近几天来，随着南京面临形势的恶化，人人都像离了枝的落叶，都像风雨中池塘面上的飘萍。庄嫂的情绪更加低落、凄凉，尹二的情绪也更加深沉、烦躁。形势恶化，庄嫂更多考虑的是：我怎么办？怎么办？南京城要是沦陷了，日本人要是杀来了，我怎么办？（王火，《战争和人》）

b. 他以前只去匆匆浏览过一遍，那是在一次假日旅行期间，把那些没有机会参观的风景名胜设法一眼饱览了，弥补了他不得不随全家去瑞士那一次的缺憾。高涨的热情与武断的评价使他的讲述漏洞百出。阿切尔越听越觉得他的话不够准确达意。（伊迪丝·华顿，《天真时代》）

在 a 中，战争导致南京城形势的恶化，导致庄嫂心绪不好，作者用的是“低落”；在例（10）b 中，修饰“热情”的是“高涨”。也就是说“高”指心情好，“低”指心情差。

例（9）、例（10）是用表方位的概念来表征心情。同样，方位概念可以表示社会地位的高低，比如在古代，“左丞相”的地位要高于“右丞相”，“左司马”要高于“右司马”，“左参军”要高于“右参军”等。一般来讲，“左”代表了地位高，“右”要低于“左”。

当然，有时也不完全如此，也有例外，但例外也总能得到合理解释。比如在宴席的座次中，主人的右侧为尊，左侧次之，请看下面的示意图。这是因为我们一般习惯用右手做事，因此尊贵的客人在右可能便于主人对其进行照顾。

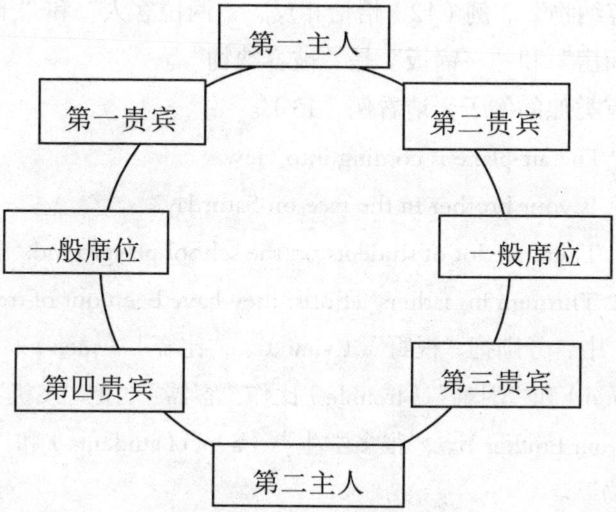

图 2-2 宴席座次示意图

3. 实体性概念隐喻（Ontological Conceptual Metaphor）

物质是人类生存和发展基础，没有物质人类将无法存活。人类认识世界正是从认识物质开始的。人们对外在客观存在着的物体的体验或经验为理解“实体”提供了物质基础。在这类概念隐喻中，人们将抽象的和模糊的思想、感情、心理活动、事件、状态等无形的概念看作具体的、有形的实体，因而可以对其进行谈论，量化，识别其特征及原因等。实体隐喻的类型非常多，常见的有“容器隐喻”（Container Metaphor）、“导管隐喻”（Conduit Metaphor）和“拟人隐喻”（Personification Metaphor）等。

容器隐喻的形成是由于人是独立于周围世界的实体，实际上每个人的身体就是一个容器，因为身体有里外之分。人们将这种概念转移到大山、森林、地区、房屋……或者转移到一些抽象的概念、思想、行为动作和性质状态中，最终导致容器隐喻的产生，请看下面的例子。

例（11）a. 那个房间住了两位客人。

b. 那锅饭吃了十个人。

例（12）a. 两位客人住一间房。

b. 十个人吃一锅饭。

在例（11）中，“那个房间”和“那锅饭”是“容器”，“两位客人”和“十个人”是“被容纳物”。例（12）恰恰相反，“两位客人”和“十个人”是“容器”，而“一间房”和“一锅饭”是“被容纳物”。

英语中也有类似的例子，请看例（13）。

例（13）a. The air-plane is coming into view.

b. Is your brother in the race on Saturday?

c. There are lot of students on the school playground.

d. Through his fathers' efforts, they have been out of trouble.

在例（13）中，分别把“视野”（view）、“比赛”（race）、“学校运动场”（school playground）和“困难”（trouble）比作“容器”，把“飞机”（air-plane）、“你的哥哥”（your brother）、“很多学生”（a lot of students）和“他们”（they）比作“被容纳物”。

导管隐喻，又译作管道隐喻，最早由 Reddy 提出，最常见的是“ideas are object”，请看下例。

例（14）a. None of Lucy's feelings came through to me.

b. Please try to pack more thoughts into fewer words.

例（14）a 是说感受或观念没有传递过来，例（14）b 是说把思想放进词汇或句子里。上面两个例子就把思想或观念比作液体，它们的传递就像导管输送液体一样。汉语也一样，类似的例子也不在少数，请看例（15）。

例（15）a. 那股邪恶的力量，曾使我离开父亲，促使我外出碰运气，使我异想天开以致听不进一切忠告，甚至是我父亲的恳求以及命令。（丹尼尔·笛福，《鲁滨孙漂流记》）

b. 他那么深深地沉入幻想里，以致教师向他说明的话，他一句也没有听进去。他知道教师说的话是言不由衷的，他从他说话的语调里听出来了。（列夫·托尔斯泰，《安娜·卡列尼娜》）

例（15）a中的“听不进一切忠告”，把“忠告”比作可以流动的液体，通过“导管”可以流进人的大脑；例（15）b同样把“教师向他说明的话”比作自由流动的液体，也是一种导管隐喻。

顾名思义，拟人隐喻就是将事物比作人的实体性的概念隐喻，请看例（16）。

例（16）a. 最近本报记者对6个城市今年第一季度社会集团购买力情况做了一些调查，事实说明——社会集团购买力仍在猛增。北京比去年同期上升24.7%。集团购买以日用品为多。（《人民日报》，1987年5月6日）

b. The theory of money neutrality explains that monetary policy could only influence the economy in the short run.

在例（16）a中，“说明”的施事应该是人，这里却是没有生命特征的“事实”，同样例（16）b“explain”的施事也应该是人，但这里却是“theory”。

（二）创新性概念隐喻

1. 文学概念隐喻

一方面文学概念隐喻的产生需要文学家独到的观察力和写作灵感，另一方面文学概念隐喻的领会也需要读者独到的眼光和欣赏力，这就像莎士比亚的名句所说的那样：“一千个人眼里有一千个哈姆雷特”。（There are a thousand Hamlets in a thousand people's eyes.）比如，对“社会是一面放大镜”理解，读者可以通过对“放大镜”的理解来激活大脑中已有的知识，同时联系到社会上的形形色色的人或事。

下面请看艾青的《镜子》。

例（17）仅只是一个平面
却又是深不可测
它最为真实
决不隐瞒缺点
它忠于寻找它的主人

谁都从中发现自己

……

读完艾青的《镜子》，我们很容易想到唐太宗的千古名句："夫以铜为镜，可以正衣冠；以史为镜，可以知兴替；以人为镜，可以明得失。"这样就很容易与艾青的作品产生共鸣。

2. 科学概念隐喻

前文我们已多次说明，概念隐喻是人们认识世界和表征思想的一种认知工具。同样的道理，概念隐喻也完全可以用来认识和表征科学世界。概念隐喻是不可或缺的语言表达手段，很难想象没有概念隐喻的"科学语言"会是什么样子。事实上，在自然科学和哲学社会科学领域，运用概念隐喻的情况随处可见，请看例（18）。

例（18）a. 空客（airbus） 黑洞（black hole） 电脑病毒（computer virus）

b. 生物密码（biological code） 遗传信息（genetic message）

c. 经济泡沫（economical bubble） 经济软着陆（economical soft-landing）

创新概念隐喻最终导致大量新词的产生，新词虽然是新的，但其材料却是旧的。换言之，新词的生成实际上利用构词法把旧词重新组合起来，其中构词法背后的隐喻性思维方式起到了重要作用，这是名副其实的"旧瓶装新酒"。

第三章　概念隐喻等认知理论与汉语网络新词

第一节　"C位"的前世今生①

2018年底，国家语言资源监测与研究网络媒体中心发布"2018年度十大网络用语"，"C位"位列其中。2019年春晚小品《占位子》更是生动展现了几位家长为了孩子的学习座位抢得不可开交，引得观众捧腹大笑，"C位"也从网络流行语成为大家口中的热词。那么从语言学上来看，什么是"C位"？"C位"产生的理据和机制又是什么呢？

一、"C位"的相关语料分析

"C位"起初是个网络用语，其中的"C"是英文"center"的缩略，指中心、焦点的意思，最早用来指在合影、海报或空间地理中的显眼位置或中心位置，比如例（1）。显然，例（1）中的"C位"仅是其词汇义或者说是内涵义。

例（1）a. 江苏卫视的元宵晚会——"荔枝灯会"中，嘉宾中一半以上属于新锐歌手，而在海报最中央的C位是由毛不易和腾格尔占据，不过节目组还未透露两人将要表演什么节目。（《北京青年报》，2019年2月19日）

b. 毕业季！这50个拍照姿势助你在毕业照中C位出道！（搜狐网，2018年6月9日）

c. 道理大家都懂，但很多家长依然热衷于"抢C位"。每逢开学，常有家长悄悄找到教师，以孩子的注意力、视力等问题，或直接或委婉地要求安排中间座位。（《中国青年报》，2019年2月12日）

随着时间的推移，"C位"出现的频率越来越高，使用范围也越来越广。

---

① 本节于2019年8月10日全文发表于《光明日报》"语言文字"版，收入本书时，略有改动。

当然其也不再完全指空间概念上的中心，也可以指某一行业的主导者或领军者，比如例（2）。这里“C 位”分别指果汁行业的龙头、文学市场上的领头羊和家庭娱乐方式的主流。另外，“C 位”的使用也逐渐扩展到日常生活中，经常被用来对团队成员进行等级划分，用来指称团队中的核心人物、关键人物或者重要人物，比如例（3）就是这种用法的具体体现。总的来说，“行业的主导者或领军者”和“关键人物、重要人物”，这两个义项的产生是概念义衍生的结果。概念义的衍生最终会导致这个词的外延逐步变大。

例（2）a. 在业内人士看来，统一果汁板块出现持续下滑的趋势，鲜橙多品牌邀请当红流量明星代言，仅是锦上添花，能否挽回业绩颓势，重回果汁市场的C 位，仍需市场的检验。（《北京商报》，2019 年 4 月 16 日）

b. 眼下“纯文学的黄金期已过”“小说不占据 C 位了”等声音此起彼伏；一些经典文学也被冷落或简单标签化。（《文汇报》，2019 年 4 月 11 日）

c. 在智能电视新趋势下，电视机再次回到家庭娱乐中心的“C 位”。（中国网，2019 年 3 月 15 日）

例（3）a. 23 日港珠澳大桥正式开通，今天（24 日）正式通车运营。这一世界瞩目的成就背后，是无数建设者的艰辛付出，今天的 C 位属于他们，他们当之无愧！（《人民日报》，2018 年 10 月 24 日）

b. 连续 33 年都要在央视春晚上“想死你们了”的冯巩，今年出现在了江苏卫视春晚的主持阵容 C 位。除了观众熟悉的相声小品演员身份，主持人冯巩也颇具看点。（《长江日报》，2019 年 2 月 3 日）

从来源上来看，“C 位”是“Center 位置”的缩略。顾名思义，“Center 位置”就是指“中间位置”或者“焦点位置”。作为视觉焦点的中心位置，有时不仅仅是一个空间位置，大多数情况下被社会赋予了更多的内涵，从而该位置也逐渐成了一种身份或地位的象征。有时人们为了彰显自己或者使自己充分“露脸”，在拍照合影时大多喜欢占据该位置，但是有时也可能出于礼貌或面子上的考虑，人们在话语上又不倾向于直陈“中心位置”，于是就采用了中英结合的“Center 位置”来替代。也许出于更加隐晦和面子上的考虑，人们在使用时越来越倾向于对其进行进一步的压缩，最终生成更加经济简洁的“C 位”。从本质上来讲，“C 位”这种英汉夹杂的词是一种新造词或者混合词，它在形式上简洁、新颖，深受群众喜爱，在群众中有着较高的使用频率和较广泛的流行度。当然，这种现象在汉语中绝对不是孤例，类似的例子举不胜举，比如“B超”“T台”“IC卡”和“AA制”等。

从形式上来看，在表达上更加经济便捷的“C位”只有两个音节，更加符合年轻人的心理倾向和追求简约时尚的话语交际风格。我们知道双音节化是现代汉语词汇演变的一个趋势。也就是说，现代汉语中的词汇演化以生成双音节词为主，那么“C位”的演变过程也完全符合现代汉语词汇的发展规律。

二、“C位”产生的认知理据和机制

认知语言学上的概念隐喻理论认为隐喻是人类的一种重要的认知和思维方式，是新意义产生的根源之一。简单来说，所谓隐喻就是借用一种概念来表达另一种概念，这两种概念的关联来自认知领域的联想。也就是把源域的概念投射到目标域，其中使用最多的是用具体的、常见的概念来映射比较抽象的概念。具体到“C位”来说，“C位”这一新词最初是指照片、海报或地理位置等意义上的显著位置，这种显著位置是可以通过人的视觉器官来直接感知的，因此是具体的概念。后来衍生出的“行业的主导者、领军者”或“关键人物、重要人物”等义项相对来说比较抽象，不能直接通过人的感官所感知，而只能通过人的抽象思维去体会，那么这些衍生的义项就是目标域。比如，例（4）中“C位”就只能通过人类的认知能力去体会和把握。是不是只要存在源域和目标域就一定会导致概念隐喻的产生？不一定。因为源域和目标域要存在某种程度上的相似性，只有这样才能把两个域的概念关联在一起，概念隐喻的投射才能形成。很明显，“C位”的初始义项和衍生义项之间存在一定的相似性，它们都具有[+焦点性]和[+中心性]的语义特征。正是[+焦点性]和[+中心性]的语义特征把这两个认知域紧紧地关联在一起，概念的投射得以正式形成。另据认知语言学的研究，一词多义之间必然存在某种联系，这种联系往往通过隐喻建立起来。

例（4）a. 在这个春节，《流浪地球》占据了“C位”，被观众誉为国产科幻片的里程碑制作。（《光明日报》，2019年2月13日）

b. 正能量、主旋律的国产音乐剧，若想在思想和市场之间踩准平衡点，站上C位、炼成爆款，确实难之又难。（光明网，2019年3月22日）

c. 不少网民表示，央视春晚成了除夕夜至今的热议话题绝对C位。（人民网，2019年2月6日）

利用新旧义项之间的延续性创造新概念是人类对知识进行扩充的有效手段之一。词语的多义性是语音形式的有限性与词义的无限性相矛盾的必然产物。具体来说，一种语言的语音形式是有限的，也就是词的数目是有限的，而需要表达的意义却是无限的。人们不可能给每个意义都造一个新词，只能是利用隐喻联想的手段，用已有的旧词去表达相似、相近或相关的事物。拿人们创造的“C位”来说，就是利用过去所熟知的概念和部分已有的义项作为跳板来类推新的概念，即利用可感知的空间概念来表征抽象的思维概念。词的各个义项之间实际上有着或强或弱的连接关系，这些所谓的连接关系构成了一个复杂的关系网络。而驱动关系网络运转的动力就是人类大脑的联想，在联想的作用下词的各个义项被激活，从而完整地呈现在人类的认知系统中。

作为人类思维方式和认知方式的隐喻在日常生活中随处可见，隐喻在语义变化、多义词义项的构建过程中有着非常重要的作用。从理论上来讲，语义的扩展一般是通过意象图式和概念隐喻来实现的。人们在最初使用概念隐喻时是无意识的，也是被迫的。这是因为人类的认知能力有限，也可能是受传统文化的影响，人们只能用某些事物来表达另一些不太容易表达的事物，而这一切的前提就是事物之间的关联性或相似性。

第二节　说“吃土”①

一、语言事实——“吃土”

在电商发展如火如荼的今天，面对此起彼伏的各类购物节和形形色色的打折促销活动，网友们往往一时冲动，大量购物，导致“月光”，成了名副其实的“剁手党”。购物狂欢之后，经济上出现拮据，以至于穷得揭不开锅，苦笑自嘲装乐观，美其名曰“吃土”。很多在“购物天堂”里折戟沉沙的朋友就以“吃土少年”自居，即买东西都买穷了，就只剩下土能吃了。网友们在购物过程中因花销超过预算，常常用下个月“吃土”的自嘲方式来形容网络购物的疯狂程度。随着时间的推移，“吃土”已经引申成感慨为某件事情或某个物品花费许多金钱的一种自我嘲讽，如例（1）。

① 本节于 2017 年 6 月 1 日全文发表于《语文建设》，收入本书时略有改动。

例（1）a.“双十二”刚过，让市民钱女士发愁的不是“剁手”后的“吃土”，而是家里收之不尽、扔之不绝的各种快递包装箱、包装袋和里面五花八门的填充物。（《北京晨报》，2016 年 12 月 22 日）

b. 花点时间创始人兼 CEO 朱月怡表示，现在年轻人的主流消费情绪是一边用超过几千块的面霜，一边说我要开始吃土了。（人民网，2017 年 4 月 21 日）

c. 相信大部分在看这篇文章的朋友都跟我一样，看到高级刷子心里痒痒的，好想买好想买啊！可就是下不了决心，买了得吃土多久啊！有没有可以代替它的呢？先试试再说，尝到甜头了再剁这一手也不迟！（人民网，2016 年 12 月 12 日）

在网络新媒体的助推下，“吃土”又衍生出新的义项，多用以表达“骂别人想得美、自以为是、很逊”的意思，带有“挑衅”之意，如例（2）。

例（2）a. 如连这个都不会，去吃土吧你！（引自百度）

b. 别说还没看懂，穷得这点智商都没了，你就只能吃土了。（同上）

“吃土”是典型的动宾结构。宾语包括常规宾语和非常规宾语，常规宾语包括对象宾语和目标宾语。所谓“常规”是指动作与事物所建立的常规联系来说的，这种常规联系为母语是汉语的说话人所共同认知和接受。比方说，“吃饭”与“吃苹果”中的“饭”和“苹果”就是常规宾语，而“土”一般不能成为“吃”的对象，因此“土”只能是非常规宾语。但是情况也不完全如此，“土”有时也可能成为常规宾语，即“吃”的对象就是“土”，如例（3）。

例（3）a. 过去白城有句俗语：“来到白城府，请你先吃土，今天吃不够，明天给你补。”现在白城到处是绿荫，经济发展，群众生活富裕。（新华社 2002 年 11 月份新闻报道，转引自北京大学 CCL 语料库）

b. 爷爷心有余悸地说：“如果蝗虫吃土，吃掉一条河堤也不算难事。”（莫言，《蝗虫奇谈》）

c. 上帝马上意识到他们偷吃了禁果，于是愤怒地诅咒。他先诅咒蛇：“你必用肚子行走，终身吃土。我又要叫你和女人彼此为仇，你的后代和女人的后代也彼此为仇……”（贺雄飞，《犹太人之谜》）

可见，“吃土”中的“土”既可以是常规宾语，也可以是非常规宾语。常规宾语已经约定俗成，本书不再赘述。非常规宾语在交际中具有特殊的语用价值，能够营造一种相对轻松诙谐的交际氛围，产生一种生动俏皮或者黑色幽默的表达效果。除此之外，非常规宾语的成立和存活还要满足一定的句法语义条件才行。

我们知道，动宾结构可以表达复杂多样的语义关系。“吃土”这种特殊语义结构的形成，在邢福义先生的“代体宾语理论”看来，要满足以下四个条件。第一，有三角联系。所谓三角联系是指代体宾语、常规宾语和及物动词三者之间要存在某种语义上的关联。当然，这种关联可以是直接的，也可以是间接的。在现实中，确实存在“吃土”的行为，比如“蚯蚓吃土”；另据史料记载，在明末川陕地区也曾发生过饥民“吃土”的惨剧。这种情况下，“土”是“吃”的常规宾语，不会产生其他衍生义。而在表示“自我嘲讽”或带有“挑衅”义的义项时，“土”实际上是代体宾语。第二，能够提供新信息。就是说代体宾语在常规宾语的基础上向人们提供了一个新信息。比如，用“耳机”听音乐可以说成“听耳机”，用“耳朵”听音乐则不能说成“听耳朵”，原因就是“耳机”提供的信息是新的，可以让别人在听什么的基础上还能了解到听的方式，而“耳朵”原本就是用来听音乐的，不会提供新信息。同样，“吃苹果”和“吃馒头”等无法用于表达“自我嘲讽”和“挑衅”义，而“吃土”则可以。因此，“自我嘲讽”和“挑衅”义绝不是普通的“吃 ×”（× 为常规宾语）所能表达的。第三，不产生误解。“土”是不能食用的，当我们说自己或某某“吃土”时，绝不是真正意义上的“以土为食”。第四，要有言语背景。只有在特定的言语背景或共同的认知心理下，代体宾语才能形成，动词和代体宾语之间的关系才能确定。比如，用“吃土”来形容自己消费过度时，一般出现在00后的年轻人中，而中年人或老年人则很少使用。

二、“吃土”的存活条件

从历时的角度来看，一个新的形义结合体能否存活，或者说它的生命力是否长久，主要取决于两个因素：内部因素和外部因素。“吃土”的存活同样要受制于内部因素和外部因素。内部因素是指形义结合体的自身因素，即韵律是否朗朗上口，表义是否到位等。从音韵上来看，“吃土”是个“1+1”式的动宾结构，第一个音节重读，即“ˋ吃土”，这一点没有问题。从语义上来看，“吃土”已衍生出表“自嘲”和“挑衅”的义项，具有崭新的语义内容。从结构上看，“吃土”是个动宾结构，而现代汉语中的动宾结构是一种优化结构，具有很强的促成力，同时也有较强的能产性。外部因素，即语言的使用者或使用环境。目前，表“自嘲”或“挑衅”义的“吃土”的使用对象主要是年轻人，具有轻松随意的语体风格，多见于口语或网络新媒体中，而官方公文报刊鲜有使用。综合来看，“吃土”具有存活的先天优势，但在受众和语域上也存在一定的局限性。

我们知道，词是人类在认识客观世界的过程中通过命名活动而给予特定事物或现象的语言标记。从最初的选择来看，也许具有一定的任意性，但是当这个形义结合体一旦被“约定”，就会“俗成”，其任意性就会被大大地削弱，随意的改变只能造成交际的障碍。一个新的形义结合体能否“约定俗成”，并得到社会的认可是多种因素共同“角力”的结果。“吃土”用来表示“因过度消费而自我嘲讽”或“轻视挑衅”的义项是近年来才出现的，其使用者大多以青年人为主体，但也有向中年人漫延的趋势。我们认为“吃土”能否被社会大众接受，最终成为普通词汇进入现代汉语，要经过社会的重重选择，这是个大浪淘沙的过程。对此，我们拭目以待。

第三节　说“硬核”

“硬核”一词入选《咬文嚼字》2019 年十大流行语，同时入选国家语言资源监测与研究中心发布的“2019 年度十大网络用语”。“硬核”不仅在微博、微信等自媒体中被广泛使用，在《人民日报》和《光明日报》等官方媒介中也频繁出现，请看例（1）。

例（1）a. 2019 年，最难忘的是隆重庆祝新中国成立 70 周年。我们为共和国 70 年的辉煌成就喝彩，被爱国主义的硬核力量震撼。（《人民日报》，国家主席习近平 2020 年新年贺词，2020 年 1 月 2 日）

b. 只有那些为中华民族的生息、发展和壮大提供了丰厚的精神滋养，保持了民族特性和民族生命力的部分，才是需要被弘扬的中华优秀文化的“硬核”传统。（《光明日报》，2020 年 1 月 8 日）

一、何谓“硬核”

什么是“硬核”？从语言学的角度看，它又具有什么样的句法语义特征呢？

“硬核”，来自英语的 hardcore，是个意译外来词，原本指“一种力量感强、节奏激烈的说唱音乐风格”，请看例（2）。在例（2）中，“硬核说唱”中的“硬核”可以分析为“说唱”的同位语，即“硬核”就是指“说唱”，“说唱”就是指“硬核”，在语义上它们同样也具有互指关系。从句法分布和语义内容上综合来看，例（2）中的“硬核”应当归属名词。

例（2）所以有时候我觉得英国年轻人挺有趣，你看他们经常成群结队地去酒吧派对、喜欢硬核说唱、着迷于“口袋怪物”等手机游戏，但同时又乐于向人炫耀自己的自然知识，而且他们知道的还真不少。[《人民日报》（海外版），2017年3月6日]

随着使用频率的增高，“硬核”进一步被泛化，常常用来指“面向核心受众、有一定难度和欣赏门槛的事物”，请看例（3）。例（3）中的“硬核游戏”，就是指玩起来非常有难度、需要经过一定时间的练习才能玩的专业游戏。从语法上来看，“硬核”和“游戏”可以分析为同位关系，但分析为偏正关系似乎更加符合我们的语感。因为这里的“硬核”有表示属性的倾向，这一点与例（2）有些不同。这说明“硬核”有向形容词演变的趋势。

例（3）a. 以整体游戏市场规模上半年增速放缓，主要由于手游行业增速放缓以及端游、页游同比下滑。由于硬核游戏文化的缺失，国内端游、页游面临着手游冲击，市场规模和用户数量均呈现不同程度下滑。（《证券时报》，2018年8月16日）

b. 纵观国内硬核游戏公司的实力，他们对新品的研发速度、精细化推广运营的能力，都不亚于传统出海游戏企业，而相对短板的出海经验也正在被网易/腾讯快速补齐。（环球网，2018年9月20日）

从语法分布和语义内容上来看，例（2）和例（3）中的“硬核”的语法范畴应该是名词，但是通过对例（1）和例（3）的比较我们也很容易看到它们之间的不同，即在例（3）中“硬核”已经具有表示事物某种属性的功能了。

随着时间的推移和使用的频繁，“硬核”最终演化为一个形容词，专门用来表征事物“很厉害”或“很刚硬”的属性，请看例（4）。在例（4）中，“硬核”分别受程度副词“很”和“相当”修饰，在语义上程度副词给“硬核”增添了“量”的特征，在句法上充当谓语。这与典型形容词的句法组合、语法意义和句法功能完全相同。因此，例（4）中的“硬核”已经被完全当作一个性质形容词来使用了。

例（4）a. 女儿的吐槽如此出人意料，让台下的爸爸直冒冷汗。台下一群小粉丝更是帮腔“你给你爸爸出了道难题”。对此，这位爸爸的回应也是很硬核，联手陈铭老师讲解了工资是怎么制定的。（《新快报》，2019 年 12 月 31 日）

b. 近年还涌现了《大鱼海棠》《风语咒》《大护法》《大世界》《魁拔》系列等风格突出的成人向作品，此外《小门神》《十万个冷笑话》《一万年以后》等工业水准也相当硬核。（《北京日报》，2020 年 1 月 3 日）

二、“硬核”转类的认知语义基础

意译外来名词“硬核”是如何发展演变成形容事物“很厉害”或“很刚硬”的性质形容词的呢？认知语言学的隐喻理论认为隐喻是一种重要的认知模式，是新意义产生的根源之一。所谓隐喻就是用一种概念来表达另一种概念，或者说是从一个认知域（源域）到另一个认知域（目标域）的投射。具体到“硬核”来说，名词“硬核”在认知上是源域，性质形容词“硬核”在认知上是目标域。前者表示具体的事物，后者表示抽象的性质。在认知上，名词“硬核”演化为形容词“硬核”实质上就是用具体事物来映射抽象事物。从人类的生理特征上来看，名词所指的事物是可以通过视觉系统或触觉系统来感知的，因为事物的存在总要占据一定的物理空间，那么事物就具有一定的空间特性；而形容词所表示的属性只能通过心理系统来感知，属性要依附在事物上，通过事物本身展现出来，没有事物也就没有属性，所以属性本身不具有空间特性。再者，我们知道人类无论是从胚胎的形成还是到婴儿的降生，都要占据一定的空间，婴儿认识世界正是从认识自己的身体开始的，而认识自己的身体首先要能够感知自己身体的空间存在。因此，在人类的认知发展进程中，空间概念是人类最早形成的概念。那么，用表征事物的具有空间特性的名词“硬核”来映射表征属性的形容词“硬核”也就完全符合人类的基本认知规律了。

语言中大量的新概念需要借助于“旧瓶装新酒”的方式翻新而生成，这种方式完全符合语言的经济性原则。相反，如果每个新概念的产生都需要设立一个全新的词语来表征的话，那样一方面会割裂新旧概念之间的联系，另一方面也会给大脑增加理解和记忆的难度，给言语交际造成不必要的负担。如果采用认知隐喻的方式在原有的概念基础上翻新拓展新概念，人类就可以利用这些不同概念之间的内在相似性重新建立起能指和所指之间的联系，从而简化词汇系统，使交际更加便捷。我们知道语义相似性是隐喻机制形成的内在基础。从语义特征上来看，表示“力量感强、节奏激烈的说唱音乐风格”或者“面向核心受众、有一定难度和欣赏门槛的事物”的名词“硬核”和表示“很厉害、很刚硬”的形容词“硬核”都具有“高”“强”“好”的语义特征。这是“硬核”能够“旧瓶装新酒”的语义基础。当然，类似的例子在汉语中举不胜举，比如表抽象意义的“道”和“矛盾”起初就是指具体的事物，后来在隐喻机制的作用下才用来表征抽象的概念。

用具体概念来表征抽象概念是人类大脑具有抽象思维能力的产物。这种抽象思维能力正是人类区别于其他动物的显著标志，更是人类认知世界、与世界和谐相处的基本前提。

第四节　你的“小确幸”呢?

网络新词“小确幸”不仅在日常生活中被广泛使用，甚至还出现在了《人民日报》《解放军报》等官方媒体中，比如例（1），可见其使用范围之广。那么，什么是“小确幸”？“小确幸”产生的机制又是什么？本书将深入探讨这些问题。

例（1）a. 一间既是演出室也是排练室的小剧场，一个既是演员也是朋友的小团队，支撑起她的梦想，带来让她和身边同伴愉悦的“小确幸”。（《人民日报》，2019 年 12 月 30 日）

b. 李银接着鼓励他走上“士兵讲坛”。虽然第一次讲得磕磕绊绊，但战友们的热烈掌声，让他找到了被认同的“小确幸”。（《解放军报》，2019 年 12 月 30 日）

一、何谓“小确幸”

从结构上来看，“小确幸”是个具有多层修饰成分的偏正式，“确”修饰“幸”，“小”修饰“确幸”，即 {小[确（幸）]}。从语义内容上来看，“小确幸”是指说话者心中隐约期待的小事刚好发生在自己身上的那种微小而确实的幸福感与满足感。从语用价值上来看，“小确幸”表达出了说话人轻松愉悦的满足情绪，也营造了一种别具一格的“小资”情调，请看例（2）。

例（2）a. 这么多伙伴逆行武汉，而留守家里的大家每天不辞辛苦地奔波在这个寒冷的城市里，给每一位家属送来这春寒里实打实的温暖，时刻关心我们的生活与感受，有这样的家人是我们的小确幸。（光明网，2020 年 2 月 24 日）

b. 除了海外青年创意过年和跨国夫妻因为中式婚礼而带来的“小确幸”之外,本次华人春晚也将华侨的家国情怀和团圆的主题贯穿始终。(《新快报》,2020 年 1 月 23 日）

在例（2）a 中，逆行者的大爱和留守人员的默默奉献，让遭受巨大压力和恐慌的市民看到了光明和希望，“小确幸”一词将市民心目中这种细小而确实存在的幸福感和满足感逼真地展现出来。在例（2）b 中，创意的过年方式和中式婚礼让海外华人的思乡之情得到暂时的满足，“小确幸”将华人的期待和愿望得到实现后的愉悦心情活灵活现地展示出来。从例（2）中我们不难体味到市民和华人的愿望在得到满足后的那种细小而短暂的轻快愉悦的心情，一种别有滋味的“小资”情怀跃然纸上，使充满力量而又积极向上的语用价值得到了圆满体现。

从句法组合上来看，“小确幸”可以做主宾语，可以受数量成分修饰，还可以做介词的后置成分，请看例（3）。

例（3）a. 在苏州工业园区，人们的日常“小确幸”经常是由这一件件美好的小事所组成的。（《苏州日报》，2019 年 4 月 12 日）

b. 十九大代表徐川现场感受南京玉带河的今昔变化，感慨地说：“这让人民从生活当中感受到了小确幸、大温暖”。（《光明日报》，2019 年 10 月 24 日）

c. 一次再普通不过的翻看朋友圈,就这样把我和文化馆连在了一起,也改变了我一生的命运，一个小确幸，我通过了那次招聘考试，成了文化馆的一员。（《光明日报》，2019 年 12 月 5 日）

d. 希望你不要被小确幸、小幸福绊住手脚，要只争朝夕地学习实践，将来承担起服务美丽中国建设的历史重担，给自己的青春增加一抹奋斗底色。（《光明日报》，2019 年 9 月 21 日）

在例（3）a、b 中，“小确幸”分别做主语、宾语，这是名词的典型句法功能；在例（3）c 中，“小确幸”受数量成分“一个”的修饰，这与“一个苹果”和“两支铅笔”结构完全相同；在例（3）d 中，“小确幸”为介词“被”的后置成分，或者说是“被”的宾语。从上述句法分布来看，“小确幸”具有典型名词的句法功能。因此，“小确幸”的语法范畴应是名词。

另外，并列结构也为把“小确幸”划归为名词提供了证据，请看例（4）。

例（4）国家是每个人成长成才的土壤，只有把小我融入大我，才会有海一样的胸怀、山一样的德行。追求幸福的道路上有大目标，也有“小确幸”，有舒适区，也有“硬骨头”。（《光明日报》，2020 年 1 月 21 日）

在例（4）中，“大目标”与“小确幸”“舒适区”与“硬骨头”分别构成对举结构。对举结构“舒适区”和“硬骨头”的语法范畴相同，它们都是名词，那么同是对举结构的“大目标”与“小确幸”也应具有同样的语法范畴。不难判断“大目标”是典型的名词或名词性成分，那么“小确幸”也应是名词或名词性成分。

二、“小确幸”生成的外在条件和内在认知机制

我们知道，词是人类在认知客观世界的过程中通过命名活动而给予特定事物或现象的语言标记。词汇是人类认识成果的体现，它总是反映人们在认识过程中的思维特点。“小确幸”反映了人类的认知方式和思维特点，同样也是人类认知客观世界的成果。从释义上来看，“小确幸”表“小的但确实的幸运或幸福”，显然是经过删略压缩而成的缩略词。也就是从三个关键词“小”“确实”和“幸福”各取一部分简缩而成。从外在环境上来看，社会的高速发展、时代的巨大变革、生活节奏的加快，这些都要求言语交际在单位时间内要增大信息量，还要加快信息传播的速度。要满足这些要求，词语必须能够经济而简洁地指称客观事物。短语简缩成词是语言适应社会发展要求的具体表现。

从语言经济性上来看，短语缩略并进而凝结为词，这不仅是汉语一种重要的构词方法，同时也满足了话语交际省时省力的需要，又体现了语言的经济性原则。短语缩略成词，并不是浓缩为一种离散的认知意义，而是会保持或多或少的模糊而主观的联想，这最终会衍生出特殊的语用价值。当然，这种构词法在汉语中绝对不是孤例，类似的例子举不胜举，比如“邮政编码”可以缩略成“邮编”，“知识青年”可以缩略成“知青”，“人民代表大会”可以缩略成“人大”等。

从认知上来看，“小确幸”这一网络新词的生成和流行有着深刻的认知基础。概念整合理论认为人类能够通过组合、完善和细化等认知手段进行跨概念空间

的整合。具体来说，在人类的认知世界里存在着输入空间Ⅰ、输入空间Ⅱ等多个输入空间，如果各个空间在属性上具有同一性（identity）的话，那么它们之间就很容易建立起映射关系，反映在认知上就是生成新的心理空间。心理空间形成的过程就是输入空间Ⅰ、输入空间Ⅱ等各个空间压缩的过程。具体到“小确幸”，它是由两个概念空间组成的，即输入空间Ⅰ——“小幸福”和输入空间Ⅱ——“确实的幸福”。虽然这两个输入空间的外延并不完全一样，但是它们却有着共同的内涵。换言之，“小幸福”和“确实的幸福”是具有不同类型特征的事件空间，在本质上它们却都具有“幸福”的属性。由“小幸福”事件构成认输入空间Ⅰ和“确实的幸福”构成的输入空间Ⅱ，在“同一性”特征的作用下两个输入空间形成映射关系，经过压缩、组合和细化等认知手段最终形成心理空间“小确幸”。而语言上的“小确幸”正是心理空间上的“小确幸”的表征。当然，类似的语言现象不仅汉语中有，在英语中也有很多，比如“Chinglish”（中国式英语）是“Chinese”和“English”概念整合的产物，“brunch”（早午饭）是“breakfast”和“lunch”概念整合的产物等。

语言的经济性说到底还是语言适应社会交际的产物。社会的高速发展和生活节奏的加快要求言语交际在加大信息量传递的同时还要取得特殊的话语修辞效果，这正是“小确幸”生成和流行的外在条件。但从根本上来说，“小确幸”的存活却是人类认知上概念整合的结果。

第五节　此“狗粮”非彼“狗粮”

一、“狗粮”来龙去脉

中国新闻网报道了一篇题为《广州新婚夫妇当街派“狗粮”，引市民争相领取》的新闻。看到这个标题后，笔者猜想这对新婚夫妇可能是爱狗人士，或者是动物保护协会的成员，但在浏览完该新闻之后，发现并不是那么回事。据记者报道，当日三对新婚夫妇身穿结婚礼服分别在广州的天河城广场、天环广场以及长隆欢乐世界向路过的单身青年派发喜糖，即“狗粮”。据其中一位新娘介绍，“狗粮”是一些婚礼上的常用糖果，她们希望借这种好玩的方式鼓励单身的朋友们勇敢去爱，勇敢寻找另一半，早日脱离单身生活。由此可见，这里的“狗粮”

并非我们一般意义上的狗粮。

近年来，随着社会经济的发展和人们生活水平的提高，市场上出现了不少专门为宠物狗生产的专用食品——狗粮。因此，在最近出版的文学作品和新闻媒体中，关于狗粮的用例也不断涌现，如例（1）、例（2）。据百度百科介绍，狗粮是专门为犬类宠物提供的营养食品，介于人类食品与传统畜禽饲料之间的高档动物食品，有为动物犬提供最基础的生命保证、生长发育和健康所需的营养物质的作用，还具有营养全面、消化吸收率高、配方科学、质量标准、饲喂方便以及可预防某些疾病等优点。这样一来，例（1）、例（2）中的“狗粮”就是一种地地道道的动物食品，与“广州新婚夫妇所派发的狗粮”并不是一回事。

例(1)翁信良回来了，看到放在桌上的新狗粮，跟胡小蝶说：“它不吃这一种。”翁信良拿出两罐另一个牌子的狗粮。“哦，原来是这个牌子，我以后知道了。”（张小娴，《卖海豚的女孩》）

例（2）家住上海徐汇区的戎女士养着一只西施狗，据她计算，每个月用来买狗粮、狗用品的开销大约是 200 元，带狗到宠物美容院洗澡、剪毛、修指甲每次大概 100 元，加上每年交付的犬类管理费、保险费和防疫费，一只狗一年要花费七千到八千元。（新华社 2003 年 8 月份新闻报道，转引自北京大学 CCL 语料库）

据中国某知名相亲网站通过对其 9000 万单身会员调查发布的《2016 年度单身人群调查报告》显示，有 62.28% 的单身受访者已保持单身三年以上，其中单身三年以上比例居全国之首的是深圳，其次是北京、上海、广州、天津、武汉。现在很多到了法定结婚年龄的年轻人选择推迟结婚甚至是单身的现象反映了现代社会工作压力大、生活成本高的社会现实。在网络语言中，网友一般把单身的人称作“单身狗”或“单身汪”，而把情侣秀恩爱称作“撒狗粮”，那么“单身狗吃狗粮”就是指看着别人秀恩爱，如例（3）所示。

例（3）由查慕春执导，朱亚文、张榕容主演的爆笑喜剧《欢迎来到熊仁镇》昨天下午在苏州开放探班，“行走的荷尔蒙”朱亚文现场开启撩妹模式，环抱张榕容从背后为其戴上围裙，大撒狗粮羡煞旁人。（《扬子晚报》，2017 年 7 月 11 日）

“单身狗”这一词汇源于网络流行文化，未婚未恋爱的单身青年喜欢自嘲为“单身狗”，寓意自己像狗狗一样孤单。晒幸福、秀恩爱的行为也就被称为“撒狗粮”，而“吃狗粮”背后的含义是指单身的人被别人秀了恩爱后自己只能默默地品尝孤独。这也就是说，现代汉语中的“狗粮”有着不同的“前世今生”，其中“前世”的“狗粮”和“今生”的“狗粮”是两个截然不同的词汇。具体来说，前者是一种供宠物狗食用的食品，是基础用法，而后者则包含了一种隐喻义，是衍生用法或者修辞性用法。

二、“狗粮”衍生义产生的认知语义基础

Lakoff 在《我们赖以生存的隐喻》一书中把概念隐喻看作人们思维、行为和表达思想的一种系统方式。在日常生活中，人们往往参照他们所熟知的、有形的、具体的概念来认知，思维，经历，对待无形的、难以定义的概念，从而形成了一个不同概念之间相互关联的认知方式，即用源域的概念映射目标域的概念。认知语言学的概念隐喻理论认为语言深深扎根于认知结构中，源于日常经验的认知体系构成了语言运用的心理基础，而概念隐喻就是其中一种重要的认知模式，是新的语言意义产生的根源。简言之，概念隐喻就是利用一种概念去表达另一种概念，并且这两种概念之间要相互关联，而这种关联正是客观事物在人的认知领域的联想。这样的话，作为供宠物狗食用的狗粮与宠物狗一起构成了认知上的源域，而具有衍生义的“狗粮”是一种隐喻的用法，它与单身的青年人一起构成认知上的目标域。宠物狗被主人认养后没有同伴，非常孤独，孤独之余就“汪汪”两声以引起主人的注意，主人就会抛些狗粮慰藉一下。类似地，单身的青年远离家乡，只身生活在大城市里，情感上的落寂、心理上的孤独、工作上的压力无法排解，当遇到其他恋人在公众场合秀恩爱等行为时，单身青年感觉自己就像被“撒了狗粮”或者说是“吃了狗粮”一样。众所周知，经济原则是语言系统的核心原则之一，所谓经济原则是指凡是能用原有词汇表达新鲜事物的就一律不再创造新的词汇。比如，古代的“车”和今天的“车”虽然在外形和动力上完全不同，但是其基本功能没变，因此人们仍旧用“车”这个词语来指称今天的交通工具。同样的道理，“撒狗粮”或“吃狗粮”能够形象地描绘出单身青年看到别人秀恩爱时心理和情感上的无助与无奈，因此也就没有必要再去创造新的词汇来表达这种心境。这种“旧瓶装新酒”的做法正是语言经济性的体现，也是一种语言创新或修辞发明。

三、“狗粮”衍生义产生的社会条件

我们认为“狗粮”一词的广泛使用既是一种言语现象，又是一种社会文化现象，其产生要具有一定的社会条件。互联网技术的高速发展与智能手机的普及为“狗粮”之类的词汇产生奠定了物质基础，各种思想文化的交流与碰撞也为人们乐于创造、敢于创造提供了精神动力。另外，需要指出的是，这类语言的依附性很强，必须依赖于一定的语境或上下文。没有或者离开这些条件，“狗粮”之类词汇的衍生义或隐喻义就难以形成。我们知道，追求新奇能激发语言创新，而语言的创新要遵循得体性原则。从某种程度上来说，语言创新并不是目的，而在于取得较好的表达效果。语言创新的得体性，应当遵守语境性原则和适度性原则。前者要求语言创新同语言环境保持某种一致性，既要与上下文、交际情景、语体、风格保持协调，还要同文化心理保持协调；后者一般表现在感情、风格和色彩等方面。客观地讲，用“狗粮”来描述秀恩爱的行为是一种语言创新，难能可贵的是这种创新已为广大单身青年所接受和使用，并且能够取得诙谐幽默、自我解嘲的修辞效果，从而符合语言交际的得体性原则。

第六节　说“XX帝”[①]

从造字法上来看，“帝”是个象形字，本义是指花蒂，后引申为核心人物、关键人物之义。在春秋战国以前一般用来指称道德或功德很高的人，秦以后才作为最高统治者“皇帝”的简称来使用。这里的“帝”在语法范畴上当归属名词。在 20 世纪七八十年代，香港电影界权威杂志《电影双周刊》评选年度优秀电影和优秀电影人，男获奖者被称观众戏称作“影帝”，女获奖者则被称作“影后”，比如例（1）。观众之所以称之“影帝”，是取“核心人物”或“关键人物”之义，即业界成就最高者。这里的“帝”，其词汇意义已经相当虚化，已不再指道德或功德很高的人，更不是皇帝的简称，其语法隐喻义却得到了某种程度的强化。而“影后”这一说法的形成主要是利用人类认知上的类推机制，事实上“影帝”和“影后”并不一定是夫妻关系。

例（1）a. 其实慧眼识珠的李翰祥并没有看走眼：凭着《火烧圆明园》及其

① 本节于2019年12月20日全文发表于《语文建设》，与孙秀银合作，收入本书时略有改动。

续集《垂帘听政》，初上银幕的梁家辉便荣登第三届香港电影金像奖“影帝”的宝座。［《人民日报》（海外版），2001 年 3 月 15 日］

b. 她说当时她不仅是因为终于获得“影后”的桂冠而激动，更因为现场的大屏幕上正播放《最后的猎鹿者》中那叫她永生难忘的一幕——寒风凛冽林涛呼啸，林海雪原中嘎娅策马驱赶狼群，紧随其后的七条猎犬奋勇向前。(《人民日报》，2000 年 10 月 20 日)

近年来，在微博、微信等网络自媒体的推波助澜下，“帝”在新媒体中的使用日趋频繁。尤其以“内涵帝”“励志帝”和“转发帝”等各种所谓的“××帝”层出不穷。从形式上来看，“××帝”大体可以划分为三种类型：“N+帝”，即以名词后附“帝”组成的复合词，比如眼神帝、表情帝、真相帝、观点帝、真理帝、天赋帝、三轮帝；“A+帝”，即以形容词后附“帝”组成的复合词，比如淡定帝、纠结帝、呆萌帝、傲娇帝、邪恶帝、关键帝、忧郁帝；“V+帝”，即以动词后附“帝”组成的复合词，比如吐槽帝、崩盘帝、回传帝、追车帝、预言帝、预测帝、害羞帝、睡觉帝、推书帝、转发帝、推荐帝、爆丑帝、无所谓帝、助攻帝、懂球帝、截图帝、作弊帝、咆哮帝、卖萌帝、冷场帝。在上面的三种结构类型中，以“V+帝”更为常见。

从意义上来看，“××帝”一般指某人在某方面具有某种特长。换言之，在这里“帝”一般指某方面“强人”或“达人”的意思。举例来说，能把深奥晦涩的事情说得浅显易懂的就是“内涵帝”，能为实现理想而长期艰苦奋斗并最终成功的人就是“励志帝”，不经核实便疯狂转发微博、微信的人就是“转发帝”。

从语法化上来看，这里的“帝”已经语法化为一个词缀。本质上，名词语法化为词缀就是语义内容的泛化或弱化，同时相伴而来的就是语法意义的衍生并得以逐步强化。当然，语法意义产生不是任意的，而是从词汇意义逐渐发展而来的。一般地，旧意义是更为具体的，较新意义往往是更为抽象的。从理论上来讲，抽象性语法意义的增长较低限度地抵消了具体词汇意义的丧失，语义值总体上得以平衡。具体到“帝”，它在上古汉语中是专指道德修养十分高的人或者皇帝，是专有名词。而现代汉语中的“××帝”这一结构，则指具有某项特长或善于从事某种工作的人。此时，“帝”的具体指称的词汇意义已经弱化，即词汇意义非常虚灵，相反其抽象的语法意义却十分显赫。

从构词法上来看，现代汉语中作为词缀的“帝”具有很强的黏附性，已经不能单说单用，只能附加于实词性成分后面起标记语法范畴的作用。我们知道，附加式构词法是人类语言构词的一种重要方式。比如，传统语法中所说的“的”字结构就是通过将“的”附加在实词之后生成新词的。从语法范畴上来讲，“的”字结构是以名词性词缀“的”为核心的体词性结构。举例来说，在例（2）中无论是动词“吃”还是形容词“红”一旦在其后添加上名词性词缀“的”，整个结构就变成了体词性结构了。当然，这种情况也不为汉语所独有，类似的现象在英语中也存在。在例（3）中，比如在动词“work”后附加上名词性词缀“-er”，整个结构体就变成了名词。

例（2）a. 吃的　喝的　用的　卖的

b. 红的　黄的　绿的　黑的

例（3）work → worker　teach → teacher　sing → singer　lose → loser

当代主流语言学理论认为，无论是在词法层面还是句法层面语言都是呈向心结构（endocentric construction）的。所谓向心结构是指至少有一个直接成分跟整体的语法功能相同。在向心结构里，跟整体功能相同的直接成分叫作这个向心结构的核心（head）。从语法范畴上来讲，例（2）中的“的”字结构就是以名词性词缀“的”为核心的体词性结构。同样地，例（2）就是以“-er”为核心的名词。具体到“××帝”来说，由于“××帝”以做主宾语为主，又可以受数量词修饰，一般不能做谓语。综合以上语法特征，不管“××”的语法范畴是动词还是形容词，“××帝”毫无疑问都应当是名词。从平行性上来看，“××帝”中的“帝”与“的”字结构中的“的”应该都是标记整体结构为名词的功能性核心。换句话说，“帝”和“的”都是用来派生新词的名词性词缀。

就语用价值来看，“××帝”这种用法在表达上构造了一种戏谑的小夸张架势，能给听话人带来感官上的某种特殊刺激，并使话语交际富有情绪性，请看例（4）。在例（4）中，“内涵帝”“励志帝”和“转发帝”的使用使语体更加简洁明了，戏谑的小夸张语气表露在外，另外轻快灵活的修辞风格得以凸显，话语表达方式也更加富有变化。另外，这种风趣幽默的表达也进一步拉近了与读者之间的距离，从而有利于话语被读者快速接受并得以广泛传播。

例（4）a. 真正的内涵，肯定不需要通过这种愤世嫉俗或是目空一切的吐槽来体现；自以为是的孤傲不过是不合群的掩饰；真正的内涵帝或者技术宅想必

不用借助 140 个字证明自己的阅历。（北京语言大学 BCC 语料库）

b. 在春秋战国时期，称王的人数不胜数，个个都是传奇人物，但越王勾践绝对是其中最不可忽视的一个，堪称历史上第一励志帝。（搜狐网，2018 年 4 月 20 日）

c.“薛蛮子”说，自己是有名的“转发帝”，共计发布 8.5 万余条微博，其中充斥着未经核实的谣言、情绪化的调侃，还有对严肃民生问题的戏谑。此外，他也发了一些自己投资公司的广告，以谋取经济利益。（新华网，2013 年 9 月 15 日）

从韵律上来看，三种形式均以“2+1”为主，笔者仅检索到一个“3+1”形式的“无所谓帝”。“2+1”音节是现代汉语体词性结构的一种优化音节，这种音节铿锵有力，节奏感强，读起来朗朗上口，易于传播。索绪尔说过：“词联结的不是事物和名称，而是概念和音响形象。”作为单音节的词缀“帝”在认知语义上具有表示基本层次范畴和原型性的特点。具体来说，基本层次范畴是人类概念层级中最重要的范畴，其成员具有更多共同属性。认知科学已经证明人类的认知活动是从基本层次范畴出发的。拿“××帝”来说，“帝”表示的是基本层次范畴，而“内涵帝”“励志帝”和“转发帝”则是低一级范畴，其共性就是在语义上都是表示善于从事某项工作的人。原型范畴理论认为，范畴成员之间不是非此即彼的，成员之间的边界是模糊的。而在“××帝”中，“帝”是词类标记的原型范畴，具有很强的区别性特征，不会与别的范畴发生纠葛，从而使“××帝”的概念特征更加清晰。

我们知道，语言是人类在感知世界、认识世界的过程中通过心智活动将认知的外在现实加以抽象概括并进行编码的结果，它是在人类的认知活动中形成的，同时又反过来成为人类认知活动的工具。同样地，在青年群体中有着较高的流行度和使用频率的“××帝”的产生和流行，一方面是网络新媒体助推的结果，另一方面是广大青年群体对世界体验和感知并加以概念化的结果。然而，这一概念化的成果“××帝”最终能否被社会大众认可和接受，并作为一普通词汇进入现代汉语，还有待时间的验证。这是个大浪淘沙的过程，对此我们拭目以待。

第七节 为何是“躺枪”而不是“躺中”？①

“躺枪”这一网络新词不仅在微博、微信等自媒体中被广泛使用，在《人民日报》等官方媒体中也经常出现。“躺枪”是“躺着也中枪”的缩略语，意思是躺着够低了吧，居然也能够被子弹打中，表达了当事人一种无可奈何的自嘲心情，有时也用于言论伤及无辜。

请看例子。

例（1）被借马尔代夫动荡说事，中国这次又“躺枪”了。（《参考消息》，2018年2月14日）

例（2）在一些负面事件中，有些企业本身与具体事件无关，却因为媒体误报、名字相似等原因遭“躺枪”，受到舆论抨击和质疑后，该怎么应对？企业“躺枪”的原因很多，可能因为山寨产品名字类似，可能源于行业谣言，也可能因为民众的过度联想。（人民网，2017年6月15日）

例（3）这起暧昧的“共谍案”为何躺枪的是大陆学生？［《人民日报》（海外版），2017年9月16日］

例（1）中的“躺枪”是做谓语，例（2）中的两个“躺枪”分别做宾语和定语，例（3）中的同样是做定语。从句法功能或者语法分布上来看，“躺枪”应归属动词。从词类范畴上来看，“躺”是个不及物动词，只能带准宾语，不能带真宾语。因此，我们可以说“躺床上”“躺在床上”，但不说“躺床”，原因是表示方位或者处所的“床上”和“在床上”充当的是准宾语，而表示事物的“床”充当的则是真宾语。然而，从语法意义上来看，“床”和“枪”都是表示事物的普通名词，既然“躺床”不能被我们接受，那么“躺枪”为什么可以呢？

前文我们已说过，“躺枪”是由“躺着也中枪”压缩而来，本质上是个缩略语。那么先来研究一下“躺着也中枪”。“躺着也中枪”我们可以将其形式化为“V_1着＋也V_2+N”。由于前一个动词V_1可以带表时体的后缀“着”或“了”，朱德熙将类似的结构称为连谓结构，又叫连谓短语。当连谓短语“V_1着＋也V_2+N”压缩成复合词时，从理论上来说可以有两种组合可能：“V_1+V_2”或“V_1+N”，

① 本文于2018年6月21日全文发表于《语文建设》，与孙秀银合作，收入本书时略有改动。

也就是“躺中”，或者是“躺枪”。至于最终选择“躺中”还是“躺枪”，要从语法、语义和语用等多个方面进行综合分析。

从语法结构上来看，动宾配置是小句中最活跃的配置，可以表示极其复杂多样的语义关系。词法同样如此。我们知道现代汉语的动宾组合是一种能产结构，很多词在语法甚至语义上根本不搭配，却往往被接受和广泛使用，有时甚至还能够产生极其生动形象的修辞效果。这样的例子举不胜举，比如“跑项目”“吃食堂”“吃床腿”和“写毛笔”等。具体来说，单音节动词“跑”是不及物动词，只能带表方所的准宾语，例如“跑北京”和“跑上海”等，但是作为事物名词的“项目”却可以充当其真宾语；“吃”虽然是及物动词，可以带真宾语，但是在语义角色上与其不相匹配的“食堂”和“床腿”却也能充当其宾语，且为我们所接受和理解；类似地，“写字”和“写书”是常规的动宾结构，而作为工具的“毛笔”充当“写”的宾语却能产生极其生动的表达效果。因此，我们认为“躺枪”能够被接受且被广泛使用与其动宾式的组合结构不无关系。

下面，我们再来分析为何不是“躺中”。“躺”和“中”的语法范畴当归属动词。我们知道，两个动词若要形成复合词，要么是联合式，要么是动补式，要么是状中式。从语法结构上来看，“躺中”无论作为联合式、动补式，还是状中式，都没有问题。但是我们也知道，语言表达不仅要考虑语法，同时还要考虑语义的搭配和语用修辞等问题，尤其是语用价值。从语义的搭配和交际的语用效果上来看，“躺中”会让人不知所云，无法向听话人传递有效的语义信息，根本无法激活听话人大脑中的相关知识储备，交际效果和语用价值也就无从谈起。因此，“躺中”自然也就无法存活了。

当然，“躺枪”这一新词的存活与广泛流行也有着深刻的认知动因。从概念整合的角度来看，它有着完备的以框架为结构的概念整合网络系统，且这个系统是由说话人的背景知识所构建的。概念整合理论认为，一个完整的概念整合网络包括四个概念空间：输入空间Ⅰ（Input Space Ⅰ），输入空间Ⅱ（Input Space Ⅱ），类属空间（Generic Space），合成空间（Blending Space）。从认知的源域上来看，“躺枪”是由两个认知域整合而成，即事件“躺着”形成输入空间I，事件“中枪”形成输入空间Ⅱ。事件“躺着”给人的感觉是舒适和安逸的，映射出安全的概念，而事件“中枪”则是事关生死的凶险事件。换句话说，“躺着”和“中枪”分属两个完全不同且反差极大的类属空间。这两个不同的类属空间通过连接副词“也”连接起来，整合成一个复杂事件“躺着也中枪”。在合成空间里，通过截搭的方式把两个事件整合在一起。所谓截搭就是好比把两根不同的绳子各截取一段重新接成一根。简单来说，就是先从事件“躺着”的输入空间Ⅰ中截取动作“躺”，然后再从事件“中枪”的输入空间Ⅱ中截取对象宾语“枪”，最后把这两个截取部分搭在一起形成“躺枪”。当然，截搭成功的前提是要能够渲染出强烈的对比色彩，而这种强烈的对比色彩就是语言表达所要追求的修辞效果和语用价值。

另外，从表达的经济性上来讲，作为连谓短语的“躺着也中枪”肯定没有作为合成词的“躺枪”省力，这是促使其压缩的经济性上的激发因素。这样一来，合成词“躺枪”由连谓短语“躺着也中枪”压缩而成就具备了经济性上的可能。

总之，“躺枪”一词的存活和流行既与先天的语法构造有关，也与实际的修辞效果有关。从认知上来看，“躺枪”是把差异极大的两个事件整合到一起，在心理上形成鲜明的对比和极大的落差，从而取得特定的修辞效果和语用价值。这样的话，先天优越的结构条件加上后天到位的表达效果，“躺枪”一词的流行就具有了一定的必然性。

第八节　“燃”的转类及其认知动力

《现代汉语词典》（第7版）把“燃”的词性界定为动词，有“燃烧”和“引火点着”两个义项，比如“篝火燃起来”和“燃起火把”。这是“燃”的正统用法。近年来，类似“很燃”“太燃”“这么燃”“一种燃”之类的说法层出不穷。这类结构是由“程度副词（很、太、非常……）+燃”和“数量+燃”组合而成，显然上述结构中的“燃”已不再用作动词，而是一种转类的用法。

一、“程度副词+燃”结构的组合义

“燃”一般用作动词，其科学意义是指一种放热发光的化学反应。《世说新语·文学》引陈玉（曹植）诗曰：“其在釜下燃，豆在釜中泣”，这里的“燃”当然是动词用法，表示一种放热发光的化学反应。但是当程度副词“很”与“燃”组合成“很燃”后，“燃”就不再是动词，因为除了极少数表心理活动的动词和一些能愿动词前能够加程度副词，其他动词不能受程度副词修饰。这里的“燃”

显然不是表心理活动的动词或者能愿动词。朱德熙先生也曾明确指出“凡是能受‘很’修饰又不能带宾语的谓词是形容词”，显然“很燃”不能带宾语。这样一来，“程度副词+燃”这一结构中的“燃”就转类为形容词就确定无疑了。当其用来形容人时是指人热血沸腾，用来形容事物时是指事物非常好、令人激动和振奋的意思，请看例（1）。在例（1）a 中，是指这个同学听完演讲后心情澎湃，热血沸腾；在例（1）b 中，“太燃”是指《长津湖》这部电影拍得非常好，将观众看完后激动和振奋的样子展现得栩栩如生。在例（1）中，程度副词“太”与“很”一样，出现在了相同的句法环境中，因此具有同等的语义内容和句法功能。

例（1）a. 听完演讲，现场一位同学仍沉浸其中，“我平时也比较喜欢看军事题材的电影，今天听这个演讲感觉很燃！”（人民网－军事频道，2021 年 11 月 2 日）

b.“《长津湖》太燃了，向志愿军老战士致敬”“和家人一起看《我和我的父辈》，好想回到爸妈年轻的时候看一看”……9 月 30 日，《长津湖》正式上映后票房先声夺人，《我和我的父辈》紧随其后。（人民网，2021 年 10 月 4 日）

二、“一种燃”结构的组合义

一般来讲，名词在组合上能够受表示物量的数量短语的修饰，在功能上能够充当主语或宾语。在例（2）中，表示物量的“一种”与“燃”组合成“一种燃”，在句法上充当“有”的宾语。这里的“燃”无论是在组合上还是在句法功能上都具有了名词的显著特征。另外，将例（2）中的“燃”看作名词也符合我们朴素的语感。这里的“一种燃”是指令人自豪的人、物或事。具体到例（2）a，“一种燃”把中国女排刻苦训练，在比赛场上取得了好成绩，深受国人爱戴的感情描写得淋漓尽致；在例（2）b 中，“一种燃”把在危险时刻消防官兵总是能够出现在群众面前，消防官兵冒着生命危险抢救群众生命财产，是群众的守护神的形象跃然纸上。

例（2）a. 有一种燃，叫“中国女排”。（中国山东网，2019 年 9 月 23 日）

b. 有一种燃，叫青春遇到“火焰蓝”。（人民网，2021 年 11 月 9 日）

三、“燃”转类的语用价值和认知理据

（一）语用价值

邢福义先生说过语法研究要坚持语表形式和语里意义相互验证，做到由表察里，再由里究表，最后语值验察，简单来讲就是“表里印证，语值验察”。这就是邢先生著名的“小三角”理论。“表－里－值”三角验证是对语言事实进行动态研究的体现，是一种动态的语法研究观，能够更好地揭示语法规律。本书例句中“燃”在组合上显然是“语表异常”，在“小三角”理论看来，就要先进行由表及里的分析，再探讨隐藏在其后的语用价值和认知规律。

“燃”一般用作动词，不与程度副词和数量短语组合。从语言的表层形式上来看，例（1）中的“程度副词＋燃”结构和例（2）中的“一种燃”结构在组合上是语表异常，或者说是一种非常规用法。根据“小三角”理论，本书重点探讨其语里意义和语用价值，语里意义我们已在第二部分进行了分析，这里主要分析语用价值和认知理据。从语用价值上来看，“程度副词＋燃”和“一种燃”营造了一种昂扬向上的“小傲娇”架势，展现了人们热血澎湃、充满动力的精神状态。无论是例（1）中的听众听完报告感觉很燃，《长津湖》太燃，还是例（2）中的“一种燃”，字里行间无不向读者或者听话人构造了一种“小傲娇”架势。当然，这种架势是充满正能量的，是令人奋进和积极向上的。

（二）认知理据

在语言产生的初期，人们创造的早期词汇，大多表示具体事物。后来人们用它们继续表达其他相似的事物和意义。语言中大量的新概念常常借助于“旧瓶装新酒”的方式进行，这是语言经济性的具体体现。“程度副词＋燃”和“一种燃”所营造的昂扬向上的“小傲娇”架势和展现的热血澎湃、充满动力的精神状态，这就是一瓶“新酒”，但是装这“新酒”的酒瓶使用的却是旧瓶。“旧瓶装新酒”这种方式一方面可以减少概念之间理解和记忆的难度，另一方面还可打通新旧概念的联系，最终达到经济、生动的多重目的。

从造字法上来看，“燃”是典型的形声字，由形旁“火”人们很容易联想到光明和温暖。这为“燃”向其他概念的扩散提供了前提和基础。认知语言学认为，把一个概念域投射到另外一个概念域就是概念隐喻。概念隐喻类型有多种，

其中一种是根据物质世界的经验来理解和把握抽象的范畴及其关系。动词“燃”所表示的概念可以被人类的感官直接感知，不需要通过逻辑分析和抽象推理，是具体层面的概念。而“程度副词 + 燃”和“一种燃”所表达的意义和营造的语用价值却需要通过综合分析和推理才能够被人领会，这显然是一种抽象层面的概念。从映射的角度来看，由“燃”所表征的具体层面的概念和抽象层面的概念并不是孤立的，而是存在着映射的可能性。具体来说，具体层面的“燃”所表征概念是发光发热的能量释放，这与抽象层面的昂扬向上的“小傲娇”架势和展现出的热血澎湃、充满动力的精神状态存在着认知上的象似性，这样一来它们之间就很容易建立起隐喻关联。实际上，用动词“燃”所表征的概念来隐喻形容词或名词“燃”符合认知上的经济原则。从根本上说，经济性是“燃”转类的认知动力。

四、结束语

动词“燃”在经济性原则的驱动下可以转类为形容词和名词。转类为形容词的“燃”可以进入“程度副词 + 燃”结构，转类为名词的“燃”可以生成“一种燃”结构。从语义上来看，两种结构都是指事物完美、令人激动和振奋；从语用上来看，它们都构造了一种“小傲娇”架势，展现了人们热血澎湃、充满动力的精神状态。

第九节　从“地摊经济”一词登上热搜说起

“地摊经济”，经常被作为“脏乱差”的代名词，是城市管理部门重点治理的对象，常常被人诟病，但近年来却深受群众欢迎和赞美，并频频见诸于各大官方报刊媒体中，比如例（1）~ 例（3）。“地摊经济”一词也因此迅速登上了热搜。

例（1）商超、餐饮人气回归，实体消费逐步升温；“云直播”“宅经济”方兴未艾，线上消费生机勃勃；“地摊经济”“夜经济”繁荣起来，街头巷尾升腾起人间烟火气……［《人民日报》（海外版），2020 年 6 月 22 日］

例（2）东北证券发布研报显示，地摊经济受关注利好消费行业，随着各地政策的放开，地摊经济成了经济复苏的新动力，一方面拉动就业人数上升，另

一方面带动消费。（《北京商报》，2020 年 6 月 3 日）

例（3）地摊经济之所以能成为近段时间以来的热门话题，一方面是因为它能在一定程度上拉动经济发展、增加就业，另一方面是因为它所带来的烟火气唤起了国人对城市生活的最初记忆。其实，地摊与城市并非水火不容。有关部门如果能少一些管理“洁癖”，别一见地摊就蹙眉、拒斥，很多老百姓是欢迎和支持的。（《人民日报》，2020 年 6 月 6 日）

“地摊经济”一词登上热搜是语言生活中的一个普通现象。众所周知，语言是反映社会生活的一面棱镜，语言生活能够折射出五彩缤纷的社会万象。因此，“地摊经济”一词的走红，从表面上看虽只是个语言现象，但其背后却蕴含着深刻的社会动因。

“地摊经济”一词登上热搜反映了国家强大的治理能力。2019 年底，一场突如其来的新冠肺炎疫情像洪水猛兽般奔袭而来，千万人口的特大城市武汉不得不含泪封城，数以亿计的人们被迫居家隔离。亲人不能团聚，企业没法生产，学校不得开学……神州大地上笼罩着一层挥之不去的阴霾。中央多次召开专题会议，研究部署抗击疫情工作，全国各族人民响应中央号召驰援武汉。以钟南山院士为代表的白衣天使们奋不顾身逆行武汉，全国各地的抗疫救灾物资、瓜果菜蔬齐聚武汉。东西南北中，党政军民学，全国守望相助一盘棋，疫情很快得到了控制，复工复产复学也就自然提上了议程。曾经活跃于街头巷尾的“地摊经济”也慢慢多了起来，夜市重新开放，集市得以营业，生活回归正常。比如，陕西省就出台了《促进市场消费积极应对新冠肺炎疫情影响若干措施》，文件规定在确保安全的情况下，允许城区临街店铺出店经营，允许在居民居住集中区开辟临时摊点摊区，允许流动商贩在一定时间和区域占道经营。面对纷繁多样的“地摊经济”，各级政府切实做到了该管起来就能够迅速地管起来，该放开又能够有序地放开，收放自如，进退裕如，这体现了政府强大的社会治理能力。对于“地摊经济”，各级政府奉行“放开不是放手，也不是放松”，而是切实做到“有序”，实行精细化管理。这一切的一切无不体现了各级党组织和政府应对突发事件的灵活处置能力和强大的社会治理能力。

“地摊经济”一词登上热搜体现了党执政为民的工作原则。新冠肺炎疫情给企业的生产、人民的生活和心理都造成了巨大创伤。疫情得到有效控制后，在“保民生，促生产”原则的指导下，各地因地制宜有序组织恢复生产。就连曾经与城市管理部门捉迷藏的“小商小贩”“街头小吃”也开始逐渐活跃在城市的大街小巷和角角落落。长期封闭在家的人们也终于可以外出呼吸一下自由的空气，品尝一下久违的味道，海淘一下自己心仪的“宝贝”。2020 年 6 月份，李克强总理在山东烟台一处老旧小区考察时就曾指出，“地摊经济、小店经济是人间的烟火，是中国的生机”。我们认为，“地摊经济”的兴起让城市迎回了烟火气，同时给城市带来了生机，也让很多人端回了“饭碗”。据新华社报道，仅成都市“松绑”的地摊经济就催生了十万多个就业岗位。实际上，红红火火的“地摊经济”一方面确实是城市中低收入者的就业增收的路子，另一方面也的确能够满足广大市民的多维需求。面对分外热闹的“地摊经济”，我们的城市管理部门并没有采取“一刀切”式的粗暴取缔，而是具体问题具体分析，采取服务、引导和规范相结合的原则，把立党为公执政为民的工作原则融入进了细致入微的日常工作中。

人间烟火气，最抚百姓心。“地摊经济”一词迅速走红并登上热搜，虽然只是个普通的语言生活现象，但其背后却有着深刻的社会动因。语言就像一滴晶莹剔透的露珠，透过它，我们能够看到五彩缤纷的社会万象。原本是城市管理部门重点治理对象且受广大市民诟病的“地摊经济”现在却在各大城市“大行其道”，并受到群众的广泛欢迎，甚至多次出现在官方媒体中，其背后所蕴含的社会原因值得我们深思。透过“地摊经济”走红这一棱镜，我们能够看到强大的国家治理能力，感受到党执政为民的工作理念，体验到社会主义制度能够集中力量办大事的优越性。

第十节　“打工人”流行的认知隐喻学分析

“打工人”这个说法最近在网络上特别受欢迎，甚至连朋友们见面可能都会先问候一句，“你好啊，打工人！”那么从句法、语义和语用三个角度来看，应该如何解读“打工人”？另外，“打工人”广泛流行的动因是什么？

从结构上来看，“打工人”是个多义结构。一方面，这个结构可以分析为动宾式，即动词“打”的对象是名词“工人”；另一方面，这个结构还可以分析为以名词“人”为中心语的偏正式，即动词“打工”是修饰名词“人”的。实际上，偏正式的“打工人”这个表达并不新鲜，请看例（1）。从语法范畴上来看，例（1）中的“打工人”应是体词性成分，其词汇意义是指“从事打工的人”或“靠打工谋生的人”，这是基础性用法。

例（1）a. 村民许七弃种的田就在稻谷绝收的那块耕地里，“水下红红的，人踩在地里，泥有膝盖高，泥浆好像豆腐渣，牛都不肯走，根本种不了。但不种的话，哪里来口粮呢？”他只能转过山湾，到污水流不到的地方，种外出打工人的地。（《新京报》，2019 年 10 月 22 日）

b. 人们在为中年人可能遭遇的就业门槛、生存压力感慨。“人人都是打工人”，我们应该给予劳动者，包括不同年龄的劳动者同样的尊重和关怀、同样的善意与温暖。（《工人日报》，2020 年 10 月 27 日）

最近广泛流行的“打工人”与例（1）在语义语用上存在较大的差异，请看例（2）。例（2）中的“打工人”被作者赋予了强烈的情感色彩。具体来说，例（2）a 中的“打工人”其色彩义有滑向贬义的倾向，而例（2）b 则与之恰恰相反，是一种典型的褒义用法。在例（2）中，说话人通过使用“打工人”这一表达营造了一种轻松诙谐的语用氛围。具体来说，例（2）a 中的“打工人”把机械式的、不求创新的工作方式淋漓尽致地描绘出来，而例（2）b 则向读者展示了一个起早贪黑、忙忙碌碌的劳动者形象。例（2）中的两个“打工人”创设出了完全不同的意境。同一个表达在不同的交际场景能够产生不同的语用价值，这是语言经济性的具体体现。

例（2）a. 有人“困守一亩三分地”，在岗位职责内打转转，日复一日简单重复自嘲是“打工人”；也有人“板凳甘坐十年冷”，在一线发现问题并寻找办法，在勤勤恳恳的基础上创新创造。（《河南日报》，2020 年 11 月 2 日）

b. 有人说，“打工人”是这样的一种存在：他们起早贪黑，挤公交，坐地铁，挣工资，很努力，有梦想，既平凡，又不凡。（《中国体彩报》，2020 年 11 月 2 日）

我们知道，经济性原则是话语交际的基本原则之一。简单来说，所谓经济性原则是指人们在进行社会交际时不可能为每一个交际意图都创造一个新的符号，而是习惯采有“旧瓶装新酒”的方式赋予原有表达以新的语义内涵。否则，自然语言的词库将非常庞大，人类的大脑也将不堪重负，最终会影响到社会交际的正常进行。实际上，“打工人”并不是新鲜的表达，而是一个“旧瓶”，这一点我们在上文中已明确指出。人们在话语交际中通过“旧瓶装新酒”的方式对“打工人”进行适当改造，就会衍生出新的语义内涵，并产生诙谐幽默的语用价值。“旧瓶装新酒”是语言经济性的重要体现，就是在不增加词库容量并不造成误解的前提下，临时赋予原有符号新的意义。临时赋予的意义若被社会大众广泛接受和认可还有可能固化为词汇意义。

从语法范畴上来讲，例（2）中的“人”已经虚化为一个名词性的词缀。这是因为动词“打工”一旦附着上名词性后缀“人”就会转化为体词性成分。把“打工人”中的“人”分析成名词性后缀，并不是特例，我们同样可以得到语言事实的支持，请看例（3）。在例（3）中，“尾款人”是指购买商品只支付了部分定金尚有尾款待支付的消费者。显然，这里的“人”其词汇意义已经相当弱化，应是一种词缀性的用法。这表明“人”的后缀性用法有扩大化的趋势。

例（3）a. 111 分钟 100 个品牌成交超 1 亿！ 11 月 1 日 0 点，天猫双 11“抢先购”正式开抢，数亿“尾款人”抢购 1400 万款折扣尖货。（光明网，2020 年 11 月 2 日）

b. 11 月 1 日凌晨，各大电商平台尾款支付开启，“尾款人”随后开始刷屏。所谓“尾款人”，就是付了一堆商品定金，欠了一屁股“尾款”的人。在朋友圈、社交平台，“尾款人”互相调侃，刷着表情包，网络上充满了快活的空气。（《北京青年报》，2020 年 11 月 3 日）

汉语中类似的例子还有不少，比如“员”和“工”，请看例（4）。在例（4）a 中，动词“售货”“驾驶”“饲养”后一旦附上名词性后缀“员”，整个结构就具有了名词性；同样在例（4）b 中，动词“清洁”“护理”，名词“钟点”后附上“工”整个结构也具有了名词性，它们的词汇意义都表示从事某一项工作的人。例（4）b 中的“工”，其词汇意义已经虚化，相反其名词性的语法意义却得到突显。从某种程度上来讲，例（4）b 中的“工”已经语法化为一个名词性后缀。例（4）a 中的“员”同样可以分析成名词性后缀。这种分析并不为汉语所独有，在英语中也有这样的语法现象。请看例（5），箭头左边的动词一旦添加上名词性后缀“-er”，整个结构就转换成名词了。

例（4）a. 售货——售货员　驾驶——驾驶员　饲养——饲养员

b. 清洁——清洁工　护理——护理工　钟点——钟点工

例（5）research → researcher　drive → driver　clean → cleaner

从语法分析的角度来讲，动宾配置是现代汉语语法结构中的一种优化配置，在分析为动宾配置的“打工人”这一谓词性结构中，“工人”被指派了受事的题元角色。众所周知，“工人”是兢兢业业的劳动者，是物质财富的创造者，分析为动宾结构的“打工人”能够给听话人带来某种特殊的刺激，从而激起听觉神经的兴奋度。说话人正是利用这种兴奋度来引起听话人特别关注的话语交际目的。很显然，听话人不会把例（2）的中的“打工人”解码为谓词性的“打工人”，而是解析成体词性的“打工人”，但是巧妙地利用这种多义结构来达到特殊的语用价值的话语交际目的已经实现。从韵律上来看，“打工人”这一结构共三个音节，若是体词性成分该结构应是“2+1”节拍，若是谓词性成分应是“1+2”节拍。在现代汉语中无论体词性的“2+1”节拍还是谓词性的“1+2”节拍都是优化性节拍，都具有很高的可接受度和广泛的使用频率。

体词性结构“打工人”的广泛流行有着深厚的内部动因和外部理据。从韵律上来看，体词性结构“打工人”是优化性的“2+1”节拍；名词性后缀“人”以派生的方式附加到词根“打工”上，生成“旧瓶装新酒”的“打工人”，体现了语言的经济性。这是“打工人”广泛流行的内部动因。在话语交际中，体词性的“打工人”能够引起听话人注意，并能产生诙谐幽默的语用效果。在交际中能够产生这种特殊的语用价值是“打工人”广泛流行的外部理据。

第十一节　说“走你”

“走你”一词的流行源于2012年11月24日歼–15舰载机在辽宁舰上完美的滑跃式起飞时指挥员下达指令的姿势。事后，网民们纷纷模仿这种帅气的姿势，并且还创造了不同版本的“走你”姿势，在全社会引起一阵热议，最后还登上了《新闻联播》。时至今日，“走你”一词还频繁出现在人们的语言生活中。

一、“走你”的句法语义特征

从句法结构上来看，“走你”属述宾结构，但“走”又是个典型的不及物动词，后面不能带宾语。因此，从语言的表层形式上看，“走你”这一表述显然不合语法。但是“走你”这个词在社会上流行度非常高，甚至在《人民日报》等官方媒体也曾多次出现，请看例（1）。众所周知，语言是由全社会成员约定俗成的交际工具，一种说法一经约定并被社会成员接受和认可，就会作为普通词汇进入语言系统，成为人们日常交际的工具。实际上，“走你”不仅被官方媒体多次使用，而且也频频出现在人们尤其是青年人的日常交际中。

例（1）a. 人们走到战斗机前留影，拉着海军官兵合照，模仿指挥战斗机起飞的“走你”姿势，摆出各种航母style，有媒体请求采访，也都是来者不拒。（《人民日报》，2017年07月10日）

b. 全民模仿航母style，你还记得吗？那个让人自豪的“走你！”手势，火遍全国成了国民表情包。（《南方都市报》，2019年11月25日）

从语里意义和使用情境上来看，“走你”经常出现在类似击打、扔出或发射等场景中，在最后一击或绝对胜利时常常作为口号而喊出，表示加油和助力向上的意思。比如例（2）a中的“走你”将哈大高铁成功通车后人们的兴奋高昂之情刻画得淋漓尽致，例（2）b通过使用“走你”展现了作者对长征七号的成功发射充满了信心。

例（2）a. 哈大高铁，走你！（《深圳商报》，2012年12月2日）

b. 长征七号，走你！（科普中国，2016年6月）

由于使用频繁，“走你”又衍生出“态度坚决，不容商量”的意思，请看例（3）。例（3）中的两则语料都是以新闻报道的标题的形式出现的，通过使用“走你”，读者可以感受到国家对清退洋垃圾的坚决态度和保护美丽家园的坚强决心，“走你”一词表明我们在环境保护方面没有任何妥协退让的余地。

例（3）a. 洋垃圾，走你！（《北京日报》，2020年10月06日）

b. 坚决退运，“洋垃圾”，走你！（南宁海关发布，2020年9月7日）

二、“走你”的语用价值

上文中我们已经分析过“走你”是个“不合法”的述宾结构，在语法上属异常搭配。根据邢福义先生关于“语表异常，究其语值”的论断，既然“走你”的表层形式发生异常，那么它必定含有特殊的语用价值。“走你”又具有什么特殊的语用价值呢？请看例（4），作者为中国海军的快速发展和强大感到骄傲，引以为荣，而“走你”正是全句的画龙点睛之笔，无论是在语义的表达上还是在语用价值的创设上，“走你”都具有重要作用。从语用价值上来看，“走你”一方面能够营造出一种俏皮幽默而又不乏庄重的氛围，另一方面还能构建一种不容置疑和改变的坚定架势，并且还可以使表达富有激情和感染力。

例（4）中国海军正在从浅蓝走向深蓝，“辽宁舰”的服役，歼 -15 的着舰，迈出了海军现代化建设的重要一步。

歼 -15，走你！

辽宁舰，走你！（《光明日报》，2013 年 3 月 15 日）

三、“走你”的生成机制

从我们朴素的语感来看，“走你”所要表达的意思实际上是“你走”，这种现象其实就是传统语法所说的那种主语后置的倒装句，即谓语“走”前移，而主语“你”后置。“走”前移的原因是说话人急于要说出来，所以脱口而出，后置的“你”则带有某种意义上的补充的意味。一般来讲，后置的“你”在语音上有轻读的倾向。

Gundel 曾经提出过“要事先说原则”（First Things First Principle），即表达重要概念或传达重要信息的语言成分一般倾向于放在句首。在“走你”中“走”显然是说话人传达的重要信息，因此“走”前置于“你”的前面，这是一种语用倒装现象。理论上，在追补成分“你”前应该有稍许停顿，反映到书面上就是“走，你”。但是，倒装结构“走，你”一般出现在令人振奋和激动的情境，前置成分“走”来不及停顿追补成分“你”就已经脱口而出了，导致停顿消失，最终生成“走你”。从而造成了前文所分析的不及物动词带宾语的假象。

众所周知，双音化是现代汉语词汇发展演变的重要趋势。其原因一方面是双音节词读起来带有乐感，轻重之间能够形成一种节奏，悦耳动听，另一方面是双音节词能够表达较为细腻和精确的语义内容，另外还可以避免出现大量的同音词，从而提高交际效率。倒装结构“走你”从语法层级上讲，最起码应该是个大于词的短语，甚至是句子，但是在频繁使用过程中双音节的“走你”很容易作为备用单位词来使用，而不是组合单位短语。这样一来，就为“走你”降级为词提供了前提和可能。从近年来的语言实践来看，“走你”经常出现在标题中，如例（2）和例（3），有时也构成独词句，这都是其降级为词的先兆。

四、结论

从语表形式来看，能够表达加油或助力的意思的“走你”是个“不合语法”的述宾结构，或者说是个异常结构，但“走你”在交际中却能够营造俏皮幽默又不失庄重的语用氛围。“走你”其实质是由于谓语前移而生成的倒装式，倒装的原因是“要事先说”。在语言生活中，由于“走你”使用频率高，很有可能成为造句备用单位词来使用。至于“走你”最终能否进入基本词汇的行列，还有待时间的验证，这是一个大浪淘沙的过程，留下的都是精华。

第十二节 小议“破防”

在国家语言资源监测与研究中心发布的“2021 年度十大网络用语”和《咬文嚼字》编辑部发布的“2021 十大流行语”中，“破防”都位列其中。这说明“破防”具有一定的流行度和使用面。从字面上来看，“破防”是“突破防线”的缩略形式，其常规义是指集中力量向一点冲击或进攻，打开缺口（本书称为常规义，下同），比如例（1）。

例（1）a. 境外输入总“破防”，防疫压力几何？据此前满洲里召开的新冠肺炎疫情防控工作新闻发布会介绍，根据流调情况，本次满洲里疫情系境外输入引起，前三名感染者均有接触进口货物的可能。（《中国新闻周刊》，2021 年 12 月 7 日）

b. 而弹幕文化的兴起，让个体在改变自己获取信息方式的同时，也改变了自我表达、人际互动的方式及社会角色。不可否认，弹幕已实现了自身的“破防”——突破小众范围的传播，进入主流文化领域已经成为现实。（《大众日报》，2021 年 12 月 7 日）

在网络的推波助澜下，“破防”又衍生出了新的义项（本书称为网络衍生义，下同），一般用来形容某人遇到一件事或看到一些信息后，由于情感上受到巨大冲击造成内心上的触动，产生不可抑制的共鸣与感动，请看例（2）a；或者用来描写某人内心受到伤害后的悲羞与痛苦，请看例（2）b。

例（2）a 近日，河南鹤壁一男子带父亲就医期间，因为父亲无法久站，男子便俯身跪在地上，为父亲撑起一个“人肉板凳”。男子的行为感动万千网友，让很多人瞬间“破防”。（《新闻晨报》，2021 年 11 月 29 日）

b. 得知孩子的病情出现反复，伟超努力控制着自己的情绪，并用家乡话安慰着母亲。但是，面对镜头，略显憔悴的伟超母亲，最终还是“破防”了——“我们都太难了。”（东方网，2021 年 11 月 24 日）

“破防”是由词组“突破防线”紧缩省略而成，是在形式和内容方面都凝固化了的词。从形式上来看，“破防”的构词方式是“词根 + 词根”，属于支配式的复合词。从内容上来看，“破”有使某物损坏或者分裂的意思，这里是指使防线损坏或分裂，是使动用法。在语言生活中，有些名词性成分与动词组合成动宾式后在逻辑上是讲不通的，却被人们广泛使用。这是因为现代汉语中的动宾结构是一种优化结构，具有很强的能产性，比如“吃食堂”“吃利息”等。众所周知，“食堂”和“利息”是不能作为食物直接拿来食用的，即“食堂”和“利息”不是“吃”的受事。同样的道理，动宾式复合词“破防”的广泛流行并被人们逐渐接受就具有了结构方面的先天性优势。在例（1）a 中，疫情防控线由于工作人员接触进口货物被突破，而在例（1）b 中，弹幕文化突破小众范围的传播界限，进入了主流文化领域。这是常规义的用法。但在例（2）a 中，男子俯身跪地为父亲撑起“人肉板凳”，其孝心震撼读者心灵；在例（2）b 中，主人公在生活中遭遇了种种不幸，面对记者的镜头，情不自已，感情的潮水奔涌了出来。“破防”一词的使用一方面能够将事物发生的场景生动逼真地刻画出来，另一方面又能给读者留下足够的自由想象空间，使表达更具立体感和富有感染力。

“破防”网络衍生义的生成具有认知上的动因，也就是是 Lakoff 和 Johnson 所提出的结构隐喻（Structural Metaphor）。所谓结构隐喻是指一个概念通过隐喻的方式用另一个概念表达出来，前提是这两个概念之间要在结构上具有相似性。虽然这两个概念的认知域是不同的，但它们的结构却可以保持不变，也就是各自的构成成分之间存在着有规律的对应关系。当然，有些说法由于经常使用，习焉不察，人们不再觉得它们是特殊的隐喻性用法。比如在例（3）a 中，我们常常把“人生”比喻成“十字路口”，就是因为人的生活就像是过十字路口一样充满了各种各样的选择；在例（3）b 中，旧社会和黑暗的房屋具有共同属性，用描写房屋的“黑暗”一词来形容旧社会，说明旧社会让人看不到希望。例（3）中的语料虽然是典型的结构隐喻，但人们一般把其当作普通性表达。

例（3）a. We are at a crossroads in our life.

b. 黑暗的旧社会

从理论上讲，结构隐喻是概念隐喻的一种。人类通过概念隐喻认知了世界，发展了思维，健全了概念，丰富了语言，这一现象在词汇层面的作用尤为突出。一般来讲，无形的、难以理解的、复杂抽象的概念根植于我们对有形的、为人熟知的、简单的具体概念的把握。为什么？这是因为在生活中我们对人、对物、对可见可闻的行为和事件所产生的基本经验的识解尤为便捷和经济。同样地，在语言经济性原则的驱动下，源域就会向目标域进行认知投射，概念隐喻随即产生。概念隐喻可以使旧词不断获得新义。在语言发展的某一时期如果尚未找到合适的词语来表达某一新的概念时，人们常会运用丰富的想象力，寻找概念间的理据性联系，并借用已有词汇来表述它，从而形成该词语的隐喻性用法。从根本上讲,概念隐喻的产生源于语言符号的有限性和人脑记忆容量的有限性。概念隐喻产生后，人类对目标域的理解依赖于源域特征的映射，但是这种映射不是随意的，也不是全部的，而是部分的、有选择的。“破防”多个义项的生成符合语言的经济性原则。从语义内容上来看，“破防”的网络衍生义与其常规义虽有认知上的相似性，但也有较大的不同。比如，其常规义比较具体，能够被我们的感觉器官感知，而网络衍生义比较抽象，我们只能靠揣摩而意会。

在互联网的助推下，“破防”在常规义的基础上又衍生出了新的义项，一方面可以用来形容某人情感上受到巨大冲击而造成内心上的触动，产生不可抑制的共鸣与感动,另一方面也可以用来描写某人内心受到伤害后的悲羞与痛苦。这实际上是词汇学上的一词多义现象。结构隐喻是多义词的形成的认知基础。这种“旧瓶装新酒”的方式体现了语言的经济性。

第四章　概念隐喻与二语词汇习得相关性研究综论

第一节　概念隐喻研究概观

词汇是语言大厦的建筑材料。D. A. Willkins 指出“没有语法，人们不能表达很多东西，而没有词汇，人们则无法表达任何东西”，由此可见词汇在语言系统中的重要性。国内学者对于二语词汇习得的研究历来重视，也出了不少成果。把概念隐喻理论引入到二语词汇习得中的研究也格外引人注目，笔者收集并梳理了近年来的有关论文和专著，就该专题的相关研究进行简要的综述，概括出了该领域的研究现状，预测发展趋势，并提出自己的理论思考。

长期以来，隐喻一直被人们当作一种辞格，隐喻也一直被列入修辞学和文学研究的范畴。传统研究认为隐喻是比喻性语言，是一种特殊的语言现象，所以隐喻的研究就被排除在语言学研究之外。柏拉图甚至认为隐喻是花言巧语，至多是修饰性的语言，只适用于表达感情。1980 年，芝加哥大学出版社出版了 Lakoff 和 Johnson 的 *Metaphors We Live by* 一书，标志着隐喻正式被纳入认知语言学的研究范畴。他们认为隐喻语言是一种普通语言，隐喻是人们的思维方式和认知工具，隐喻的本质是用一事物体验和认知另一事物。

随着 Lakoff 的巨著 *Metaphors We Live by*（1980），*Women, Fire and Dangerous Things*：*What Categories Reveal about the Mind*（1987），*More than Cool Reason*：*A Field Guide to Poetic Metaphor*（1989）陆续出版，国内学者于上个世纪 90 年代开始研究概念隐喻理论。林书武、胡壮麟、束定芳等学者在对国外理论的引进和介绍上做了大量工作。林书武在国内概念隐喻研究的基础上，归纳了当今隐喻研究的七个主题，并对今后隐喻研究的焦点和趋势进行了预测。胡壮麟对语言、认知、隐喻的关系进行了探讨，并研究了隐喻的产生和理解，指出了隐喻是各学科通向未来的工具，还从辩证唯物主义和科学认识论的角度对隐喻进行了阐述。束定芳在研究西方学者关于隐喻运作机制的基础上，解释了隐喻意义的产生是两个概念之间相互作用的结果，这种相互作用是通过映射的方式进行的，映射的基础是相似性。总体上看，三位学者都结合中国实际对概念隐喻理论进行了本土化的修补和创新，但并没有从根本上突破西方的理论体系。

束定芳、胡壮麟、彭增安、谢之君等学者通过出版隐喻学研究专著，对隐喻理论进行了系统研究和推介。赵艳芳、吴为善等也在自己的非隐喻学专著中对隐喻进行了专题研究和探讨。束定芳在对西方隐喻理论进行吸收和整理的基础上，对隐喻的产生原因、工作机制和本质特征以及隐喻的功能等进行了全面的讨论和分析，他又在以后发表的论文中对很多观点进行了阐释。胡壮麟系统研究了隐喻的实质和应用，这些观点在其前期发表的论文中都能见到；并对语法隐喻和 Halliday 模式进行了介绍和研究，并将这些理论与中国的比喻理论进行了对比研究。彭增安的专著是在其博士论文的基础上改写完善而成的，以汉语比喻为立足点进行英汉隐喻对比研究，并就隐喻在新闻报道、科技语篇、商务语篇中的应用进行了研究。谢之君在对国外隐喻理论研究的基础上，提出了语言和隐喻起源的“隐喻说”，有新意。赵艳芳重点探讨了隐喻和转喻对词义发展的作用。吴为善把概念隐喻和概念转喻理论应用到汉语研究中，拓宽了概念隐喻的研究视野。这些专著向中国学者系统完整地介绍了概念隐喻理论，并结合中国实际进行了理论修补和完善，特别是吴为善的专著把概念隐喻理论推介到汉语研究中来，并取得了显著成绩。

第二节　概念隐喻与二语词汇习得相关性的研究

一、理论性研究述评

笔者检索了 2000 年以来有关概念隐喻与二语词汇习得相关性研究的有代表性的理论性研究论文。从研究内容来看，大致集中在以下几个方面，请看表 4-1。

表 4–1 相关理论性研究统计表

序号	研究内容	作者
1	如何利用概念隐喻理论习得基本词、多义词、习语或术语	赵彦春等（2000）、胡华芳（2007）、吴克炎（2009）
2	探讨研究了把概念隐喻理论用于指导二语词汇教学的可行性和必要性	孙红旗（2004）、龚玉苗（2006）、谢美蓉（2009）
3	研究了概念隐喻与学习者文化领悟之间的关系	吴克炎（2006）、唐春燕（2009）
4	研究了概念隐喻在英语阅读教学、听力教学中的作用	刘丹凤等（2007）、陈朗（2010）
5	研究了概念隐喻与词汇记忆	晏雪（2010）、李运河（2010）
6	研究了英汉隐喻能力差异对二语词汇习得影响	朱文飞（2005）、喻劲梅（2006）
7	研究了隐喻与写作教学关系	刘世娟等（2008）、贺滨波（2009）
8	研究隐喻对提高词汇丰富性和深度的帮助	杨丽等（2009）
9	研究如何培养学生的隐喻思维能力以优化二语习得途径	吴克炎（2007）
10	研究了应用概念隐喻进行教材词汇编排	赵海芳（2008）、郑银芳（2009）
11	研究了死隐喻与词汇习得关系	叶忠星等（2007）
12	研究了基于隐喻理论的词源教学法对词汇教学的作用	吴克炎（2009）
13	研究了隐喻与成人二语习得关系	马越（2005）
14	研究了隐喻与前缀派生词习得	吴克炎（2006）
15	研究了隐喻与心理词库构建的关系	李更春（2009）
16	研究了词语产生和发展过程中的隐喻性	朱经伟（2009）
17	研究了如何利用隐喻模式习得词汇边缘义	王慧晶（2011）
18	通过研究证明了提高中国英语学习者的概念隐喻、概念转喻和意象图式隐喻的意识可以促进英语惯用语块的习得；理解和学习目标语的惯用语不能只靠单纯的机械记忆、模仿，还应该尽量掌握背后的概念隐喻理据，注意惯用语组成部分与其整体意义之间的内在联系	石洛祥（2009）

这些研究都从理论上阐述了如何把概念隐喻运用到二语词汇教学实践中，以提高学生的隐喻思维能力，从而提高词汇习得的效果和水平，基本上都是宏观上的理论思辨，没有进行微观的教学实证。从研究面来看，有的研究集中在如何利用概念隐喻习得多义词、基本词、习语或术语，应用范畴相对狭窄，学习者掌握了这些词汇，并不意味着词汇产出水平就高，拓宽概念隐喻理论在二

语词汇习得中的应用范围势在必行。因此，加强概念隐喻在低频词习得中的作用的研究就更具有理论价值和实践意义。

有的研究看到了概念隐喻理论在二语教学特别是词汇教学中的重要理论指导意义，对把概念隐喻理论应用到二语词汇教学的必要性和可行性进行了论证，但是没有提出具体的操作办法，因此基于概念隐喻理论指导的二语词汇教法和学法的研究有待深入。

有学者研究了文化在二语词汇习得过程中的重要作用，提出了学习者文化领悟水平的高低将直接影响到词汇的正确理解和产出的观点，遗憾的是此类研究没有提出具体的操作办法。

有的学者分析了隐喻在提高词汇的受纳性水平上的重要作用，而学习者的受纳性词汇水平是决定学习者产出性词汇水平高低的一个重要因素。虽然有学者看到了概念隐喻对于提高学习者的词汇产出能力的重要作用，但是其理论意义远远大于实践意义，把概念隐喻应用到二语词汇习得以提高学习者的词汇产出水平有待深入。

有的学者把概念隐喻与词汇识记水平联系起来，认为概念隐喻有助于强化二语学习者的词汇记忆能力，但是没有阐明概念隐喻在词汇记忆过程中的运行机制，即并没有阐明学习者对词汇的短时记忆是如何转化为长时记忆的。这涉及了神经语言学和心理学研究领域，这一领域是极具研究价值和亟待开发的“宝地”。

还有学者认为提高学习者的隐喻能力有助于提高二语词汇习得水平，但略显笼统，尚待进一步的细化。

总体上来看，基于概念隐喻理论指导的二语词汇习得理论性的研究成果颇丰，但大部分都是理论性的思辨，有待实验验证。另外概念隐喻与二语词汇产出能力相关性的研究尚未发现。产出性词汇是衡量一个人词汇水平的重要指标，这一领域的研究空间很大。

二、实证性研究述评

笔者在中国知网上检索了新世纪以来的关于概念隐喻在二语词汇习得中应用的 38 篇实证性论文，其中硕士论文 26 篇，暂时没有发现博士论文。

下面从各自的研究问题、被试和论文发表的刊物三个方面进行评析。

（一）期刊论文研究情况综述

1. 研究问题

对概念隐喻在词汇习得中的作用的研究相对较多，即概念隐喻在词汇识记的作用上，词汇的识记是词汇能力的低层次，如果二语学习者只是记住了这些单词而不会运用，不是我们教学的目的。谈到词汇的运用就涉及了学习者的受纳性词汇（receptive vocabulary）和产出性词汇（productive vocabulary）。受纳性词汇又叫接受性词汇，主要是指在听、阅读等接受性语言活动中能够理解的词汇；产出性词汇是指在说、写作等表达性语言行为中能够使用的词汇。上文已经提到，语言的产出能力是衡量一个语言学习者语言水平的重要因素。因此加强概念隐喻在提高学习者受纳性词汇和产出性词汇中的作用的研究具有重要意义。相关研究具体情况请参见表 4–2。

表 4–2 期刊论文研究情况统计表

序号	研究问题	作者
1	课堂上教师讲授概念隐喻能否提高学生的阅读水平？	雷志敏等（2006）
2	（1）概念隐喻知识的融入是否较传统词汇学习方式更有助于学习者对词汇的记忆？ （2）概念隐喻知识的融入能否有助于提高学习者词汇涵义的扩展能力？	苏远芸（2008）
3	（1）隐喻认知模式显性教学是否能优化词汇习得，并保持效果长久？ （2）隐喻认知模式显性教学习得词义比传统教学模式习得词义是否更有效？	王翠莲等（2009）
4	使用概念隐喻教学方式是否更有助于学生对词汇的记忆和正确理解？	甘咏（2009）
5	隐喻教学法对英语多义词习得较传统教学方法是否更有效？	刘梅丽（2009）
6	（1）认知隐喻理论指导下的词汇教学策略的运用与学生词汇测试成绩之间是否正相关？ （2）该教学策略是否能促进学生对多义词、动词短语和习语的习得？ （3）该理论指导下的词汇教学策略是否能够促进学生对词汇记忆的保持？	曹凤龙（2009）

续表

序号	研究问题	作者
7	(1)实验组和控制组对目标词汇的习得效果是否相同？如果有差别，哪组的效果更好？ (2) 实验组和控制组对目标词汇的保持效果是否相同？如果有差别，哪组的效果更好？	张琳（2010）
8	(1)教师能否通过讲授概念隐喻知识来提高学习者的隐喻能力？ (2)教师日常教学时融入概念隐喻知识是否较传统词汇学习方式更有助于学习者对词汇习得和得到良好的教学效果？ (3)学习者能否通过教师基于概念隐喻编写的相关词汇资料自学，从而提高词汇习得的效率？	刘天坤（2010）
9	(1)讲授隐喻知识是否能提高学生的隐喻能力？ (2)概念隐喻融入传统的词汇学习方式是否更有利于学生对词汇的记忆？	陈修铭（2011）
10	(1)学习者英、汉隐喻能力总体情况如何？ (2)学习者二语作文中使用的词汇变化性和词汇复杂性总体情况如何？ (3)学习者英、汉隐喻能力与其二语作文中使用的词汇变化性和词汇复杂性之间的存在何种关系？	汪琴（2011）
11	向学生讲授一些有关概念隐喻的相关知识能否培养学生的隐喻意识和思维，从而可以提高词汇记忆能力，增强词汇信息处理能力？	郭培粉（2011）
12	被提供核心意义的学生和被提供比喻意义的学生在多义词比喻意义的猜测上是否存在着显著差异？	祁雪（2010）

2. 研究被试

从研究被试的专业类别来看，以非英语专业学生和英语专业学生为被试的研究分别有10个、2个，分别占总数的83.33%、16.67%；从被试的学历层次来看，本科生和高职高专生分别有9个、3个，分别占总数的75%、25%；从被试的年级来看，大一新生和非大一新生分别有7个、5个，分别占总数的58.33%、41.67%。

从全国范围来看，非英语专业的学生总量远远大于英语专业学生，以非英语专业学生为被试，更具推广价值和应用价值；由于高职高专学生英语基础相对较差，在高校中特别是本科高校中比较容易被忽视，因此加强对高职高专学生的英语学习研究，有利于体现教育公平，推动高等教育的健康发展；大一新生由于刚进大学校园，参加各种活动的积极性和主动性较高，在实验过程中会主动配合老师，因此实验结果具有较强的说服力。

综上，笔者认为以非英语专业专科大一新生为被试进行实证研究，具有一定的学术意义和社会价值。

3. 发表的刊物

笔者检索到的 12 篇实证期刊论文全部发表于普通高校综合性学报，其中具有硕士培养资格的高校学报有 3 家，本科高校学报 7 家，高职高专学报 2 家，分别占总数的 25%、58.33% 和 16.67%。

从论文发表的刊物层次来看，目前这一领域的研究总体水平不算高，影响力不够强，成果不丰富。因此，概念隐喻在二语词汇习得中的应用研究亟待加强，这一领域的研究水平和层次也有待提高。

（二）硕士论文研究情况综述

表 4–3 中的硕士论文大都对概念隐喻词汇教学法在多义词教学、文化教学、习语教学的积极作用进行了研究，指出概念隐喻词汇教学法有助于加深学生对多义词义项的理解和掌握，有助于解决中国学生的文化误读现象，是一种行之有效的二语词汇教学法；也有学者通过研究指出概念隐喻与词汇识记之间存在正相关。然而，就概念隐喻与二语词汇产出之间的关系进行的研究目前并不多见。

表 4–3 相关硕士论文研究情况统计表

序号	研究内容	作者	学位授予单位
1	研究了语言与隐喻的关系，隐喻与英语语言学习之间的关系，并从隐喻学视角对英语语言学习提出了建议。	宋步峰（2003）	山东师范大学
2	认为隐喻认知理论为阐释词义提供了认知工具，利用隐喻加深对英语民族思维方式和文化的理解。	林才回（2003）	福建师范大学
3	研究了利用概念隐喻对商务语篇的隐喻理解和商务词汇的记忆。	徐冰（2005）	对外经济贸易大学
4	从词汇变化的角度对隐喻和词汇变化的关系进行了详细的阐述，认为正是由于人类思维中的概念隐喻决定了词汇变化的过程和规律。	席婉儿（2004）	西北工业大学
5	以非英语专业大二学生为被试，进行了一个半学期的教学实验，通过研究表明语言教学中使用隐喻能满足教学对象的新奇感，增加词汇教学的理据性，并能增强辨认和使用隐喻性延伸的能力及蕴涵概念隐喻词汇的回忆率，认为隐喻能力是可以培养的。	李清华（2004）	华中师范大学

续表

序号	研究内容	作者	学位授予单位
6	通过对33名英语专业大三学生产生的语篇以及相应的英语水平指标数据，发现学生的隐喻能力与英语总体表现水平，具体包括写作、主观听写、阅读、语法词汇四个微观部分存在着较显著的正相关，并提出了基于隐喻的学习策略。	吕晶晶（2004）	大连海事大学
7	①学习者习得、掌握和应用介词的困难和问题是什么。 ②介词的隐喻性用法学习者是否掌握和学会应用。 ③介词是如何实现它的隐喻性用法的。 ④如何在介词语言词汇习得上更好实现它们隐喻性的扩展。	朱云汉（2004）	陕西师范大学
8	认为隐喻能力的提高能促进学习者英语学习能力的提高，能提高他们的词汇学习能力、概念的流利运用程度和跨文化的能力，能使他们学会运用正确的学习策略进行学习；另一方面，教师在英语教学中应注重提高学生隐喻意识和跨文化意识，在教学实践中使用恰当的教学策略指导和实践。	郑志军（2004）	西南师范大学
9	以非英语专业大二学生为被试进行了八周的教学实验，测试学生没有学习过新异隐性多义词，检验学习者运用隐喻手段扩展词汇义项的能力，研究结果表明跨语言及跨文化差异是学习隐喻性多义词过程中的难点之一，培养隐喻意识的教学方法只能在认知层面使受试认识到概念隐喻的普遍性及非任意性，对英汉认知共性之外的跨语言、跨文化层面的把握无显著促进作用。	龚玉苗（2005）	西北师范大学
10	以60名非英语专业大一学生为被试，研究认为基于认知隐喻理论的英语词汇教学法有助于培养和提高外语学习者的词汇能力。受试者对所测词项的理解、记忆和产出皆呈现显著意义。	黄丽群（2006）	贵州大学
11	通过研究认为概念隐喻较传统的词汇学习方法如重复、机械记忆等更能起到良好的效果，认为中国英语学习者可以通过隐喻系统生动地记忆单词。	王芳（2007）	东北林业大学
12	在大学英语课堂中进行了为期一个月的实验，表明了在大学英语课堂教学中融入概念隐喻知识较传统的词汇教学方式更有助于学习者对词汇的记忆和对词汇涵义的扩展能力。	苏远芸（2007）	南京师范大学
13	对南通大学2006级非英语专业78名学生进行了为期13周的教学对比实验，研究结果表明在大学英语课堂教学中融入概念隐喻知识更有助于学习者隐喻能力和词汇水平的提高，同时学习者隐喻能力与词汇水平还具有显著的正相关性。	杨卫芳（2007）	南京师范大学
14	对非英语专业大二两个班进行了为期10周的教学实验，发现基于概念隐喻的词汇教学法在提高学生对词汇理解、创造和隐喻性表达的能力方面具有显著效果，并能帮助学生准确理解和猜测多义词较为生僻的义项，特别是通过隐喻产生的义项。	戴理敏（2007）	山东大学

续表

序号	研究内容	作者	学位授予单位
15	以平均年龄为 15 周岁的 64 名初中生为被试进行了为期 1 个月的教学实验，研究认为隐喻意识有助于学生对词汇的理解和识记。	史兵（2007）	首都师范大学
16	以韩山师范学院非英语专业的 60 名大二学生为被试，研究发现基于隐喻的大学英语词汇教学能够帮助学生更好地记忆理解单词，并能帮助学生正确理解目标语。	陈晶（2007）	贵州大学
17	以山东建筑大学大二 200 名学生为被试，研究发现概念隐喻应用于大学英语词汇教学能够促进学生对词汇的理解与长时记忆。	杜春英（2008）	山东大学
18	借助认知语言学理论提出了“四侧面认知词汇教学”模式（语音、词形、意义、使用），利用概念隐喻理论分析词汇及词语搭配在不同语境下的特殊意义。	曹勇波（2008）	武汉理工大学
19	探讨了语言能力、交际能力和隐喻能力之间相互影响、相互联系和相互补充的关系；另外，非英语专业的中国学生在隐喻辨认、理解和产生方面与本族语者之间存在较大的距离。	岳凤霞（2008）	南京师范大学
20	以 48 名英语专业大二学生为被试，研究了通过概念隐喻学习习语比传统的方法是否更能促进学习者在语言输出中对习语的使用。	刘昆（2008）	曲阜师范大学
21	以非英语专业大二学生为被试进行了为期 8 周的教学实验，研究结果表明实验班在理解、创造和使用隐喻性表达的能力明显高于控制班，隐喻词汇教学法能够帮助学生加深对多义词各个义项的理解和记忆。	张羽（2008）	东北林业大学
22	从心理认知的角度探究分析了二语词汇隐喻式教学法，研究表明隐喻式词汇教学法能够帮助学生提高记忆单词的效率以及隐喻能力。	尹国嘉（2009）	河北科技大学
23	通过研究表明大学生的隐喻能力与英语水平、概念流利度成正相关。	焦伟达（2009）	吉林大学
24	以武汉科技大学城市学院 95 名非英语专业学生为被试，研究证明大学英语隐喻词汇教学方式有利于培养学习者的隐喻意识，提高学生的隐喻能力。	王晓磊（2009）	华中师范大学
25	运用实例论证的方法，以概念隐喻为理论基础，研究了英语词汇习得问题，研究认为概念隐喻对英语词汇的语义演变具有很强的解释力，隐喻意识和隐喻能力的提高对扩展英语词汇量、增加词汇深度以及提高英语词汇使用能力具有重要意义。	覃丽（2009）	长沙理工大学
26	从人类对隐喻研究的历史发展分析，介绍了亚里士多德的隐喻理论、理查兹和布莱克的互动理论、Lakoff 的概念隐喻理论。再分析了英语词汇的构成和发展，以及现有的词汇教学方式及其弊端，得出了把隐喻应用到英语词汇教学中去的结论。	刘焱（2010）	西南大学

三、结论与问题

从上面的综述来看，国内关于概念隐喻与二语词汇习得相关性研究，成果颇丰。从研究范式上看，大部分采用的是理论思辨的方式，其成果自然是理论推导型的论文，而实证研究的相对偏少，所以理论研究的结论有待进一步的实验验证。

从研究问题上看，大部分是研究概念隐喻与词汇习得的关系，即探讨概念隐喻在词汇习得中的作用与意义，研究面过于宽泛，没能集中一点进行研究，把研究进一步深化，比如概念隐喻与二语词汇产出深度的相关性就有待进一步的验证。

第三节　语法隐喻与认知效果相关性研究述评

语法隐喻是人类的一种认知方式，认知效果是认知方式在“量”上的体现。以文献研究为基础，探求语法隐喻与认知效果的相关性，功能学派和认知学派就认知理据、语篇功能开展了深入的思辨研究，但相关的实证研究有待加强。

一、概念界定

最早对隐喻进行研究是亚里士多德,他主要从修辞的角度对其进行了论述。美国加州大学伯克利分校的 Lakoff 教授则认为隐喻是一种有力的认知工具和思维方式，这就是认知的隐喻观。语法隐喻这种认知方式是隐喻的一种相对较常见的形式。

（一）语法隐喻

语法隐喻这一思想是由 Halliday 正式提出。它与传统上的修辞手法有很大的不同。朱永生、严世清讨论过并就其理据性进行了肯定。语法隐喻与意义有何种关系？这在语言学界有两种认识，有的认为隐喻是一种修辞格，这是非建构主义的认知观；有的认为隐喻是一种思维方式和认知方式，这是建构主义的认知观。 非建构主义的认知观是世界本原与语言的关系，而建构主义的认知观则是世界本原与言语（langue）的关系，它也涉及人类建构、认知世界的方式与程序。Halliday 认为，语法隐喻与词汇隐喻是一对“孪生姐妹”，语法隐喻指不同的能指和共同的所指；相反词汇隐喻则指差异的所指和公共的能指。从功能上来看，语法隐喻可理解成人际隐喻和概念隐喻两个分枝。在认知语言学上，词汇隐喻我们通常理解为意义范畴的跳越，或认知范畴的转换。

目前学界普通认为语法隐喻是一种范畴跳越或提升，这种跳越不是某种意义范畴的跨越，而是一种特定的语法范畴的跨越，它是从图形到成分、从动作过程到其他过程、从动词到名词的跨越或转类。我们在语法隐喻跨范畴或提升的说法上，就生成了所要传达内涵的一致式和隐喻式。确切地说，生成了所要传达的意义的更趋向一致式和隐喻式的两种逻辑语义表达式。

（二）认知效果

Sperber 和 Wilson 首先提出认知效果的概念。他们认为当话语的述题或新信息加强了与即时的语境先设，或与之冲突时，认知效果就能帮助受话者加深对文本建构或识解的程度。目前学界普通接受这一定义。

二、语法隐喻在功能语法视角下的研究

（一）语法隐喻的分类

近年来，Halliday 对其系统功能语法不断进行修正和完善。在中国，语法隐喻的研究开始出现转向，许多学者开始介引并拓展他们对语法隐喻提出的新理论和新思想。在 Halliday 早期的框架中，人际隐喻和概念隐喻是语法隐喻的子范畴。而在现在的新模式中，他大胆构造了一个不同的框架。那就是把元功能和层次两个方面囊括进了语法隐喻的层面，语法隐喻综合征概念成为呼之欲出的概念。然而学界对语法隐喻的分类就有十余种。Halliday 指出通过“升级”的形式，语法隐喻的人际功能得以顺利映现。其实就是人际评价所具有的抽象特征通过 S- 结构投射成小句（clause），再把处于小句中附加语位置的副词短语或命题短语合并为句组中一个小句。“降级”的形式在概念功能的表达中得以顺利体现，即它涉及话语语义中表达序列、言辞及成分和语法中句组、小句及词组之间的“再映现”和“再合并”。实际上就是让一个小句来投射成表达的线性序列，一个词组来转映言辞内涵，一个单词来体现成分的选择和匹配。

（二）语法隐喻的判断标准

判断标准的“一致性”问题对于语法隐喻来说可谓是“公说公有理，婆说婆有理”，学界对此争议较大。令人遗憾的是，引入语法隐喻这一概念的 Halliday 并没有为我们明确指出其标准。相反，Halliday 却是以一种漫不经心的方式把它们嫁接到自己的理论体系中——“人类原则上都假设所有的隐喻性的外在表达式一定有一个或几个 S- 结构的表达程式，它们在 D- 结构都是‘一致性’的表达程式，在逻辑层也是‘一致性’的表达程式”。这样的论述不是十分精确，学界对其展开了讨论。胡壮麟总结介绍了六种判断一致性与非一致性的标准，对操作难易度的标准进行了界定。另外，也有从认知语言学的角度来解析“一致性”的，如朱永生、严世清的观点。由此，原型（prototype）的概念则可定义为某一特定范畴概念核心的意象图式和心智表征。这是一个相当抽象的概念，具体来讲就是事物或事件在相似性的基础上依据一定的原则和参数组配起来的个体。原型的表现由于个体的变异导致原型范畴呈现离散状态，而其中最能表现原型的实体是极少数的，至少不是多数。

我们认为基于“一致性”的表达形式的 S- 结构和 D- 结构都是意义的最佳表征，当然其他的表达形式在表达意义时可能会与一致性的表达存在某种程度上的差异。我们认为与客观世界非一致性的表达就是所谓的隐喻式的表达。这种观点我们感觉似乎符合 Halliday 所提出的隐喻理论程度理论（degree theory）。另外，从认知语言学的视域研讨一致性的判别问题的还有刘宇红提出的，即典型性、隐含性和活动性。笔者认为主语不同于话题，话题是一个语用概念，而主语则是一个语法概念；另外话题对应于述题，主语对应于谓语。这两种观点都从认知语言学的角度研究了一致性问题。

（三）语篇语法隐喻

“语篇语法隐喻”在 Halliday 的文献中并未涉及。因此，在 Halliday 的体系中我们无法知道语法隐喻是否包含语篇语法隐喻，即语篇语法隐喻是否是语法隐喻的下位概念我们无从得知。我们能否从 Halliday 早期所提出的语言的三种元功能来进行分析呢？应该是可行的，因为理论应该具有一致性。胡壮麟先生就是在研究三种元功能的基础上经反复论证认为存在语篇语法隐喻这一语言现象，经验告诉我们的确如此。范文芳也认证了语篇隐喻的存在，只不过他的角度不同于胡壮麟，他是从名物化隐喻在主位方面的实现，最终导致语篇衔接功能的出现为起点的。刘承宇的角度与前两者更是不同，他整合了文学和语言学的研究成果，从文体学的角度出发分析并论证了语法隐喻的作用和价值。而作为功能语法主要代表之一的 Martin 更是语篇隐喻的倡导者，他认为隐喻在语篇或文本中主要把抽象的时间、因果、逻辑等隐喻成容易理解的表达式。

综上，为了给语篇分析提供一个容易操作的工具，Halliday 精妙地搭建了功能语法的理论体系，语法隐喻就是其理论体系中的一个子体系，语篇功能很多时候是通过语法隐喻来实现的。这样我们就可以把概念功能成分和人际功能成分识解为有意义的文体或语篇。所以，分析概念隐喻和人际隐喻的研究最终目的是分析研究语篇功能，前者只不过是后者的手段罢了。Halliday 认为我们进行语篇分析的程度取决于我们的目的。在语篇分析时，只有有意识的意识——语法隐喻存在时才能积极运用语法隐喻进行语篇分析。可见，Halliday 对语篇隐喻的存在与否持不确定态度，但我们从逻辑推理的角度来分析，也不难推出语篇隐喻的客观存在。

三、语法隐喻在认知语言学视角下的研究

学界目前对语法隐喻的研究越来越喜欢从心智或认知的视角来研探讨其动机、分辨标准，并核查其对识解带来的影响。

（一）语法隐喻的认知动机

认知语言学看来，语法隐喻可以理解为不同范畴间的投射或映射，这是语法范畴的映射不是意义范畴的映射。但在语法隐喻跨越范畴的结果上，却生成了一种呈现内涵或意义的一致式和隐喻式。认知语法观认为概念来自于人类对客观世界的体验或感知，人类的语言能力是只不过是认知能力的一部分，并不具有区别于其他认知能力的显著特点，由此可以推知语言不是一个自足的系统，句法也不是一个自治的体系。对语言的解释必须从语言外部着手，不能靠形式化的分析。隐喻是人认识世界的一种主要的认知方式和思维方式，所以人的概念系统只有移植语法系统中才能理解语法隐喻。我们知道语言具有表层结构和深层结构，表层结构就是语言的形式，即我们所听到或看到的句子；深层结构其实就是语义，语义就是我们所表达的内容，但语义实在是太复杂，不容易研究，

Chomsky 在其早期的古典理论中就放弃了对语义的研究，在这我们看来，依据当时技术手段，放弃也不失为明智之举；认知语言学也认为语义是不精确的，是模糊的，其原因就在于语言的语法和词汇上的隐喻性，但认知语言学始终把语义作为自己的研究主要领域之一。在语法隐喻的生成过程中，概念层面的机制体现到了语法层面。认知语言学把心智扫描分为总体扫描和次第扫描。总体扫描是从宏观上对一个事体做整体性扫描，既能获得整体信息，又能获得区域信息；次第扫描是按一定的顺序对事体进行扫描，具有时间性，突显过程性。由于扫描方式不一样，就会出现隐喻式和一致式，它们不过是语言的创新形式而已。金娜娜等也认为认知能力是对外部世界经验的反映，这种反映在语篇的识解和建构中可能会受"经济"原则和"明晰"原则的支配和约束。为推导成功而对经济原则的违反不是真正的违反，因此经济原则在语言现实中似乎不容易得到贯彻。经济要求简洁，明晰要求清晰，但它们有时会出现冲突。王寅认为所谓象似性其实就是概念和语言符号在音、形存在着的镜像现象。

（二）语法隐喻的语篇功能

语篇简洁功能。在人类经验的塑造中，语法隐喻起了积极重要的作用。我们知道，语篇的表达一般可分解成一致式和隐喻式。一致式是指一个语法概念表示一个语义值，不会产生歧义；隐喻式是指一个语法概念则可能表示两个或多重语义值，会造成歧义，我们认为其原因就是隐喻包含源域和目标域两个认知域，而域间的映射并不都是一一对应的。这样它的语篇简洁功能就发挥得淋漓尽致了。

语篇衔接与展开功能。Halliday 和 Hasan 认为，衔接其实是一种语义上的联通。换句话说，如果语篇中两部分间存在着衔接或联通，那么我们可以断定篇章中的某一部分对另一部分的识解或建构肯定起着关键性的作用，这点毋庸置疑。他们曾给出了五种类型的衔接，即词汇衔接、照应、省略、替代、连接。主位 - 述位能够帮助名词化隐喻实现语篇衔接功能。

语篇客观化功能。书面语篇的语言一般比较正式。在书面语篇中增加名词化隐喻的使用量能够突显语言的客观性和正式程度。那也就是说，名词化把概念在形式上进行了高度的压缩，这样就能基本上摆脱施为者和环境对纵向时间的影响，这就突显了语言普遍性，行文的客观性得到了强化，而其表现形式则有可能独立于具体的时间和场合。所以，在降低语言人际功能的发挥，强化语篇的公正性和客观性等方面，名物化的隐喻性结构就可以发挥作用了。因此隐喻在词汇和语法层面都会出现。语法隐喻的形成和发展是有其动机的，我们能够在观察的充分性和描写的充分性的基础上,在认知上对其做出解释的充分性。

四、结束语

综上，学术界对语法隐喻的研究和讨论主要集中在引介上，而在语篇分析方面的研究还有一段路要走。即便如此，在介绍和评价方面则至今也不全面、不彻底，更没有达成共识，也许达成共识是不可能的。因为没有争论就没有发展，没有放之四海皆准的理论，否则，该理论就失去了活力，成为“死理论”。比如在名物化方面，20 世纪 50 年代，中国汉语界开展了激烈的争论，至今也没有达成共性，但这确实推动了汉语研究的深入和细化。在语法化方面更是分歧明显，因为语法化要涉及语言历时的研究，尤其是实词演化为虚词甚至成为语法标记的过程。认知语言学侧重从语言的外部研究语言，为语言的研究提供了一个很好的范式，并为语法隐喻的研究提供了一个全新视角，更是大大拓展了语法隐喻研究范围，作用是明显的。但是我们决不能到此为止，还应注意到从认知的角度研究语法隐喻现在仅是“万里长征的第一步”，我们还有很长的路要走。

第五章　概念隐喻理论视域下的英语词汇教学

第一节　关于词的理据的研究

一、词的“名实之争”

词汇是语言大厦的建筑材料。中国二语学习者在民族语言认知心理及文化等方面和西方人相比存在着巨大的差异，因此二语学习对于母语为汉语的中国学习者来说，尤为困难。D.A.Willkins 指出：“没有语法，人们不能表达很多东西，而没有词汇，人们则无法表达任何东西。”由此可见词汇在语言系统中的重要性。

事实上，对外语学习者来说，在掌握了语音和一定的语法规则之后，词汇就成为语言学习的重中之重了。然而，我国的外语教学长期受以 Saussure 为代表的结构主义语言学的影响，认为词语的形义结合是任意的，是约定俗成的，从而忽略了对词汇理据的讲授和学习。

在这种教育观念下，中国的外语学习者大多采用死记硬背的方法来学习词汇，最终出现“费时较多，收效较低”的尴尬局面。据王洪刚、吴克炎等学者报道，中国二语学习者词汇学习普遍存在着效率低、效果差的问题，认为词汇死记硬背是制约外语学习的瓶颈。杨林云通过调查表明，大学生的词汇掌握情况不仅在“量”上表现偏低，还在“质”（拼写、理解和运用）上表现不高。

我们在总结前人关于词的理据性（motivation）研究的基础上，反对机械死记，倡导用概念隐喻指导英语词汇学习，以此来开发学习者的潜能，提高学习语言的积极性和科学性，改变词汇学习费时低效的现象。

谈到词的理据不免要提起词的起源。词的起源，又称词源，这是一个既古老又热门的话题。Bloomfield 认为事物及名称之间是否是自然的和必然的关系，不仅仅是约定俗成的结果这个问题。这也就是著名的“名实相应论”和“名由人定论”之争。

“名实相应论”认为名称和所指之间存在着理据性，而“名由人定论”则认为它们之间无任何理据可言，只不过是约定俗成而已。这种争论由来已久，众说不一，可谓是“公说公有理，婆说婆有理”。然而就语言习得而言，尤其是对于认知观的教学论来说，“名实相应论”可能更有理论价值和指导意义。

二、语音理据的相关研究

英国诗人 Keats 在 *Ode to a Nightingale* 中写道："The murmurous haunt of flies on summer eves."当我们大声朗读此诗句时，我们可能就会发现在声音和意义之间存在着某种联系，"murmurous"在很大程度上就是对苍蝇飞行时声音的模拟，通过拟声，我们能很好地理解诗句描写的意境，体会出诗人的心境，更能容易地记住"murmurous"这个词的音形义。再如英语中描写狗叫的单词"bark"和"bow-bow"，就是对狗叫的拟声。掌握语音隐喻规则，比较偏僻的拟声词我们不再陌生，就很容易掌握。

英语中的某些词是通过模仿现实中的声音构成的，这就是拟声(onomatopoeia)。Ullmann 认为拟声词主要包括基本拟声和次要拟声。如“布谷鸟”，在英语中的书面表达为"cuckoo"、在法语中的书面表达为"coucou"、在德语中的书面表达为"kuckkuck"等等，都是通过模拟布谷鸟的叫声而形成的，这就是典型的基本拟声；英语里的"bump""dump"和"thump"等词中的"-ump"给人以沉重的感觉，这类词主要依赖词中的一个音素或音素组合让人在语义上产生某种形式的想象，这就是次要拟声。总体而言，拟声词在量的方面比较少。

三、形态理据的相关研究

陆国强认为，现代英语的构词方式可分为以下六种：词缀法（affixation）、转类法（conversion）、合词法（composition）、拼缀法（blending）、逆成法（backformation）和缩略法（shortening），上述构词法体现了词的形态理据。

词缀法主要包括前缀和后缀。顾名思义，前缀加在词根之前，后缀加在词根之后。比如前缀"un-"和后缀"-er"的派生过程如下：

例（1）un-：happy → unhappy nature → unnatural ruly → unruly witing → unwitting

例（2）er-：write → writer　teach → teacher　work → worker　listen → listener

转类法又叫零位派生法，是指词在没有任何形式变化的情况下转变为另一种词类，这种现象在英语和汉语中较为常见，请看下面的例子。

例（3）a. 老王前些日子刚刚在出版社出版了一本新书。

b. 老王那本新书的出版引起了学术界的轰动。

例（4）a. Please water the flowers now, Li Lei!

b. Mom, please give me some water! I'm too thirsty.

从句法组合上来看，例（3）a 中的“出版”带后宾语“一本新书”，并且其后与时体助词“了”组合，显然这里的“出版”是个动词；而例（3）b 中的“出版”是个偏正结构的中心语，并且处在主语的位置上，不难判定这里的“出版”是个名词。例（4）a 中的“water”后带宾语，显然是个动词，例（4）b 中的“water”为动词“give”的宾语，且受“some”的修饰，因此这里的“water”明显是名词。这样的话，例（3）中的“出版”和例（4）中的“water”是词法上就是零位派生，即转类。

合词法，简单来说就是由两个或两个以上的词黏合在一起组成的新词，请看下面的例子。

例（5）a. king　maker → kingmaker（候选人的竞选工作人员）

b. blue　print → blue-print（为某某制作蓝图）

c. 黑　板 → 黑板

d. 公共　汽车 → 公共汽车

拼缀法，是指对原有的两个词进行拼接剪裁，各取其中一部分重新组合而成的新词，请看例子。

例（6）a. smoke　fog → smog（烟雾）

b. boat　hotel → botel（汽艇游客旅馆）

c. 躺着也中枪 → 躺枪

d. 小，但确实的幸福 → 小确幸

逆成法，删除误认的词缀构成新词，其派生过程与词缀完全相反，请看下面的例子。

例（7）a. television → televise

b. peevish → peeve

在例（7）a 中，名词“television”删除后缀“-ion”变成动词“televise”；例（7）b 中的形容词“peevish”删除后缀“-ish”变成动词“peeve”。

缩略法，这种造词方法在报刊和科技文体中常被使用，具有“简单好用”的特点，反映了语言使用的经济性，请看下面的例子。

例（8）a. telephone → phone

b. helicopter → copter

c. 吉林大学 → 吉大

黄远振认为，词的形式和意义之间的关系是确定存在的，因此词汇学习要体现认知的经济性原则，应采用整体表征法处理旧词汇，用分散表征记忆法来处理新词汇。这方面的词汇较多，学习者可以运用相关策略进行词汇学习。

四、语义理据的相关研究

陆国强认为语义理据是一种心理联想，指词义的引申和比喻。束定芳认为词的衍生义与其原始义之间的关系是有理据的，可以借助词的基本语义引申出其比喻意义。如英语中“bonnet”“coat”和“jacket”等表示衣饰一类的词，对这些词的词义加以引申，就可用来喻指其他事物，请看下例。

例（9）a. the bonnet of a car——车篷

b. potatoes cooked in their jackets——土豆不削皮烧煮

c. a coat of paint——一层漆

词的语义理据可以通过隐喻、借代、提喻和类比等认知手段实现。

五、小结

认知语言学的隐喻观认为词是有理据的，在语音、语义、形态和逻辑等方面都存在着可解释性，任何一个词都不是凭空捏造的，它们背后都有着深刻的认知根源。只不过有的认知理据一眼就能看出来，有的可能需要经过分析研究才能发现，甚至还有的经过分析研究也未必能完全揭开。原因是词汇生成的历史过于久远，经过历史长河的磨蚀和语言的长期发展演化，词的现义和源义可能几乎没有任何联系了，但这并不能否认词的理据性和可解释性。

正因为词是可解释的，所以在词汇教学，尤其是二语词汇教学过程中，必须改变传统的“填鸭”式教学方法，充分利用词的理据，动用人的各种感知器官，才有可能收到事半功倍的效果。

基于概念隐喻的二语词汇教学正是提高词汇学习效果的有效方式之一。

第二节　概念隐喻在英语词汇教学中的应用

一、英语词汇学习机械记忆法弊端

语言是一个系统。因此其组成要素——词汇——不是孤立存在的，而是一个相互联系、相互依存的有机整体。传统的“填鸭”式词汇教学把学生当成一个“大口袋”，把学生词汇学习的过程当成一个被动接受的过程。词汇学习如果采取死记硬背的办法，势必人为地割裂词与词之间的有机联系，把词汇学习变成一种简单、机械、枯燥乏味的记忆过程。实际上，死记硬背是对所学知识不加理解的机械记忆，是浅层次的学习这种方法阻碍了学生身心素质的培养和学习潜能的提高，更是造成学生创造力低下的根本原因之一。针对以上问题，我们提出在英语教学中要更加重视词汇的教与学，借用概念隐喻深入探索词汇的本源和实质，逐步解决问题。

二、英语词汇中的概念隐喻

（一）“重温”概念隐喻

隐喻（metaphor）一词最早源于希腊语，“meta”的含义相当于“across”（在汉语中是“穿越”的意思），而“–phor”则相当于“carry”（在汉语中是“携带”的意思），所以“metaphor”就是指用一类事物来表征另一类事物。Lakoff 和 Johnson 指出隐喻存在于人们的语言和日常生活的各个方面，它是一种重要的认知手段和思维方式，也就是概念隐喻和隐喻概念。概念隐喻就是以一个概念去理解和构建另一个概念，也是指以一个概念的词语去谈论和表达另一个概念。

谢之君认为，从理论上讲，任何一个词汇都是隐喻化的结果；从词汇的角度来讲，一个词的常规意义是指概念意义或核心意义，这个层面上一般是最初的或常用的意义；从隐喻的角度来讲，可以归纳出其基本语义和引申义之间的联系，而这种联系又可简化为相似性的隐喻连接或映射。

（二）概念隐喻在英语单词中的体现

英语中很多复合词和派生词借助隐喻手段来描述事物，使之生动具体，它们是人们通过隐喻认知现有的词或词素，进行重新组合而形成的新词，能够准确生动地描述另一事物。复合词极大地改变了词汇匮乏和大脑记忆力有限的窘况，提高了人们认识世界的能力。这种通过复合词而形成新的隐喻词汇的手段在各种语言中都存在，是语言的一个共性。英语中有很多词由于借助了隐喻，其词义一目了然。比如，在“crystal-clear”中，“crystal”本意是“水晶”，而“clear”意为“清晰”，那么短语“as clear as crystal”的含义就很容易理解。类似的词还有很多，请看下面的例子。

例（1）inter net → internet newly born → newly-born

dead lock → deadlock　　loud speaker → loudspeaker

还有许多隐喻复合词是通过词根加词缀而形成的，比如下例。

例（2）a. “-like” → ladylike behavior（女士一样的行为） childlike simplicity（孩子般的单纯）

b. “-y” → a mousy smell（老鼠的气味） a cold wintry day（寒冬的日子）

c. “-ish” → childish（孩子气） snobbish（自命不凡） foolish behavior（愚蠢的行为）

英语前缀“anti-”表示“反”“抗”“阻”或“排斥”，如例（3）所示。

例（3）antibody（抗体）

现代英语“anti-”出现两个新义：“反传统”和“反正统”；关于或属于由反物质构成的假设世界，比如例（4）。

例（4）antiart（非正统派艺术） antimusic（非正统派音乐） antiquark（反夸克）

英语后缀 -ism 表示“学说”“主义”“行为”或“特征”，比如例（5）。

例（5）sexism（性别歧视主义，尤其指歧视女性） computerism（计算机万能主义）

如果记住这类词缀，诸如“antineutron”“antiproton”“nuclearism”和

“consumerism”就不难理解和识记了。在英语长期的发展过程中，由于词尾基本消失，出现转类现象，如名词“helicopter”（直升机）可以直接变化为动词，表示“乘坐直升机”，这就是“heli-copter”这一表示事物的名词性概念域向表示行为动作的动词性概念域投射的结果。掌握了这个原则，下句就应该不难理解了，“Mr John got the plans and helicoptered to Camp David”。英语中有大量的复合词，这些词大都是由两个旧词合成而来，也都是从已知的 A 域向陌生的 B 域的映射，比如：“hardliner”（主张推行强硬路线者）和“moonscape”（月球的表面）等。

英语中还有这样一类词，把原有的两个词进行剪裁，取其中的首部或尾部，然后联结成一个词，这就是拼缀词，请看例（6）。

例（6）moter + hotel → motel（汽艇游客旅馆）

altitude + airport → altiport（高山机场）

automobile + suicide → autocide（撞车自杀）

不难看出，这其实就是隐喻在词类中的体现。去掉原有词尾的一部分从而形成一个新词，这就是逆成词，正如前文所讲过的“television”一样。“television”去掉后缀“-ion”得到“tele-vise”，“automation”去掉后缀“-ion”得到 automate。英语中有一类词造词简练、使用简便，运用缩略法替代原有的词或词组，比如例（7）。上述两类词多用于报刊文体和科技文体，使用起来简洁明快，符合语言的经济性原则和人类普遍的认知规律。

例（7）zoological → zoo　Voice of America（美国之音）→ VOA

三、基于概念隐喻的英语词汇教学示例

（一）图像法

大学生有了一定的词汇基础，且有较强的逻辑思辨能力，使用语义隐喻，有利于充分发挥学生的认知策略，提高学生的学习积极性和主动性，让学生乐学、会学并善学。比如，笔者在教学中讲授“crane”这个单词时，没有直接告诉学生它的意义，而是通过多媒体向学生展示了一张“鹤”的卡通图片（图 5-1），然后让学生描述一下这张图片。就有学生这样说，“这是一只鹤，它有长长的脖子”。这时笔者又向学生展示了“起重机”的图片（图 5-2），让学生找出

两者间的相似点，有学生说“都有长长的‘脖子’”。这时笔者向学生讲解“crane”的原义是“鹤”，另外还有“‘用来提升重物的大而高的机器’，相当于‘hoist’”的含义；同时作为动词还有“to look around or over something by stretching or leaning（伸脖子）”的含义。

图 5–1 “鹤”的卡通图片

图 5–2 起重机

（二）词根词缀互动法——以词根“press”为例

“leave a good impression upon somebody”这一词组，大学生都不陌生，笔者在讲授这一词组时，先从“press”讲起，学生都知道“press”的原义是“压”这个动作，是人们所熟知的经验域。我们可以结合该词与一些前缀生成的派生词对学生进行隐喻思维训练。

我们知道前缀“com-”含有“together”的意义，即“和……在一起”的意思。“de-”含有“down，向下”的意义。“ex-”含有“out，向外”的意义。“im-”是“in”的变体，有“inside，在里面”的含义。“op-”是“ob”的变体，含有“against，表压制的对象”的意义。“re-”含有“back，向后”的含义；“sup-”是“sub”的变体，有“under，向下”的含义。

“press”和上述前缀派生后生成“compress，depress，express，impress，oppress，repress，suppress”，借助隐喻思维，这些词将不再难以识记和运用。下面是我们具体分析词汇派生中的概念隐喻。

1. 前缀“com-”与词根“press”

“com-”有“together”的意义，即“和……在一起”，加上“press”指“press together”，从而构成了“compress”的主要词义，“将空气、嘴唇、论证、文件”等压缩在一起，如例（8）所示。

例（8）a. The writer’s arguments were compressed into one chapter.

b. Lucy’s lips compressed into a thin line.

c. Tom never understood how to organize or compress large masses of material.

在例（8）a 中，是说“作者将观点压缩进一章”，例（8）b 是说“露西的嘴唇抿成一条缝”，例（8）c 是说“汤姆从来就不懂如何对大篇的材料进行整理或精简”。以上三个例子都有“把……压在一起”的意思，“压”的意义来源于词根“press”，而“一起”的意义来源于前缀“com-”。

2. 前缀“de-”与词根“press”

前缀“de-”意为“down, away, off”，即“向下，剥离”，加上“press”指“press……down”，用以指人，表示“使人沮丧、消沉、抑郁、失去信心”；用以指物则表示“使萧条、使价格降低、使工资减少、按下机器部件”，请看下面的例子。

例（9）a. It depressed him to know about their living conditions.

b. The recession has depressed the housing market.

c. The lack of rain had depressed the water level in the reservoir.

d. He depressed the clutch pedal and drove away.

e. Every economics student learns that higher interest rates depress growth by curbing borrowing and spending.

例（9）a 是说“知道了他们的居住条件，他很沮丧”，例（9）b 是说“经济衰退使房地产市场出现大萧条”，例（9）c 是说“降水的稀少使水库的水位下降了”，例（9）d 是说“他踩下离合器踏板开车走了”，例（9）d 是说“每一个经济学专业的学生都知道，高利率会抑制借贷和支出，从而抑制经济增长”。显然“压”来源于“press”，“向下”来源于前缀“de-”，它们的交互生成了“向下压”的原型词义。

另外，“compress”还可以加上表示相反意义的前缀“de-”，构成“decompress”，表示“将压缩的空气、嘴唇、论证、文件恢复原状”，如例（10）所示。

例（10）a. The compressed file has been decompressed.

b. During the evening walk, I'm able to decompress, think about my victories and clear away any residual negativity.

例（10）a 是说“压缩的文件已解压”，即将文件“恢复原状”。例（10）b 是说“散步可以让心情况放松”，同样也是指“人的体力和精力得到恢复”。“恢复原状”是其语义特征，记住了这一特征，该词的识记、理解和运用就容易多了。

3. 前缀“ex-”与词根“press”

前缀“ex-”意为“out”，即“向外”，加上“press”指“press……out”，用以表示“将内心的想法挤出来，表达”，内心想法直接挤出来，又可引申出“愿望明白表示的”或“直达火车、汽车、邮递快件”等，请看例（11）。

例（11）a. He tried in vain to express his affection to the girl.

b. It was their express wish that Li Lei should have their house after they died.

c. Punctually at 11 o'clock, the express to Beijing left Shanghai station.

d. How much more does express mail cost?

例（11）a 意为“他试图向那姑娘表达他的感情，但没有成功”，例

（11）b 意为“他们明确表达了希望他们死后李雷能够拥有他们的房子”，例（11）c 意为“十一点整，直达北京的火车离开了上海站”，例（11）d 意为“特快专递要多花多少钱”。可见，“向外表达”和引申义“快车、快件”来源于前缀“ex-”和词根“press”。

4. 前缀“im-”与词根“press”

“im-”意为“in, into”，即“向里”之意，加上“press”指“press……upon/into”，用以表示“把东西压在另一个东西上面”或“把形象压进脑海里”，请看例（12）。

例（12）a. He impress an mark on Xiao Li's body.

b. What he said is strongly impressed on my memory.

在例（12）a 中，“他在小李身上摁下一个印记”；在例（12）b 中，“他所说的在我脑海里留下了深刻印象”。“impress”的前一个义项和后一个义项存在着相似性，这样两者容易建立联想和映射。一句话，“impress”意义来源于前缀“im-”和词根“press”的融合。

5. 前缀“op-”与词根“press”

“op-”是指“逆着某物压挤”，加上“press”指“press……against”，用以表示“压迫、使烦恼”，请看例（13）。

例（13）a. These people often are oppressed by the governments of the country.

b. It was not just the weather which oppressed her.

例（13）a 是说“那个国家的人民受到统治者的压迫”，例（13）b 是说“不只是糟糕的天气使她的心情很烦恼”。由“压迫”可以联想到“压抑”，由“压抑”可以联想到“心情不好”，这样概念的映射就很容易建立起来。

6. 前缀“re-”与词根“press”

前缀“re-”意为“back, again, against, away”，即“向后、重新、反对”的意思，加上“press”指“press……back”，用以表示“压抑、镇压”。

7. 前缀“sup-”与词根“press”

前缀“sup-”意为“under”，还有“secondary, slightly”等义，与“press”合成“suppress”，表示“镇压、压抑”，请看例（14）。

例（14）a. The rebellion was brutally suppressed.

b. Lawyers said today's ruling would lead to higher price and would suppress innovation of new products.

例（14）a 的意思是“起义遭到残酷镇压”，例（14）b 意思是“律师表示，今天的裁决将导致价格上涨，并将抑制新产品的创新”。同样，“suppress”并不难理解，请看例（15）。

例（15）suppress：sup 下 +press 挤压；逼迫→压下去→镇压。

四、小结

认知语言学认为隐喻就是用源域的一个概念去表征目标域中的另一个概念，隐喻在本质上是概念性的，是在一种概念的基础上去理解另一种概念。隐喻是一种认知现象，它是人类将某一领域的经验用来认知、理解另一类领域经验的认知活动，其实质是以事物的相似性为基础，通过一类事物来理解和推理另一类事物。实际上，大量隐喻性语言就是人类的隐喻认知模式和人类大脑认识世界方式的具体反映。这一全新的理论是对传统隐喻观的突破，使人们对隐喻的理解从语言层面上升到认知高度，为我们阐释和理解语言现象提供了新的视角。

英语字母、字母组合及词汇的生成可以通过隐喻机制得到更好的解读。面对词汇的识记和应用这个英语学习的头号难题，概念隐喻理论认为语言是通过认知活动反映自然与社会的最有效手段，任何符号都是自然与社会的反映，都是有理据的。实际上，人们能够用理据解释的语言符号远远多于无法解释的符号。无论是英语字母隐喻解读、英语字母组合隐喻解读、英语词汇派生解释，还是基本词义联想及词汇的其他常见生成方式都可以用概念隐喻理论进行分析和解释。上文我们借用概念隐喻的思维方式，重点介绍了词缀和词根知识在英语词汇学习中的重要作用，认为字母与字母的组合不是毫无根据的任意搭配，而是携带了构成单词的基因密码。

二语词汇的学习是中国学生在学习英语过程中的重点和难点，教师要改变传统的教学方式，不断更新自己的知识储备，才能使教学相长，共同提高。很显然，词汇不能只是简单的领读、释义、造句和举例等，而是要多管齐下，运用多种感知方式，以身体体验为中心，调动抽象思维能力，才能提高学生的词汇学习效果。

第三节　词汇溯源教学的理论思考与实践

一、引言

在语言教学中，词汇越来越受到外语学界的重视，其理论在探索中不断丰富，在实践上也改善了教与学的状况。但业内似乎都忽视了一个小问题，那就是英语作为一种语言，除了有其语言学习的内在结构之外，还有其人文性的一面。而词汇溯源教学把图式理论和故事法相结合并融于词汇的学习，特别强调学习到的词汇知识得以内化，运用词汇能力得以增强，而不止是输入或临时性输出，对于英语词汇的教学将是一个有力的助推器。

二、词汇理论的发展与国内英语词汇教学的“短平快”倾向

（一）词汇理论的发展

词汇理论来源于美国心理学家 Miller 和 Selfridge 提出的“组块”概念，Becker 最早从语言学角度对其进行了研究，并命名为“词汇”，随后，大批语言学家从不同角度对其进行命名、定义、分类和应用，在理论上极大地丰富了其内容。在分类上也各不相同，但比较认可 Michael Lewis 依照词汇内部的语义联系和句法功能所划分的四类：词与聚合词、词语习惯搭配、惯用话语和句子框架及引语。

（二）国内教学实践的“短平快”倾向

“麦当劳”是著名国际快餐品牌，其特点是速度快、效率高、工厂化管理，让顾客在很短的时间内享受到较为可口的餐饭，而对于营养搭配和健康以及养生方面的注重比较少。在国内，词汇理论的教学实践应用研究如火如荼，有学者研究了其在国内英语教学中的重要性与可行性，有专家研究了其在听说读写译各技能培养方面的作用。

三、词汇溯源的理论基础

（一）认知心理学

以 George Miller 的研究报告《神奇的数字 7 ± 2：我们信息加工能力的局限》为奠基的认知心理学，研究人的高级心理认知过程，如注意、知觉、表象、记忆、思维和语言等。Pawley 和 Synder 提出，通过在长时记忆中储存大量的、频繁的使用的预制词汇，人的大脑可以改善其处理信息的 能力。

（二）二语习得理论

Krashen 输入假设理论，Swain 的输出假设理论，以及 Gass 和 Ellis 的习得过程论述都认为输入材料必须要足量并且是可以理解的材料，那么对于词汇的学习就不能是孤立的输入,而应该是可理解性输入,这一目标要求在词汇习得时，要结合教师教的策略和学生学的策略,对词汇输入进行适当的溯源和故事讲解，使词汇能够从文化本源上被理解。

（三）语料库语言学

Belotenson 研究发现，在日常交际中约 70% 的语言是由程式化的预制语块组成，而词汇相对的稳定性造成数量上的相对固定性为语料的收集和语料库的建立提供了可能。语料库以大量精心采集而来的真实语料为研究素材，并不断更新扩充，成为语言学习和研究当中的有力工具。

四、词汇溯源的定义与意义

（一）定义

词汇溯源是基于语料库和词汇或语块教学认同的基础上，于课堂内外培养教师和学习者追根求底的溯源意识、探索精神及文化意识的教学。

（二）意义

（1）学术价值。英语学习中听说读写译五种基本技能既是手段又是目标，其中词汇量是提高这五种能力的前提和基础，但同时也是学习者的最大障碍，被称为英语学习中“拦路虎”。为解决这一问题，各种词汇教学应运而生，笔者将其分为两类，一类是通过词根词素的分解，学习者掌握其本义来记忆和运用词汇，了解词汇的本质，重在向微观分解；一类是通过词的组块效应来整体记忆，并在实际运用中整体输出的词汇教学，重在向宏观组块。

（2）实践意义。在实践的基础上，运用词汇溯源的方法来达到教学语言本质和文化意识培养的目的，对于今后的词汇学习研究和教学可以起到一个推进的作用，对学习者的学习效果也会有明显的提升。从教师的角度来讲，教的意义体现到了方法、知识和文化的共存。从学习者的角度来讲，能尽量减少学习词汇的枯燥性，增加学习的乐趣，使学习变得终身受用，更有意义。

五、词汇溯源教学实施

世界上没有万能的教学方法或模式，在运用词汇溯源教学时，应该注意一些实施的条件和局限，从而趋利避害，以确保在实施过程中发挥其正能量。

（一）教师文化意识的提高

“打铁还需自身硬”，“要给学生一杯水，教师要有一桶水，甚至是常流水”。在词汇教学中，教师首先自身要具备一定的文化意识和文化传播的意识，比如，在回答 Your girlfriend is so beautiful. 时要注重中外对待赞美的不同态度，那就不会出现“No, she is not.”“Do you want a fight?”以及“Just so so.”这样的回答，而应该以“Thank you.”取而代之。

（二）教师专业知识的积累

专业的普适性知识是教师在专业创新和发展中的基石，而词汇知识及其溯源所带来的文化内涵则是在外语教育中不可或缺的基础性专业知识，其获取的途径很广，既有来自于求学时的专业文学课程设置，也有专业词典所带来的查询的便利，还有与目标语人士的接触交流中所体会到的所得，等等，在专业积累方面，可谓是厚积薄发。

（三）资源的综合利用与开发

在资源的利用方面，要利用好图书资源，如英语习语词典、英语谚语词典和文化背景词典，这些书籍都与文化内涵息息相关，是词汇教学资料的重要来源，凝聚了许多专家学者的心血，也获得了较为广泛的认可。在资源开发方面，最重要的是逐步创建自己的词汇溯源数据库，注重不断地积累，建立起收集与搜索机制，将数据库作为自己大脑的“外挂硬盘”，随时读入写入，应用时随意读出抽取。

（四）注意事项

首先，词汇溯源教学与故事教学有所不同，故事教学可以是把整个的教学材料都编入故事中，也就是说故事是整个课堂的主线，同时对真实性要求不高。而词汇溯源教学则是把真实的溯源材料穿插进教学中，以方便词汇的理解和输入，溯源教学并不主宰整个课堂，而且如果涉及较长故事一定要尽量控制时间，同时还要引导学习者课下阅读和查找资料。

六、结束语

探索是人的一种本能需求，溯源是对文化深层次的一个了解、探索和认知的过程。词汇教学在理论和实践上都正在日臻成熟，而文化意识作为语言本源的深层次问题，不能只停留在口头和表面。词汇溯源对词汇教学从不同于“麦当劳”的“短、平、快”的角度来探讨其习得效果问题，具有先进意义，但仍需实践的检验与理论的补充。

第四节　语言测试与教学评价

——以大学英语教学为例

教学评价是大学英语教学的重要组成部分，可采取终结性评价和形成性评价两种方式。长期以来，大学英语教学评价方式仍停留在传统的终结性评价阶段，也就是以期末考试一张试卷成绩为测量学生学习效果的唯一手段，“一考定‘终身’”，学习者在学习过程中的情感、态度、策略、兴趣等因素被忽视，从而抑制了大学生对英语学习的积极性和主动性。

一、大学英语教学中采用形成性评价的必要性

顺应国家教育政策的理性选择。教育部 2004 年颁发的《大学英语课程教学要求》提出，“评估要改变单一的考试模式，以学生的语言综合应用能力为出发点，

将过程性评价和终结性评价相结合，尤其要重视形成性评价，加强对学生在学习过程中语言应用能力发展情况的监督，建立多样化评价体系，充分发挥其深化教学改革和提高外语教学质量的作用”。

实现大学英语课程教学目标的有效手段。大学英语教学目标是帮助学生在校期间学习语言基础知识和应用技能，使他们在今后的工作和社会交往中能进行有效的口头和书面交流。引进形成性评价的多元评价方式，能够对教学过程提供准确、全面、动态描述，师生就可以在教学过程中有针对性地调整，更好地实现教学目标。

发挥多种评价模式优势的最佳载体。形成性评价与终结性评价的概念由 Christie 首次提出，布鲁姆将其引进教学领域，分为诊断性评价、形成性评价和终结性评价。目前高校普遍采用的是终结性评价，这种方式操作简单，易于量化，是目前大学英语教学评价的主要手段。教师是终结性评价主体，评价学生学习的最终结果，是“为了评价的教育”，它缺乏帮助、指导学生学习的功能，因此终结性评价有其不完整性。而形成性评价的主体是学生，参与学生自评和互评。形成性评价不断地对教学活动、学习策略、态度、方法、努力程度等进行诊断性评价，使教师和学生都能及时地获取反馈信息，改善教学效果。形成性评价是“为了教育的评价”，对英语后续教学起到借鉴指导作用。

二、实施形成性评估体系的基本原则

（一）学生是学习过程的主体的原则

学生是学习的主体，也是被评估的对象，由此确立以学生为本、以培养学生的语言运用能力为出发点的原则。采用教师评价、学生自评和学生互评等相结合的方式，让学生学会反思和调控英语自主学习的情况，形成有效的符合个性特征的学习方式，不断提高学习的自主性。

（二）促进学生充分全面发展的原则

形成性评估用发展的理念，服务于学生，指导和加强他们的学习，使发展变化的过程成为评估的重要组成部分。发展性原则既关注学生现有的发展水平，又关注潜在的发展可能性；既重视结果，又重视学生主体自我发展和变化的过程，突显了评价的激励、反馈、调整和改进功能。

（三）贯彻评估体系多元化的原则

形成性评估的多元化原则具体表现在评价内容、评价主体、评价标准等几个方面，提倡形成性评估与终结性评估相结合，以形成性评估为主；定性评价与定量评价相结合，以定性评价为主；他评与自评相结合，以自评为主；综合性评价和单项评价相结合，以综合性评价为主。

（四）注重评估结果及时反馈的原则

形成性评估贯穿大学英语学习过程的始终，教师通过即时、动态、灵活的评价方法，全面深入地了解学生的学习和发展，在此基础上提出具体的、有针对性的改进建议，让学生知道怎样可以做得更好，引导学生追求进步。

三、评价体系的类型

关于教育评价体系的类型有多种分法，学界至今尚未达成一致意见，本书采用邵红万的分类法。

（一）选择性反应评价

这种方法是指所有的客观试题和纸笔测验的形式。被测试的学生要回答一系列问题，每个问题之后都有一些可供选择的答案。他们只需从中选出正确的或最佳的那一个答案即可。评价成绩优劣的指标就是答对题的数目或者比例。选择性反应类题目主要有这些形式：选择题、正 / 误判断题、匹配题、填空题。此种评价方法是从各个侧面对知识要点的测评方法。在选择性反应测验中，学生对目标语文化信息的理解往往会与他们的阅读能力交织在一起，如果大部分学生阅读能力有限,阅读面狭窄,那么用书面形式的选择性反应测验就不尽合理。

（二）论述式评价

这种评价要求学生根据教师所设置的作业中提出的任务与要求，做出原创性的书面陈述，重点评价学生的逻辑推理、语言知识面、表现性目标、建构性成果等较为复杂的心智技能。论述式评价可以有效地使学生参与教与学的过程，同时，还允许学生即时反应作答，解答结果是由学生构建的、相对完整而又符合所属语言文化规范要求的“产品”，如一段逻辑论证或意义阐释的内容等。论述式评价属于主观题评价法，它提倡自主和自由反应。

（三）表现性评价

也就是教师在学生具体做某件事时直接观察和评价他们的表现。为使这一评价更趋合理，教师必须设置和应用清晰明确的表现性规则，并收集到参与学生表现的足够多的信息。英语学习的目标应当锁定接受性技能（receptive skills）——听读和表达性技能（productive skills）——说写译。一是在听力训练方面，教师应给学生提供多样化听力材料，并指导学生如何进行“磨耳朵”训练；二是在会话能力训练方面，帮助学生克服羞于开口的心理障碍；三是在提高阅读能力方面，指导学生逐步掌握对篇章结构认知理解的方法；四是在提高英文写作能力方面，用作文命题式讨论法或通过范文欣赏，邀请学生参与课堂活动，不能忽视“师生之间的课堂语言交往活动是学生写作能力的源泉”。

（四）交流式评价

这是一种把课堂交流作为评价学生学习状况的形式。通过提问，听取回答这种办法来评估学生的学习效果。如果交流的重点是共同关心的话题或由学习主题延伸的知识，那么师生交流和学生间的交流自然就是评价学生语言技能表现的显性工具。使用这种方法，无需制定与评价目标相符合的测验细目表，也无需考虑测验题的质量。当然，要有效地使用这种评价方法，也必须遵循一些特定的使用规则，否则就不能体现评价的合理性。首先，英语课堂讨论往往涉及的是多学科问题或本课程的重点和难点。讨论课一般是由教师提出讨论题目、要点、阅读书目，学生可以据此进行准备。讨论时可将学生分成若干小组，在教师做开课引导后，其余时间可由各小组组长（组员轮流承担）带领学生交流讨论，进行“自由论坛”，然后，各小组组长向全班同学和教师汇报他们的讨论内容。

四、形成性评价体系在大学英语教学过程中的具体实施

提前制作好调查问卷，制订详细计划。通过调查学生英语学习的历史、现况及存在的问题，掌握学生的学习习惯、学习风格、学习方法和学习能力等，

从而能够有针对性地设计教师的教学方案，调整教学步骤，真正做到因材施教。教师可依据调查结果做出教学计划和教学评价计划，内容涉及课前、课中和课后。

（一）教学过程中实行多种评价方法相结合

在课堂上，教师不仅是学生学习的管理者，而且是激励学生参与的激励者和评价标准的制定者。课堂教学过程应贯穿学生的自我评价，相互评价，教师评价，体现以学生发展为本的思想。教师在课堂上使用网络、多媒体教学，展示教材内容，分析教学重点、难点。教师可适当安排时间让学生对重点、难点内容进行小组讨论，并分角色完成教学活动，具体内容包括组内意见总结陈词、对话表演、复述课文等。学生也可以制作多媒体课件展现自己对学习内容、相关背景知识的认识。教师可依据教学大纲并结合学生实际，合理设计学生在听、说、读、写、译等方面应达到的标准，并给出具体参数以供量化评分。评价内容包括学习过程、学习方法、学习态度、努力程度、学习结果和学习中的长处及不足等。通过这种评价体系，学生可以回顾、反思自己的学习过程，及时调整学习策略，提高学习效率，而教师可以针对自己的教学进行反思，及时调整教学计划和方法，并针对每个学生的具体情况及时提出建议，给予指导，促进学生个性化发展。在形成性评价体系中，学生参与的评价、教师的评价以及合作评价构成评价体系的主体部分。

（二）课后建立学生档案袋，完善日常学习评价

学生档案袋主要用于收集学生一个阶段或一个学期所取得的学习成就，其内容是多样的。档案袋内容还应该包括每单元完成的任务作业及自评、互评、师评表等。同时，让学生从中挑选出自认为满意的作品在班级中传阅学习。这些作品不拘泥于形式，可以是学习日记，可以是作文，还可以是口头报告，最好后附教师评语，说明选择该作品的原因。建立学生档案袋不仅使学生真正体会到自己是学习的主体，看到自己的成长和进步，而且让学生看到自己的英语学习过程，有利于及时总结经验和教训，不断地自我反省，调整学习方法和计划。通过回顾自己档案袋的每一份作品，学生看到自己的成长历程，自信心、学习兴趣会与日俱增，学习能力也逐渐提高。学期结束时，教师可用学生的档案袋作为学生平时成绩的依据。

（三）终结性评价与形成性评价相结合，实现评价重心的转移

终结性评价面向过去，而形成性评价则面向未来。一个重在结果，一个重在过程、重在发展，二者相辅相成，互为补充，相得益彰。在大学英语教学中，为保证形成性评价体系的完整性和权威性，必须将形成性评价与终结性评价相结合，重点注重过程，实现评价重心的转移，使形成性评价体系的结果更可靠、可信，这既有利于学生学习，又有利于教师教学。

五、应注意的问题

（一）用选择性反应评价矫正英语教学的偏向

我国的英语教育教学往往过分强调单词识记，而忽视口语等英语语言技能的培养。对此，教师需针对传统英语教学弱项，有意识地运用选择性反应评价。Grice 认为，交际能力是指一个人对潜在的语言知识和能力的运用，它包括四个重要参数，即语法性、适合性、得体性和实际操作性。

（二）论述式评价并非适用于所有的教师和课堂情景

尽管语言的功能和目的只是交流思想，但思想则是独立于传递手段之外存在。假定有少数学生已经掌握了许多英语知识，但他们的书面表达能力较差。教师看到其论述得不好，就以此断定成绩，那这种评价会导引偏差的结论。教师还应明确的是，测验所使用的论述题必须新颖；对推理形式的认识转化为清晰的、重点突出的论述题和适当的评分准则。当围绕某一主题进行论述时，教师的预设往往会引发多向生成，答案是多元的，就此教师需有充分的准备。

（三）基于观察和主观判断的表现性评价仍有缺失

从语言表达能力来看，英语演讲会、文化讨论会、英语小品表演等都是展现自我交际能力的机会，这些活动要求每一个参与者都积极踊跃地发言，并用清楚的、易于让别人理解的话语形式表现出来。学生通过语言表达的训练，能够将复杂的概念、独到的见解、细微的区别淋漓尽致地表现在听众面前。但学生往往受心理影响，对此类活动因语言水平不愿开口，且表现性任务的评分规则设计不合理，还缺乏学生互相评估的环节等。

六、结束语

通过形成性评价与终结性评价相结合的实践应用研究，形成性评价对大学英语教学的促进作用得以体现，它是对传统终结性评价很好的补充。学生通过参与教学评价，能够关注到自己的学习过程，适时地调控自己的学习策略，提高自主学习能力，改善学习效果。然而，具体实施形成性评价，的确给教师带来繁重的工作量，每天的教学活动都是问题解决的过程。而且，评价内容和评价标准的信度、学生自评和互评的能力、公允度等一系列问题需要解决，因此，如何能将形成性评价与终结性评价完美结合，仍有待于更多的教师和研究人员进一步探究。

第五节　结论与反思

语言是一个系统，因此其组成要素——词汇不是孤立存在的，而是一个相互联系、相互依存的统一体。传统的“填鸭”式词汇教学把学生当成一个“大口袋”，把学生词汇学习的过程当成一个被动接受的过程，而非积极主动的学习过程。二语词汇学习如果采取死记硬背的办法，势必会人为地割裂词与词之间的有机联系，把词汇学习变成一种简单枯燥乏味的机械记忆过程，这种方法已经跟不上新时代高等教育发展的步伐了。

概念隐喻普遍存在于英语词汇中，因此，基于概念隐喻的认知功能教学法对英语词汇教学有着十分重要的功效。概念隐喻在本质上是认知的，概念隐喻是一种通过语言表现出来的思维方式。由此可见，通过传统的死记硬背的方法进行二语词汇的学习已不能适应社会发展对人才培养的要求了。

词汇学习特别是复合词、多义词很有必要采用隐喻的思维方式，加强词汇间的联系，强化组合搭配，化抽象为具体，改变长期以来语言学习中的死记法。教师在教学过程中要重视词缀与词根的交互作用。正是词缀和词根的交互才最终导致词义的生成。我们有理由相信，只要学生掌握了其中的派生规律，词汇的学习自然而然地就不再是死记硬背和生搬硬套，而是一个充满趣味的求知与探索的过程。

我们认为，认知隐喻学的词汇学习策略有利于提高学生的学习兴趣，因为词汇的存在是有理据的，是活动的相互联系的统一整体，不是孤立的单体。笔者相信，通过隐喻开展隐喻词汇教学是一片会产生丰硕研究成果的沃土。

我们要大胆地与中国英语教与学的实践相结合，探索出一条既有理论高度，又适合中国英语教与学实际的路子。真正做到语言学理论与语言教学实践相融合，即教学要以科学理论为指导，科学研究要来自于教学第一线。

词汇在英语教学中起着越来越重要的作用，但师生大都追求短平快的效果而忽视了词汇本身所蕴含的深厚文化底蕴。词源教学的理论基础是认知心理学、二语习得等理论，它对加深二语词汇教学效果有着十分重要的作用。

传统的终结性评价抑制了大学生英语学习的积极性，教育部颁发的《大学英语课程教学要求》明确指出大学英语教学要改变单一评价模式，积极探索采用形成性评价模式。该模式要遵循学生在学习过程中的主体性等原则。教师要建立健全学生档案袋，把学业的考核放在学习的过程中进行，探索形成性评价与终结性评价相结合的大学英语评价体系。

第六章　概念隐喻视角下的二语词汇教学实证研究

第一节　概　述

一、研究背景

词汇是语言大厦的建筑材料。D. A. Willkins 指出“没有语法，人们不能表达很多东西，而没有词汇，人们则无法表达任何东西”。由此可见词汇在语言系统中的重要性。事实上，对外语学习者来说，在掌握了语音和一定的语法规则之后，词汇就成为语言学习的重中之重了。然而，我国的外语教学长期受以 Saussure 为代表的结构主义语言学的影响，认为词语的形义结合是任意的，是约定俗成的，从而忽略了对词汇理据的讲授和学习。在这种教育观念影响下，中国的外语学习者大多采用死记硬背的方法来学习词汇，导致词汇学习“费时较多，收效较低”。杨林云通过调查表明，“大学生掌握词汇的情况不仅表现在‘量’上偏低，还表现在‘质’上不高”。

教育部（2004）颁布的《大学英语课程教学要求》（试行）（以下简称《教学要求》）中就高等院校非英语专业大学毕业生英语词汇的“量”提出了明确要求，推荐词汇量“应达到 4500 个单词和 700 个词组”，另外在“质”的方面也提出了明确的要求，即“其中 2000 个单词为积极词汇，要求学生能够在认知的基础上学会熟练运用”，这是每一个大学生都应达到的基本要求。《教学要求》还在写作和翻译方面做了明确规定，要求“学生能够就一定的话题在半小时内写出 160 个单词的短文，做到内容完整，条理清楚，文理通顺，能够借助词典对题材熟悉的文章进行英汉互译，英汉译速为每小时约 300 个英语单词，汉英译速为每小时约 250 个汉字，译文基本准确，无重大理解和语言表达错误”。然而现实却不容乐观，在大学生的作文和翻译文本中，由于对词义的理解和运用存在偏差，中式英语较为常见，另外在考试词汇题上丢分也较多，由此可以得出大学生的词汇产出深度不高，探索旨在提高词汇产出水平的二语词汇的教学和学法是大势所趋。

二、研究目的及意义

（一）研究目的

本章的研究目的是验证能否借用概念隐喻指导二语词汇教学来提高学习者的词汇产出深度。

于洋等认为词汇学习不是简单的词汇表的学习和记忆，而是学习者积极参与的一种过程，是学习者需要掌握的一种技能。认知隐喻观认为隐喻是人们认识抽象概念的有力工具，是人类认知发展的产物，隐喻的本质是“相似”，人们能够在具体事物和抽象概念之间找到相似点，习惯借用表具体事物的词语去表达抽象的概念。尼采把隐喻看作人类思想和言语甚至一切知识中的普遍现象，隐喻不只是语言学的一个概念，更是人类了解世界的一个途径。既然词汇学习是一种认知过程，概念隐喻又是一种认知手段，这就为利用概念隐喻提高词汇产出深度提供了理论上的可能。

（二）研究意义

我们知道词汇是表达功能的手段之一，也是进行交际和思维的重要手段。要掌握英语必须学会一定数量的英语单词。词汇量的大小和正确运用词汇的程度是衡量一个人语言水平的重要标志。语音、词汇、语法三者比较，不管是从数量上，还是从意义上和用法上来看，词汇都是最难掌握的。在英语教学过程中，学生抱怨最多的就是英语单词难记、难用，记住了拼写在实际使用中出现错误也司空见惯。因此，词汇学习费时费力且效果不佳。全面加强英语词汇教学研究，探索旨在提高学生词汇产出深度的教学方式在英语教学中有着十分重要的理论意义和实践意义。

1. 理论意义

本章运用文献归纳的研究方法提出了概念隐喻能有效提高二语学习者词汇产出深度的假设，并通过为期一个学期的教学实验（实验班和控制班）收集相关数据进行统计分析，验证研究假设，从而拓宽了概念隐喻与二语词汇习得的研究空间，明确了概念隐喻在提高产出性词汇深度中的作用。

另外，本章在前人研究的基础上就概念隐喻与二语产出性词汇的研究进一步细化，专门探讨概念隐喻与二语词汇产出深度，从而把本领域的研究推向纵深。

2. 实践意义

本章采用质化与量化——定性与定量——相结合的研究方法探讨基于概念隐喻的词汇教学法能否帮助二语学习者提高词汇产出深度，最终目的是提高二语学习者的语言学习效果。

三、本章的基本结构

本章共包括五部分，第一部分为概述，主要介绍本研究的背景、目的及意义。

第二部分为文献综述，首先就概念隐喻和词汇深度产出的概论进行定义；然后就本研究的国内外研究现状进行评述。

第三部分为研究设计，是本章的重点，主要就实验目的、实验假设、实验设计、实验过程等进行介绍。

第四部分是结果与讨论，就学生的高考入学成绩、词汇产出前后测试、两次调查问卷的数据进行分析，检验研究假设，并就此对大学英语词汇教学提出了教学建议。

第五部分为本章的小结和反思。

第二节　文献综述

一、概念界定

（一）概念隐喻

人们在日常生活中经常参照他们所熟知的、有形的、具体的概念来认知，思维，经历和对待无形的、难以定义的概念，从而形成一个不同概念之间相互关联的认知方式，Lakoff 和 Johnson 认为这种认知方式就是概念隐喻。

概念隐喻是从源域到目标域的投射或映射，是人们思维、行为和表达思想的一种系统方式。赵艳芳认为隐喻思维能力是随着人的认知的发展而产生的一种创造性的思维能力，是认知发展的高级阶段，是人们认识世界，特别是抽象事物不可或缺的一种认知能力；人的思维过程是隐喻的，其表现形式（语言）中的隐喻来自人的概念体系中的隐喻。

谢之君认为从理论上讲，任何一个词都是隐喻化的结果：从词汇角度讲，一个词的常规意义指概念意义或核心意义，这个层面上一般是最初的或常用的意义；从隐喻角度讲，可以归纳出其基本语义和引申义之间的联系，这种联系可简化为相似性的隐喻连接或映射。

吴克炎指出，英语前缀派生词的生成过程实质上是概念从一个认知域投射到另一个认知域的过程，是一种隐喻现象。具体来说，词根就像一个装有特定溶质的容器，加入不同的溶剂（词缀），就生成有关联但不同的溶液（词汇）。

（二）产出性词汇及词汇产出深度

Nation 认为产出性词汇（productive vocabulary）是指在表达性言语行为中能够使用的词汇。卢敏认为测量学习者产出性词汇的水平应从词汇知识的广度和深度两个指标入手。

本书重点考察概念隐喻指导下的二语词汇教学与学习者词汇产出深度之间的关系。

本书认为词汇产出深度是指二语学习者在一定语境条件下能正确地选用合适的词以及恰当地使用该词能力的程度。

二、国外概念隐喻研究述评

（一）国外学者的研究

长期以来，隐喻一直被人们当作一种修辞格，隐喻也一直被列入修辞学和文学研究的范畴。古希腊学者认为隐喻是比喻性语言，是一种特殊的语言现象，隐喻不是语言学的研究范畴。柏拉图甚至认为隐喻是花言巧语，至多是修饰性的语言，只适用于表达感情。

1980 年，芝加哥大学出版社出版了 Lakoff 和 Johnson 的 *Metaphors We Live By* 一书，标志着隐喻正式被纳入认知语言学的研究范畴，他们认为隐喻语言是一种普通语言，隐喻是人们的思维方式和认知工具，隐喻的本质是用一事物体验和认知另一事物。

Lakoff在其随后的代表作 *Wemen, Fire and Dangerous Things: What Categories Reveal about the Mind*,*More than Cool Reason: A Field Guide to Poetic Metaphor*中，从认知的角度对概念隐喻进行了系统论述，搭建了概念隐喻的理论框架。

（二）国内学者的研究

国内学者于 20 世纪 90 年代开始研究概念隐喻理论。林书武、胡壮麟和束定芳等学者在对国外理论的引进和介绍上做了大量工作。林书武在国内概念隐喻研究的基础上，归纳了当今隐喻研究的七个主题，并对今后隐喻研究的焦点和趋势进行了预测。胡壮麟对语言、认知和隐喻的关系进行了探讨，并研究了隐喻的产生和理解，指出了隐喻是各学科通向未来的工具，他还从辩证唯物主义和科学认知论的角度对隐喻进行了阐述。束定芳在研究西方学者关于隐喻运作机制的基础上，解释了隐喻意义的产生是两个概念之间相互作用的结果，这种相互作用是通过映射的方式进行的，映射的基础是相似性。总体上看，三位学者都结合中国实际对概念隐喻理论进行了本土化的修补和创新，但都没有从根本上突破西方的理论体系。

束定芳、胡壮麟、彭增安、谢之君等学者出版了隐喻学专著，对隐喻理论进行了系统研究和探讨。束定芳在对西方理论进行吸收和整理的基础上，对隐喻的产生原因、工作机制和本质特征以及隐喻的功能等进行了全面的讨论和分析，很多观点他又在以后发表的论文中进行了阐释。

胡壮麟系统研究了隐喻的实质和应用，这些观点在其前期发表的论文中都能看到。并且胡壮麟还对语法隐喻和 Halliday 模式进行了介绍和研究，这得益于胡壮麟先生早年在澳大利亚跟随 Halliday 的留学经历，另外胡壮麟先生还将这些理论与中国的比喻理论进行了比较研究。彭增安的专著是在其博士论文的基础上修改完善而来的，他以汉语比喻为立足点进行英汉隐喻对比研究，并就隐喻在新闻报道、科技语篇和商务语篇中的应用进行研究。

谢之君在对国外隐喻理论研究的基础上，提出了语言起源的“隐喻说”，具有一定的理论价值和实践意义。赵艳芳重点探讨了隐喻和转喻对词义发展的作用。吴为善把概念隐喻和概念转喻理论应用到汉语语法研究中，进一步拓宽了概念隐喻的研究范围。

上面提到的这些专著向中国语言学界系统完整推介了概念隐喻理论，并结合中国实际进行了理论拓展和完善，特别是吴为善的专著力图用概念隐喻来研究汉语，并取得了显著成绩。

从总体上看，目前国内外学者通过研究，在概念隐喻是人类的一种重要认知和思维工具上基本上达成了一致意见，这为概念隐喻应用于指导二语词汇习得提供了理论前提。

三、国外二语词汇习得研究述评

鉴于词汇在语言学习过程中的重要性，国外学者试图从不同的角度对其进行研究。Nagy 等在研究儿童学习母语的基础上提出了词汇附带习得（Incidental Vocabulary Learning）这一概念，而附带习得是相对刻意学习（Intentional Learning）而言的。

McKeown 和 Couris 从母语习得的角度研究了词汇习得特征，也就是主要探讨了本族语者的词汇习得特征。Aitchison 对心理词汇进行了专题研究，探究了心理词汇的形成机制和特征。Oxford 提出了词汇习得策略，认为词汇学习策略包含社会策略、记忆策略、认知策略和元认知策略，其中语言学习者较早并较多使用的是记忆策略和认知策略。Vehallen 等指出语言学习者所关心的问题是习得足够多的词汇，认为词汇“量”的积累达到一定程度时必然引起“质”的改变。Schreuder 和 Weltens 从心理语言学的角度探讨了双语词汇的习得的问题，这可以说是国外从心理语言学视角研究词汇习得的重要转向，即从重视母语词汇习得开始重视二语词汇习得。Coady 和 Huckin 专门研究了二语词汇习得，提出了二语词汇习得的原则、策略和具体方法。Hatch 和 Brown 系统研究了词汇学、语义学、语言习得和教学，其中对词的性质、词义、词的构造和功能、词的组合关系也进行了详细阐述。国外学者对词汇习得研究的趋势是由对母语的研究逐渐转移到对二语的研究，这在一定程度上丰富了二语习得的理论体系，促进了二语习得研究的深入发展。

词的产出包括广度和深度两个方面。

（一）广度方面的研究

Nation 的 *Teaching and Learning Vocabulary* 从词汇教学出发，明确了受纳性

词汇和产出性词汇的概念，系统阐述了词汇教学的基本原则和方法。20世纪80年代语料库语言学兴起后，基于语料库的词频研究备受青睐。Francis 和 Kucera 通过对 Brown 语料库的研究得出二语学习者在完成初级阶段2000个高频词的学习后，就基本上能理解文本中约80%的词汇。学习过高频词后就是学习低频词了，而语言学习者对低频词掌握的数量则从一个方面反映了其词汇水平的高低，为此 Laufer 和 Nation 专门开发了词频分析软件 VocabProfile，后几经修改完善定名为 RANGE，用来检测被试的产出性词汇在广度上的水平。

（二）深度方面的研究

Craik 和 Lockhart 提出了词汇深度处理假说（Depth of Processing Hypothesis），认为学习者在处理或思考一个词语所消耗的精力越多以后回忆起并使用这个词语的可能性也就越大，深度也就是更大程度上的语义处理和加工。Richard 列出了掌握一个词所需要的各种词汇知识：正确的拼写和发音、音义、语法行为、联想、搭配、使用频率和语域。这为二语词汇学习者和研究者提供了理想的类似本族语者所具有的词汇知识内容，不足是这些词汇知识都是描述性的而不是解释性的，也没有指出如何习得这些知识。这种分类实际上是便于研究者进行研究而人为对词汇知识的分割，实际上不同类型的词汇知识是相互关联的统一体。

对于词汇深度知识的研究，国外主要有两个流派，一派是以 Dale 和 Faerch 为代表的连续体观，主张要以发展的视野看待词汇知识，认为要把词汇知识当作一个由不同水平和知识面组成的连续体，研究者所调查到的词汇知识不过是词汇习得过程中某一特定阶段词汇知识的反映，不能以点概全。Dale 把词汇深度知识分为以下五个阶段：

a. 学习者从未见过该词语；

b. 学习者听说过该词语，但是不知道它的意思；

c. 学习者在语境中能识别，并知道它与某某有关；

d. 学习者知道这个词语；

e. 学习者能正确区分跟它在意义上有关联的词语。

Faerch 等则认为词汇连续体的起点是对词形的模糊了解，终点是在自由产出中能正确使用这个词。

另一派是以 Cronbach 和 Nation 为代表的成分分类观，他们主张按词汇知识的构成成分进行描述，并尽可能详尽地分析一个词全部知识的意义和用法。Cronbach 主张正确理解一个词包含以下五层意思：

a. 类化（generalization），即能给该词下定义；

b. 应用（application），即选择该词的一个适当用法；

c. 意义的宽度（breadth of meaning），即回忆该词的不同意义；

d. 意义的准确度（precision of meaning），即在各种可能情形中正确地运用词义；

e. 易联想性（availability），即能产出性地使用词语。

Nation 指出掌握一个词要包含以下四个方面：

a. 形式，包括口头形式和书面形式；

b. 位置，包括语法句型、搭配；

c. 功能，包括频率、得体性；

d. 意义，包括概念、联想。

由此可见学者对词汇深度知识的界定是比较宽泛和模糊的，目前尚未形成统一的标准，但在词汇深度是学习者在特定语境中准确使用该词及其搭配上并没有异议。

纵观国外学者关于词汇习得的研究，从研究母语习得到研究二语词汇习得，从研究词汇的附带性习得到研究刻意性习得，从研究词汇习得的广度到深度，可谓成果丰硕，但是如何在概念隐喻理论指导下提高二语产出性词汇深度的研究并不多见。

四、国内二语词汇习得研究述评

（一）理论性研究

笔者检索了 2000 年以来有关概念隐喻与二语词汇习得相关性研究的有代表性的期刊论文和硕、博学位论文，从研究内容来看，大致集中在以下几个方面。

赵彦春等、胡华芳、吴克炎研究了如何利用概念隐喻理论习得基本词、多义词、习语或术语。

刘丹凤等研究了概念隐喻在英语阅读教学、听力教学中的作用。

刘世娟研究了概念隐喻与写作教学的关系。

杨丽等研究了隐喻对提高词汇丰富性和深度的作用。

李更春研究了隐喻与心理词库构建。

石洛祥通过研究证明了提高中国英语学习者的概论隐喻、概念转喻和意象图式隐喻的意识可以促进英语惯用语块的习得，理解和学习惯用语不能只靠单纯地机械记忆、模仿，还应该尽量掌握背后的概念隐喻理据，注意惯用语组成部分与其整体意义之间的内在联系。

以上研究，从研究范式上来看，都是从理论上阐述了如何把概念隐喻运用二语词汇教学实践中，提高学生的隐喻思维能力和词汇习得的效果，都是宏观上的理论思辨，没有进行微观的教学实证。

从研究对象上来看,研究大多集中在如何利用概念隐喻习得多义词、基本词、习语或术语，应用范畴相对比较狭窄，学习者掌握了这些词汇，并不意味着词汇水平就高，拓宽概念隐喻理论在二语词汇习得中的应用范围势在必行。

从研究内容上来看，有的学者分析了概念隐喻在提高词汇的受纳性水平上的重要作用，而学习者的受纳性词汇水平是决定学习者产出性词汇水平高低的一个重要因素，虽然有学者看到了概念隐喻对于提高学习者的词汇产出能力有重要作用，但是其理论意义远远大于实践意义，也没有严格区分词汇产出的深度和广度；也有研究把概念隐喻与词汇识记水平联系起来，认为概念隐喻有助于强化二语学习者的词汇记忆能力，但是没有阐明概念隐喻在词汇记忆过程中的运行机制，即学习者对词汇的短时记忆是如何转化为长时记忆的尚没有阐明。

从总体上来看，基于概念隐喻的二语词汇习得理论性的研究成果颇丰，但是概念隐喻导致语词汇产出深度的研究尚未发现，而产出性词汇是衡量一个人词汇水平的重要指标，这一领域的研究空间尚待拓展。

（二）实证性研究

雷志敏等就课堂上教师讲授概念隐喻能否提高学生的阅读水平进行了实证研究，汪琴就学习者英、汉隐喻能力的差异与其二语作文中词汇变化性和复杂性之间的关系进行了研究。这两项研究分别就概念隐喻在提高二语学习者受纳性词汇水平和产出性词汇水平中的作用进行了研究，后者更倾向于研究学习者英汉语言隐喻能力差异与二语产出性词汇广度的相关性。

吕晶晶通过比对 33 名英语专业大三学生产生的语篇以及相应的英语水平指标数据，发现学生的隐喻能力与英语总体表现水平，具体包括写作、主观听写、阅读、语法词汇四个微观部分存在着较显著的正相关，并据此提出了基于隐喻的学习策略。

徐冰研究了利用概念隐喻对商务语篇的理解和商务词汇的记忆。

苏远芸、王翠莲等、曹凤龙、张琳、陈修铭、郭培粉、李清华、朱云汉、黄丽群、王芳、史兵、杜春英等就概念隐喻知识的融入是否较传统词汇学习更有助于学习者对二语词汇的忘记和保持进行了研究，证明了概念隐喻有利于提高二语学习者的词汇识记水平。目前，国内学者对概念隐喻在词汇识记中的作用的研究相对较多。

众所周知，词汇的识记是词汇能力的较浅层次，而语言的产出能力是衡量一个语言学习者语言水平的重要因素。因此，加强概念隐喻在提高学习者词汇产出中的作用的研究具有重要意义。

以上研究大都对概念隐喻词汇教学法在多义词教学、文化教学、习语教学的积极作用进行了研究，指出概念隐喻词汇教学法有助于加深学生对多义词义项的理解和掌握，有助于解决中国学生的文化误读现象，是一种行之有效的二语词汇教学法。也有学者通过研究指出概念隐喻与词汇识记之间存在正相关。就概念隐喻与二语词汇产出之间的关系的研究并不多见，尤其是与词汇产出深度之间的关系的研究尚未发现。

五、小结

综上所述，国内外学者格外重视概念隐喻和二语词汇习得的研究，概念隐喻在理论体系上已经基本成熟，各种视角下的二语词汇习得研究也开展得如火如荼。

单就基于概念隐喻与二语词汇习得的研究来看：

从研究范式上，有的采用理论思辨的方式，有的采用实证对比的研究方式。

从研究问题上，大部分集中在概念隐喻在词汇识记中的作用，也有研究概念隐喻在提高二语词汇受纳性和产出性水平的，但是专门探讨概念隐喻与二语词汇产出深度的研究目前尚不多见。

从研究被试上来看，有的以本科生为被试，有的以高中生为被试，但以大专生为被试的尚未发现。

因此，探索概念隐喻理论指导下的旨在提高本科生（大专生）英语词汇产出深度的教学方法在理论上和实践上就十分必要。

第三节　研究设计

一、实验目的

弄清概念隐喻理论指导下的二语词汇教学是否能有效提高学习者的词汇产出深度，借以探索出一条适合大学生英语词汇教学的路子。

二、实验假设

基于概念隐喻的词汇教学在提高学习者二语词汇产出深度方面具有显著作用。

三、实验设计

（一）被试

本章以 CZ 大学 2012 级语文教育专业全体学生为被试，其中 1 班为实验班（EC），2 班为控制班（CC）。实验班和控制班各有 60 人，两个班男生和女生均分别有 5 人、55 人，所有学生都来自于安徽省内。

（二）研究工具

1. 调查问卷

笔者设计了两套问卷，一套用于实验前，目的是调查学生的词汇学习现状以及在词汇学习过程中遇到的主要困难，该共包含 15 个问题，每个问题有 4 个选项，要求学生从中选出一个最佳选项。另一套用于实验后对实验班学生进行调查，目的是调查学生对基于概念隐喻词汇教学法的态度和反应，共设计 9 个问题，其中 8 个为选择题，每个问题有 4 个选项，学生从中选择一个最佳选项，1 个为开放性问题。问卷中的所有的问题均无正误之分，目的是调查学生对这次教学改革的基本情感和态度。

2. 词汇测试试卷

笔者共编制了两套试卷，分别用于对被试进行前测与后测。前测主要测试实验班和控制班的词汇产出情况，后测主要是用来测试经过为期一个学期的教学实验，实验班的词汇产出水平在深度上是否优于控制班。

为保证试卷的信度和效度，前测题目全部来源自近年来各省高考英语试题中的词汇题目，后测所有题目均选自《大学英语分级测试题库——1 级题库》（大连理工大学出版社，2006 年）中的词汇选择题。两套试卷各由 20 道题目组成，每做对 1 道得 1 分，做错不得分也不扣分。

3. SPSS 17.0 统计软件

用于对实验班和控制班的高考英语入学成绩、两次词汇测试的有关数据进行描述性和推断性数据分析。

（三）研究方法

1. 文献研究法

本课题的研究对象是概念隐喻理论与二语词汇产出深度间的关系，因此笔者查阅了与概念隐喻和词汇产出深度有关的专著、论文等文献资料，并借鉴、参考了国内外学者的相关研究成果，详细阅读了 Lakoff 和 Johnson 关于概念隐喻的专著，借鉴了 Nation 的词汇产出模式和 Craik 和 Lockhart 词汇深度处理假说，最终确立了本章的理论框架。

2. 定量分析法

本章借鉴了目前国外普遍采用的实证对比分析法，所有数据均真实来源于教学一线。同时对所收集的数据使用 SPSS 17.0 统计软件进行分析，以获得精确客观的数据，为定性分析提供依据。

3. 定性分析法

本章主要是按照定性的方法进行的，根据数据对研究问题进行验证，探讨基于概念隐喻的二语词汇教学法在提高学生词汇产出深度方面的作用。

4. 比较研究法

本章比较基于概念隐喻的二语词汇教学方法和传统词汇教学方法之间产生的教学效果的不同，探讨概念隐喻在提高学习者词汇产出深度中的作用，为大学英语词汇教学提供理论和实践支持。

四、实验过程

本实验从 2012 年 9 月下旬开始，到 2013 年 1 月结束，历时一个学期。被试是 CZ 大学文学与传媒学院 2012 级语文教育（大专）1 班和 2 班的全体学生。

两个班所使用的教材都是由高等教育出版社于 2012 年出版的《新编实用英语综合教程 1》（第 3 版）。实验班采用基于概念隐喻的词汇教学法，即在词汇教学过程中尽量向学生渗透隐喻知识，通过隐喻的方法向学生讲授词汇知识，并鼓励学生大胆采用隐喻的思维方式进行词汇学习。控制班采用传统的词汇教学方式，教师从音形义等方面进行讲授，即领读新单词，讲解单词的各个义项并给出例句。

为获取研究数据，笔者设计了两套调查问卷和两套词汇测试试卷分别用于对学生进行调查和测试，另外笔者还从学校教务部门收集了学生的英语高考入学成绩。

测试和问卷调查的数据收集过程如下：

第一步，教学实验开始前在两个班进行问卷调查，了解学生的词汇学习现状。

第二步，教学实验开始前在两个班进行词汇产出深度前测，目的是了解两个班的词汇产出深度是否具有显著性差异；并把收集来的英语高考成绩进行数据分析，看一下学生的高考成绩有无显著性差异。

第三步，教学实验结束后进行词汇产出深度后测，目的是看经过一个学期的教学实验，两个班的成绩差异是否显著。

第四步，教学实验结束后在实验班进行第二次问卷调查，了解学生对词汇教学改革的态度。

五、实验具体操作过程

由于教学实验历时一个学期，笔者不可能汇报整个实验具体过程，本书就举例加以说明。

先以第四单元第二篇课文“*Are You Punctual?*”中的“absolutely”，“insistence”和“persistence”为例来说明笔者在实验班和控制班的教学过程。

这篇课文是网络论坛版主就“Are You Punctual?”这一话题组织网民发帖

讨论，该文就是网民讨论的一部分。其中有网友这样回帖：“ABSOLUTELY! I believe that showing up late for a date, appointment, class etc. is an insult to the person(s) you are meeting. It seems to say: ‘My time is more important than yours.’”当版主就“你守时吗？”这一话题进行发问，其中一名网民回答“ABSOLUTELY!”，并用大写字母拼写，肯定意味十足，并就此进行了解释说明。也有网友这样回帖：“Whatever you do you need persistence, so does punctuality.”这名网友是说做任何事情都需要毅力，守时也是一样。那也就是说做任何事情都要持之以恒，守时也贵在长期坚持。在这里“absolutely”和“persistence”是新词。

再以第二单元 Sample 2 贺卡中的“branch”一词为例，其出现的语境是这样的：“……Congratulations on your being named this year's Outstanding Manager. I once visited one of your branches and was very much impressed. I'm sure you deserve this honor. And I feel so happy for you……”

笔者在实验班和控制班讲授单词是结合单词出现的语境穿插在课文中进行的。在授课时间安排上两个班每周各三节课、授课时长都是 16 个教学周，教学进度均为每两周讲授一个单元，本学期共讲授 8 个单元；授课内容均为教学大纲规定的内容。

现将两个班的词汇教学方法分别举例说明。

（一）实验班

实验班采用基于概念隐喻的词汇教学方式，利用映射原理，指导学生利用熟悉的知识去认知理解陌生的知识。

1. “absolutely”的教学过程

用时大约 10 分钟。

课文中“ABSOLUTELY”全部用大写字母书写，从一个方面表达了网民的坚定之意，也就是网民对问题持有完全肯定的态度。

为了让学生能够准确体会到发帖者回答的真实意图，笔者在实验班利用词根、词缀知识进行教学。具体过程如下：

首先，把单词切分成词缀、词根，然后分别讲授各部分的意义，最后放在一起生成单词。

“absolutely”，由前缀“ab-”，词根“solut”，不发音的字母“-e”和副

词后缀“-ly”组成。前缀“ab-”可以从“abnormal”和“absent”中猜出为“not”之义；词根“solut”是“loosen”之义；“absolute”的字面意思就是“不能溶解”，到了“不能溶解的”地步，也就是“饱和了”，到了“极端”。因此，“absolutely”表示“绝对地、肯定地、极端地”意思就不难理解了。笔者给出下面汉语句子进行汉译英练习。

a. 午夜时分清华大学万籁寂静。

b. 李教授斩钉截铁地说：“美是不能用任何绝对标准来衡量的。”

c. 老王父亲的决定已成定局。

d. 小张被你气死了。

在翻译句子时，笔者对各个题目进行了如下提示：

“万籁寂静”就是这“安静到了不能再安静，安静到了极点，绝对地安静”；“斩钉截铁”就是“态度十分坚定，不容置疑”；“定局”就是“不能再更改”；“被某人气死了”就是说“生气到了极点”。

从学生的课堂表现来看，大部分学生基本上能够翻译出“absolute silence”“absolute certainty”“absolute standard”和“absolutely angry with”等。当然，在句子中难免有点语法错误，笔者都进行了当堂指正。

下面的译文是学生当堂讨论后修改而成的，笔者认为该译文还算得体，也基本达到了教学目的。

a. Tsinghua University was in absolute silence in the dead of night.

b. Professor Li said with absolute certainty, “Beauty cannot be measured by any absolute standard.”

c. The decision of LaoWang’s father is absolute.

d. Xiao Zhang was absolutely angry with you.

2. “insistence”和“persistence”的教学过程

用时大约 6 分钟。

笔者是这样向学生讲“insistence”和“persistence”之间区别的。

网友是用下面这个帖子来回答版主的提问的，“Whatever you do you need persistence, so does punctuality.”（无论你做什么都需要坚持，守时也是这样）。从这个句子的译文来看，“persistence”有“坚持”和“持之以恒”的意思。笔者把“persistence”进行切分，其前缀“per-”表示“从头到尾，自始至终”的意思，所以“persist”表示“坚持做某事”，表示“过程”。然后笔者把近义词“insistence”写在黑板上，同样也进行了切分，告诉学生前缀“in-”表“在……点上”的意思。然后让学生就“persistence”和“insistence”进行近义词辨析。经过自由讨论，绝大多数学生能够分清“persistence”表示“毅力”，“insistence”表示“立场、观点”。

最后笔者给出下面的选择题让学生练习。

a. If you have persistence, you continue to do something even though it is difficult or other people are against it.

b. I try to find a balance between insistence and compromise.

3. “branch”的教学过程

用时大约 4 分钟。

“branch”，笔者告诉学生原义是“树枝”，还有“(企业或组织的)分支机构、分部、分店”的意思。

然后，笔者把下面的两幅图片展示给学生。

图 6–1 树枝

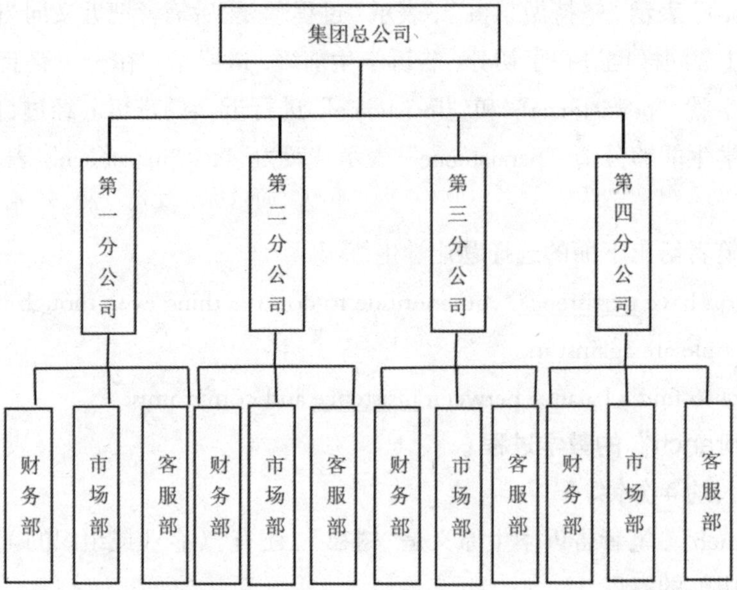

图 6-2 企业的分支机构

请同学讨论并说出上面两幅图的相似点，然后教师总结点评，最后让学生把“The local branch of Bank of America is handing the accounts.”译成汉语，学生大都能翻译出来。参考译文是“美国银行在当地的分行正在处理这些账目。”

另外，当笔者再次上课时进行了班内随机抽查，发现学生仍能正确给出译文。

（二）控制班

在控制班进行词汇教学时，教师大体上是先讲解发音要领，然后领读、释义，最后给出例句或进行练习，下面以实例说明。

1. “absolutely”的教学过程

用时大约 10 分钟。

“absolutely”，首先告诉学生该单词的读音为 ['æbsəlu:tli]，然后领读单词。

然后，告诉学生该单词的词性为副词，义项为“绝对地”“肯定地”和“极端地”；形容词形式为“absolute”，义项为“绝对的”“肯定的”和“极端的”。

最后，让学生进行汉译英练习，采取集体讨论、个别提问的方式。

a. 午夜时分清华大学万籁寂静。

b. 李教授斩钉截铁地说："美是不能用任何绝对标准来衡量的。"

c. 老王父亲的决定已成定局。

d. 小张被你气死了。

通过提问得到学生的如下答案：

a. Tsinghua University was very silent in the dead of night.

b. Professor Li said with quite certainty, "Beauty cannot be measured by any kind of standard."

c. Lao Wang's father's decision is definite.

d. Xiao Zhang was absolutely angry with you.

2. "insistence"和"persistence"的教学过程

用时大约 6 分钟。

"insistence"和"persistence"，先领读单词，告诉学生两个单词的读音分别是 [in'sistəns]、[pə'sistəns]，意义分别表示"坚持做某事"和"坚持……观点"的意思。

然后让学生把"insistence"和"persistence"填写在下面两个句子的空白处，即做选词填空练习。

a. If you have ________, you continue to do something even though it is difficult or other people are against it.

b. I try to find a balance between ________ and compromise.

3. "branch"的教学过程

用时大约 4 分钟。

"branch"，首先领读单词，告诉学生该词的读音是 [bra:ntʃ]，然后进行词义讲解，该词意思是"（企业或组织）的分支机构、分部、分店"的意思。最后让学生完成下面的英译汉练习。

The local branch of Bank of China is handing the accounts.

采用小组讨论、组长回答的方式，大部分小组能够当堂翻译出"分支机构"的意思，但是下次课笔者现场抽查的时候，发现有的小组已经不能正确翻译了。

然后给出参考译文"中国银行在当地的分行正在处理这些账目。"

最后让学生进行比对。

第四节　结果与讨论

一、实验前调查问卷数据收集与分析

笔者于学期初（2012 年 9 月下旬）对两个教学班进行了问卷调查（问卷见附录 1），笔者作为两个班的任课教师，充分发挥有利条件，采用“即时发卷，现场答疑，现场回收”的方式，两个班分别发放问卷 60 份，回收问卷 60 份，回收率和有效率全部 100%。问卷包含下面四个方面的问题：

①学生对词汇学习的认识和态度（第 1~3 题）

②学生目前词汇学习使用的方法（第 4~11 题）

③学生对改革词汇教学方式的态度（第 12~14 题）

④学生对概念隐喻词汇教学法的了解程度（第 15 题）

问卷统计结果包括选此项的人数和所占百分比（百分比按四舍五入的原则保留两位小数）两项，统计结果请看表 6–1。

表 6–1 学生对词汇学习的认识和态度

题号	选项 A（人数 / 百分比）	选项 B（人数 / 百分比）	选项 C（人数 / 百分比）	选项 D（人数 / 百分比）
1	3 / 2.50%	43 / 35.83%	32 / 26.67%	42 / 35.00%
2	12 / 10.00%	11 / 9.17%	82 / 68.33%	15 / 12.50%
3	23 / 19.17%	11 / 9.17%	53 / 44.17%	33 / 27.50%

表 6–1 中的题目主要是用来调查学生对词汇学习的认识和态度的。

在第 1 题中，有 35.00% 的学生认为“词汇学习非常重要”，有 35.83% 的学生认为“词汇学习重要”，有 26.67% 的学生认为“词汇学习比较重要”，这说明绝大部分学生认识到了词汇在英语学习中的重要性。

在第 2 题中，当笔者问到英语词汇学习的难度时，有 68.33% 的学生认为“比较难”，有 12.50% 的学生认为“非常难”，而认为“容易”和“难度一般”的分别占到 10.00% 和 9.17%，这说明大部分学生认为英语词汇学习有一定的难度。

在第 3 题中，当笔者调查到学生对词汇学习的态度时，选“不喜欢”“讨厌”和“害怕”的分别达到 44.17%、9.17% 和 19.17%，这说明学生缺乏英语词汇学

习的积极性和主动性。

学生已普遍认识到了词汇学习的重要性，但由于种种原因出现了不喜欢、害怕甚至讨厌学习的情况，在这种情况下，改革现行的词汇教和学的方式和方法就迫在眉睫了。

表 6–2 学生词汇学习使用的方法

题号	选项 A（人数 / 百分比）	选项 B（人数 / 百分比）	选项 C（人数 / 百分比）	选项 D（人数 / 百分比）
4	28 / 23.33%	54 / 45.00%	25 / 20.83%	13 / 10.83%
5	5 / 4.17%	12 / 10.00%	60 / 50.00%	43 / 35.83%
6	7 / 5.83%	19 / 15.83%	56 / 46.67%	38 / 31.67%
7	46 / 38.33%	52 / 43.33%	14 / 11.67%	8 / 6.67%
8	23 / 19.17%	59 / 49.17%	26 / 21.67%	12 / 10.00%
9	22 / 18.33%	57 / 47.50%	26 / 21.67%	15 / 12.50%
10	41 / 34.17%	46 / 38.33%	19 / 15.83%	14 / 11.67%
11	43 / 35.83%	45 / 37.50%	18 / 15.00%	14 / 11.67%

表 6–2 中的题目主要是用来调查学生的词汇学习方法的。

从第 4 题可以看出，选择“一直都是根据发音规则记忆单词”和“经常根据发音规则记忆单词”的比例分别是 23.33% 和 45.00%，可见大部分学生是采用这一传统的词汇记忆方法的。

在第 5 题中，选择“经常采用朗读的办法记忆单词”的和“一直都是采用朗读记忆单词”的分别达到了 50.00% 和 35.83%；在第 6 题中，选择“经常采用抄写的办法记忆单词”和“一直都是采用抄写的办法记忆单词”的比例分别是 46.67% 和 31.67%。从以上两题可以看出，采用朗读和抄写记忆单词的比例较大，这说明学生的学习方法比较机械，需要改变学习方法，提高学习效率。

第 7 题，在使用事物的分类把表示同类事物的单词放在一起记忆的方法中，选择“偶尔使用”和“从来不使用”的比例分别有 43.33% 和 38.33%，这说明大部分学生很少使用归类记忆的方法，学生平时学习单词的方法不科学。

第 8、9 题是调查学生在利用词根、词缀知识学习单词的情况，从统计数据来看，有 18.83% 的学生“从来不使用”，有 47.50% 的学生“偶尔使用”，说明学生在利用词根、词缀知识学习单词上还很不够。

第 10、11 题，主要是用来调查学生使用联想的方法和比喻义的方法进行词义辨析时情况，有 34.17% 的学生“从来不使用”上述两种方法，有 37.50% 的学生“偶尔使用”，这说明学生利用联想和比喻义的方法进行词汇辨析和产出的水平有待提高。

从学习方法上来看，学生很少运用概念隐喻的方法来学习词汇，而采用机械地朗读、抄写的方法来记忆单词的百分比很高，这也是造成学生词汇产出低的原因之一。

表 6–3 学生对改革词汇教学方式的态度

题号	选项 A（人数 / 百分比）	选项 B（人数 / 百分比）	选项 C（人数 / 百分比）	选项 D（人数 / 百分比）
12	6 / 5.00%	13 / 10.83%	67 / 55.83%	34 / 28.33%
13	7 / 5.83%	12 / 10.00%	59 / 49.17%	42 / 35.00%
14	2 / 1.67%	11 / 9.17%	56 / 46.67%	51 / 42.50%

表 6–3 中的题目主要涉及学生对改革词汇教学方式方法的态度。

第 12 题主要调查学生对自己现在词汇学习方法有效性的认同度，认为“十分有效”和“有效”的分别有 5.00% 和 10.83%，认为“效果不明显”和“一点效果都没有”的分别有 55.83% 和 28.33%。这说明学生认为目前的词汇学习方法效果并不理想。

第 13 题主要调查学生对上大学前的英语任课教师词汇教学方式的满意度，“十分满意”和“满意”的分别有 5.83% 和 10.00%，“不满意”和“十分不满意”的分别占到 49.17% 和 35.00%。这说明学生对基础教育阶段的英语词汇教学方式满意度不高。

第 14 题主要用来调查学生对改变词汇教学方式的态度，“希望改变”和“十分希望改变”的分别占到 49.17% 和 35.00%。这说明学生还是比较希望改变现行的词汇教学方式和方法的。

在现行的词汇学习方式和教学方式都不能令学生满意的情况下，学生对改革词汇教学方式的愿望是比较强烈的，改进词汇教学方式和方法成为任课教师的当务之急。

表 6–4 学生对概念隐喻词汇教学法的了解程度

题号	选项 A（人数 / 百分比）	选项 B（人数 / 百分比）	选项 C（人数 / 百分比）	选项 D（人数 / 百分比）
15	8 / 6.67%	15 / 12.50%	67 / 55.83%	30 / 25.00%

表6–4中只有一道题，这道题是用来调查学生对基于概念隐喻的大学英语词汇教学方式的了解程度的。从调查的数据来看，其中选择“不怎么了解”和“不了解”的共占到80.83%。这说明大部分学生不太了解这种教学方法，这种教学方法对大部分学生来讲都比较新颖，这就具备了推广这种方法的可能性和必要性。

综上，笔者可以得出两点结论：一是学生知道词汇在英语学习中的重要性，但许多学生不喜欢甚至害怕英语学习。这是因为他们词汇学习方法很不科学，最终导致词汇产出水平不高。二是学生很想提高词汇产出水平，他们期望任课教师改变教学方式和方法。

这些调查结果为下一阶段的教学方法设计指明了方向。

二、高考英语成绩分析

开学前夕，笔者在学校教务部门收集了实验班和控制班的英语高考入学成绩（见附录3和4），分别运用SPSS 17.0进行了数据分析，结果如下。

表6–5 实验班和控制班高考英语成绩基本情况统计表

班级	N	全距	极小值	极大值	均值	标准差
实验班	60	57.00	68.00	125.00	102.17	13.34
控制班	60	53.00	77.00	130.00	101.37	13.37

表6–6 实验班和控制班高考英语成绩独立样本检验

<table>
<tr><td rowspan="3" colspan="2"></td><td rowspan="2" colspan="2">方差方程的 Levene 检验</td><td colspan="7">均值方程的 T 检验</td></tr>
<tr><td colspan="5"></td><td colspan="2">差值的 95% 置信区间</td></tr>
<tr><td>F</td><td>Sig.</td><td>t</td><td>df</td><td>Sig.（双侧）</td><td>均值差值</td><td>标准误差值</td><td>下限</td><td>上限</td></tr>
<tr><td rowspan="2">英语</td><td>假设方差相等</td><td>0.082</td><td>0.775</td><td>0.328</td><td>118</td><td>0.743</td><td>0.800</td><td>2.438</td><td>–4.028</td><td>5.628</td></tr>
<tr><td>假设方差不相等</td><td>—</td><td>—</td><td>0.328</td><td>117.999</td><td>0.743</td><td>0.800</td><td>2.438</td><td>–4.028</td><td>5.628</td></tr>
</table>

从表6–5可以看出，实验班的高考英语入学成绩平均成绩为102.17分，标准差为13.34，最高分为125，最低分为68，全距57；控制班高考英语入学成

绩平均分为 101.37 分，标准差为 13.37，最高分 130 分，最低分为 77 分，全距 53。从上面的描述性统计数据我们不难看出，笔者所选取的两个班英语高考入学成绩相差不大，基本符合实验要求。

从表 6–6 可以看出，两个班的高考入学成绩的独立样本检验显示，方差方程的 Levene 检验表明变量显著性概率（Sig.）为 0.775>0.05，这说明两组数据的方差方程齐性，即方差相等，符合独立样本检验的条件。

在方差相等的条件下，本次均值方程的双尾 T 检验的显著性概率 P=0.743>0.05。这说明两组数据差异不显著，即实验班和控制班的高考入学英语成绩没有显著性差异。另外，差值的 95% 置信区间为 [–4.028，5.628]，这个区间包含 0。这也表明两组平均值差异不显著。

综合上面的描述性数据和独立样本检验的数据，我们可以得出两个班的高考英语入学成绩在总体水平上没有显著性差异，即同质。

三、试卷测试的数据收集与分析

吕长竑认为综合性语言水平测试中的词汇测试题和完形填空中词汇题都是在一定语境条件下（前者为句子，后者为语篇）对词语语义、用法、搭配等知识的测试，被试要根据语境做出恰当的选择。

这种题型所测试的内容等同于本章所界定的词汇产出深度。因此，本章采用综合性语言水平测试中的词汇测试单选题的词汇题作为度量工具来测试被试的词汇产出深度。

（一）前测

开学初（2012 年 9 月下旬），笔者集中对实验班和控制班进行了一次词汇产出深度的测试(前测试卷见附录 5，前测成绩见录 7 和 8)，测试时间为 30 分钟，共有 120 名学生参加。笔者对收集到的数据利用 SPSS 17.0 进行了描述性分析和独立样本检验，具体数据见表 6–7 和表 6–8。

表 6–7 实验班和控制班词汇产出深度水平前测描述性统计表

	N	全距	极小值	极大值	均值	标准差
实验班	60	13	3	16	9.05	2.861
控制班	60	14	1	15	9.48	2.600

表 6–8 实验班和控制班的词汇产出深度水平前测独立样本检验表

		方差方程的 Levene 检验		均值方程的 T 检验						
									差值的 95% 置信区间	
		F	Sig.	*t*	df	Sig.（双侧）	均值差值	标准误差值	下限	上限
英语	假设方差相等	0.565	0.454	–0.868	118	0.387	–0.433	0.499	–1.422	0.555
	假设方差不相等	—	—	–0.868	116.942	0.387	–0.433	0.499	–1.422	0.555

从表 6–7 可以看出，在前测中实验班和控制班平均分的差值为 0.43 分，相差不大。

在表 6–8 中，方差方程的 Levene 检验的显著性概率（Sig.）为 0.454>0.05，这说明两组数据的方差方程差异不显著，即方差齐性，可以进行独立样本检验。

在方差齐性（方差相等）的条件下，本次均值方程双尾 T 检验的显著性概率 P=0.387>0.05，这说明两组数据差异不显著。另外，差值的 95% 置信区间为 [–1.422, 0.555]，区间包含 0，这也说明两组数据差异不显著，即实验班和控制班在词汇产出深度上没有显著性差异，两个班同质。

（二）后测

2013 年 1 月 5 日，笔者对两个班进行了词汇产出水平后测（后测试卷见附录 6，后测成绩见附录 9 和 10），目的是检验经过一学期的教学，两个班的学生在词汇产出深度上有何变化。测试共用时 30 分钟，所有试卷均全部回收后由笔者批改。笔者把收集的成绩使用 SPSS 17.0 进行了描述性分析和独立样本检验，得到以下数据。

表 6–9 实验班和控制班的词汇产出深度水平后测描述性统计表

	N	全距	极小值	极大值	均值	标准差
实验班	60	6	12	18	14.02	1.692
控制班	60	8	9	17	13.35	1.412

表 6–10 实验班和控制班的词汇产出深度水平后测独立样本检验表

		方差方程的 Levene 检验		均值方程的 T 检验						
									差值的 95% 置信区间	
		F	Sig.	*t*	df	Sig.（双侧）	均值差值	标准误差值	下限	上限
英语	假设方差相等	2.837	0.095	2.160	118	0.033	0.600	0.278	0.050	1.150
	假设方差不相等	—	—	2.160	113.110	0.033	0.600	0.278	0.050	1.150

从表 6–9 可以看出，在本次测试中，实验班的平均分是 14.02 分，控制班的平均分是 13.35 分，实验班比控制班高 0.67 分，有一定差异。

再看表 6–10，方差方程的 Levene 检验的显著性概率（Sig.）为 0.095>0.05，说明两组数据的方差差异不显著，即方差齐性，符合独立样本检验的条件。

在方差齐性（方差相等）的条件下，本次均值方程双尾 T 检验的显著性概率 P=0.033 < 0.05。这说明两组数据差异显著。另外，差值的 95% 置信区间为 [0.050, 1.150]，该区间不包含 0，也说明上面两组数据差异显著。

因此，经过一学期的实验教学，实验班的成绩优于控制班，即基于概念隐喻的词汇教学法在提高学生词汇产出深度上有显著作用。

表 6–11 实验班和控制班英语词汇产出平均成绩实验前后的变化情况统计表

班级	前测平均分	后测平均分	提高分	提高百分比
实验班	9.05	14.02	4.97	54.92%
控制班	9.48	13.35	3.87	40.82%

从表 6–11 可以看出。实验班和控制班的词汇产出深度成绩均有了显著提高，但他们提高的百分比并不相同，其中实验班为 54.92%，控制班为 40.82%。这说明两个班的学生经过一个学期的英语学习后，词汇产出深度能力较之入学时均有了显著提高。

这种变化一方面与学生的成长有关，另一方面也有笔者前测所选择的时间点（2012 年 9 月下旬）有关。一是学生经过长达 3 个月的“大休假”和“大放松”，学生的英语有所遗忘在所难免。二是军训刚刚结束，学生身体比较劳累。三是学生刚刚迈进大学校园，对大学生活还比较陌生，还不能完全适应。以上这些都在一定程度上影响了学生的发挥，从而造成前测的平均分相对比较低。相反，经过一学期的大学英语集中学习，学生的成绩出现较大的反弹也在情理之中。

另外，从表 6–11 我们还可以看出两个班的成绩虽然都有提高，但提高的百分比明显不同，实验班比控制班高了 14.1 个百分点。从这一点上来看，基于概念隐喻的词汇教学法在提高学生词汇产出深度上有比较好的作用。

四、实验后调查问卷的数据收集与分析

笔者于 2013 年 1 月上旬（教学实验结束前的最后一次课上）在实验班进行了一次问卷调查（问卷见附录 2），主要是调查学生对基于概念隐喻的词汇教学方法的评价。概括起来主要包括以下四个方面：

一是学生对词汇教学方式改革的态度及目前对词汇学习的态度（第 1 题、第 2 题）；

二是学生对本学期词汇教学效果的认同度（第 3 题 ~ 第 7 题）；

三是对今后继续采用这样的词汇教学方式的态度（第 8 题）；

四是开放性问题（第 9 题）。

调查问卷共由 9 道题目组成，其中客观题目 8 道，主观题目 1 道。客观题要求被调查者从四个选项中选择一个最符合自己实际情况的选项。主观题采用开放式题目，要求被调查者根据自己的实际情况对本学期老师所使用的词汇教学方式进行评价。

本次调查共发放问卷 60 份，回收有效问卷 60 份，回收率和有效率都为 100%。

表 6–12 学生对本次词汇教学改革及目前对词汇学习的态度

题号	选项 A（人数 / 百分比）	选项 B（人数 / 百分比）	选项 C（人数 / 百分比）	选项 D（人数 / 百分比）
1	32 / 53.33%	25 / 41.67%	1 / 1.67%	2 / 3.33%
2	2 / 3.33%	1 / 1.67%	53 / 88.33%	4 / 6.67%

表 6–12 中的题目主要是用来调查学生对本次词汇教学改革和目前对词汇学

习的态度的。第 1 题是关于学生对本学期老师进行的词汇教学改革的态度的，选择“很喜欢”和“喜欢”的分别占 53.33% 和 41.67%。这说明本次教学改革得到了绝大多数学生的认同和支持。

第 2 题是用来调查学生经过为期一个学期的教学实验后对词汇学习的态度的。从收集到的数据来看，有 88.33% 的学生选择了“经过本学期的学习对词汇学习更喜欢”了，而选择“更讨厌”和“更不喜欢”的学生仅占 5%，可见基于概念隐喻的词汇教学方式能够激起绝大多数学生对词汇学习的兴趣。

由此可见，概念隐喻理论指导下的二语词汇教学是一种深受学生欢迎的词汇教学方式，能够激发学生的词汇学习兴趣。兴趣是最好的老师，这为提高词汇产出深度奠定了一定的基础。

表 6–13 学生对本学期教学效果的认同度

题号	选项 A（人数 / 百分比）	选项 B（人数 / 百分比）	选项 C（人数 / 百分比）	选项 D（人数 / 百分比）
3	26 / 43.33%	30 / 50.00%	3 / 5.00%	1 / 1.67%
4	28 / 46.67%	31 / 51.67%	1 / 1.67%	0 / 0%
5	22 / 36.67%	34 / 56.67%	2 / 3.33%	2 / 3.33%
6	35 / 58.33%	21 / 35.00%	3 / 5.00%	1 / 1.67%
7	40 / 66.67%	19 / 31.67%	1 / 1.67%	0 / 0%

表 6–13 里的题目主要是用来调查学生对本学期词汇教学效果的认同度的。第 3 题调查基于概念隐喻的词汇教学法是否有助于提高学习者对词汇的记忆，有 43.33% 和 50.00% 的学生选择“非常有帮助”和“有帮助”，仅有 1.67% 的学生选择“没有任何帮助”。可见，这种词汇教学方式有助于学生对词汇的记忆。

第 4 题是用来调查本教学法对提高学生词汇运用能力的，这涉及了词汇的产出。数据显示，有 46.67% 和 51.67% 的学生选择了“非常有帮助”和“有帮助”，有 1.67% 的学生选择了帮助不大，没有学生选择“没有任何帮助”。可见把概念隐喻理念应用到词汇教学上，能够提高学生的词汇产出水平。

第 5 题主要是用来调查本教学法在提高学生词汇产出深度中的作用，有 36.67% 和 56.67% 的学生选择了“非常有帮助”和“有帮助”，可见学生对本教学法在提高其词汇产出深度方面的作用是认同的。

第 6 题主要调查本教学法在帮助学生掌握一词多义现象时的作用，有

58.33% 和 35.00% 的学生选择了“非常有帮助”和“有帮助”，这说明本教学法有助于学生掌握多义词的各个义项。

第 7 题主要调查本教学法在提高学生整体英语水平中的作用，有 66.67% 和 31.67% 的学生认为“很有帮助”和“有一些帮助”，没有学生选择“没有任何帮助”。

从调查到的数据来看，绝大多数学生认为基于概念隐喻的词汇教学法有助于加强对词汇的记忆，有助于提高词汇产出深度和英语综合水平，是一种行之有效的二语词汇教学方法。

表 6–14 学生对继续使用这样的词汇教学方法的态度

题号	选项 A（人数 / 百分比）	选项 B（人数 / 百分比）	选项 C（人数 / 百分比）	选项 D（人数 / 百分比）
8	41 / 68.33%	18 / 30.00%	0 / 0%	1 / 1.67%

表 6–14 只有一道题目，是用来调查学生对今后继续使用这种词汇教学法的态度的。从调查的数据可以看出，有 68.33% 和 30.00% 的学生选择“很希望”和“希望”，没有学生选择“不希望”。这说明这种教学方式是受学生欢迎和喜爱的。作为一名教师有责任和义务深入探索并进一步推广这种教学方式，以提高学生的词汇产出水平，改变词汇教学“费时低效”的现象。

第 9 题是开放性题目，下面是笔者对问卷进行梳理后的观点。

优点：这种词汇教学方式具有形象生动的特点，把枯燥的词汇死记硬背变成趣味十足的词汇学习；有利于帮助学生掌握单词的搭配及使用，提高词汇的产出水平；能够调动学生学习英语的积极性和主动性。

不足：老师就这种教学方法的理论讲授较少，学生既要知其然，又要知其所以然；老师对学生个体辅导较少，对学生的个性发展关注较少。

通过对本次调查问卷进行分析，我们发现基于概念隐喻的词汇教学法已被实验班的绝大多数学生接受。通过课堂上这种形式的词汇讲解，学生不再害怕词汇学习了，更重要的是感觉自己对词汇的记忆和使用水平明显提高。绝大多数学生希望老师继续使用这种方法进行词汇教学。

由于这次词汇教学改革尚处于探索阶段，肯定还存在很多不尽如人意的地方，从学生的问卷中笔者也发现了一些问题，这些问题需要教师在今后的教学中统筹考虑解决方案。

五、结果分析与教学建议

（一）结果分析

Lakoff 和 Johnson 指出人的思维过程是隐喻的，语言是思维的工具，因此语言中的隐喻来自于人的概念体系中的隐喻。认知语言学认为比喻性语言和非比喻性语言无甚差别，日常语言中充满了隐喻，完全不带隐喻的句子只占极少数。普通语言中大约 70% 的表达方式是源于隐喻。因此，利用概念隐喻指导二语词汇学习顺理成章。

Lakoff 和 Johnson 站在经验主义语义观的高度指出人们的经验和认知能力在语义解释中有重要作用。Ungerer 和 Schmid 认为思维是不能脱离形体的，即用来连接概念系统的结构来自于身体经验，并依据身体经验而有意义，即隐喻是人类认知、思维、经历、语言甚至行为的基础。

我们知道，人们在日常生活中经常参照熟悉的、有形的、具体的概念来认知、思维、经历、对待无形的、难以定义的概念，这就是 Lakoff 和 Johnson 所定义的概念隐喻。比如，笔者在词汇教学通过讲授学生比较熟悉的词根、词缀的相关知识，然后把这些词根、词缀进行排列组合，就会得到一些新词。这些新词既有区别又有联系，联系是区别的基础，区别寓于联系之中。这就好比把不同的溶剂放到装有不同溶质的容器中，就会生成不同的溶液。只要掌握了溶剂的特性，就能基本知道溶液的特性。这样就能让学生全面灵活地掌握这批单词及其具体的用法。

因此，这种概念隐喻指导下的词汇教学就是从学生熟知的认知域向陌生的认知域进行投射，是充分利用学生的身体经验进行的。即学生在词汇学习过程中利用自己的日常生活经验形成意象图式，或者从熟悉的始发模型向陌生的目标模型进行投射，最终达到对目标模型的全面吸收和内化。

（二）教学建议

谢之君认为从理论上讲任何一个词汇都是隐喻化的结果，因此借用概念隐喻提高词汇产出深度理所当然。

教师在二语词汇教学过程中要做到以下几点：

第一，要树立英语词汇教学是一个系统工程的教学思想。教师在具体实践中要从教和学的两个方面入手，用简洁明了的语言解释抽象复杂的客观现象，鼓励学生采用多种方式的词汇学习策略，尤其是充分利用学生的身体经验，并依据身体经验来做出有意义的判断并把抽象概念进行概念化。

第二，要遵循成本 / 效益假说，对高频词要精讲多练，鼓励学生在语言产出中及时使用新学的词汇，注重词语的前后搭配，加深词汇深度知识的输入，加大受纳性词汇向产出性词汇转化，尤其向词汇产出深度的转化。

第三，要让学生树立词汇产出尤其是深度产出是一个长期积累的过程的思想，不可能一蹴而就，要打持久战和攻坚战。另外，要鼓励学生在日常的英语词汇学习中勤动脑、多动手，充分利用自己的感官来感知世界，努力在大脑中形成方位图式、路径图式和容器图式等概念域，并能在不同概念域间实现快速映射。

第五节　小结与反思

词汇能力是衡量二语学习者语言能力的重要标准，而词汇深度产出水平又是衡量学生词汇能力的重要尺度之一。因此，想方设法提高学生的词汇产出深度就尤为重要了。

本章以 Lakoff 和 Johnson 的概念隐喻理论为指导，借用 Nation 的词汇产出框架，以 CZ 大学 2012 级语文教育专业两个行政班为被试，其中一班为实验班，二班为控制班，进行了为期一个学期的概念隐喻理论指导下的英语词汇教学实验，希望概念隐喻理论能有效提高二语学习者的词汇产出深度。

通过词汇测试试卷所收集到的数据充分说明概念隐喻指导下的二语词汇教学能够有效提高学生的词汇产出深度，该方法是一种行之有效的二语词汇教学法。从问卷的调查结果来看，学生对教师本学期进行的词汇教学改革持欢迎态度，认为这种教学方法能有效提高词汇学习效果，能够激发学生的英语学习兴趣。

然而，由于笔者的水平有限和其他客观条件的限制，本章还存在以下不足和需要改进的地方。

一是样本容量的问题。本章仅在 CZ 大学选择 120 名大专学生作为被试，样本选择的范围不够广泛，代表性不够强。这给实验结论的可验证性带来了一定的困难。

二是样本的性别比问题。本章被试的男女性别比是 10：110，男生偏少，女生偏多，性别比例不太合理。

三是实验时长问题。限于本课题的时间总体规划，本章的教学实验仅进行了一个学期，一学期的教学实验很难从根本上提高学生的二语词汇产出深度，这一点从词汇产出后测的均值方程双尾 T 检验的显著性概率偏大（P=0.033）也可以看出。

四是笔者的教学水平问题。笔者在概念隐喻理论与大学英语词汇教学的具体实践相结合的过程中也存在一定的偏差。这也在一定程度上影响了本章的信度和可验证性。

虽然本章存在一些不足和问题，但是概念隐喻理论指导下的二语词汇教学在提高学习者词汇产出深度方面的作用不能抹杀。这些不足和问题正是笔者在今后的教学和科研工作中继续努力和奋斗的方向。

第七章　概念隐喻理论视域下的对外汉语词汇教学

实际上，对外汉语词汇教学和国内英语词汇教学具有某些相同的属性。对于学习者来说，学习的都是一种新的陌生的语言，不是自己的母语。我们知道，词汇本身负载了一个民族的文化，学习其他民族的语言自然要了解该族的历史文化。显然，这对学习者来说也构成了不小的挑战。这种情况下的词汇教学自然不同于母语词汇的学习。因此，探讨一种能够提高学习者兴趣和效率的教学方法就显得十分有必要了。

第一节　对外汉语词汇教学研究概观

关于对外汉语词汇教学的研究相当多，但大多都集中在硕士学位论文上，而在核心期刊上发表的论文并不多见。综合来看，相关研究大多集中在认知法、三种对外汉语词汇教学的“本位观”、英汉语言对比、语境和情境教学法、思维导图、多模态教学法、文化词汇教学、图式理论和语义场理论等方面。

一、认知法

相关研究以概念隐喻理论、认知负荷理论、全身反应法（Total Physical Response Storytelling / TPRS）和词汇游戏教学法为主，具体如下。

赵亚男以概念隐喻理论为指导，研究了对外汉语教学中的名词教学，认为在对外汉语教学中应将词的意义、发生概念隐喻的概率、语法形式和对外汉语教学的实际相结合对词进行分类教学。她把词划分为“生物类名词”“身体类名词”和“动宾结构中的名词”，并分门别类地分析了它们各自的语义特点，通过对比来探讨它们互相搭配的动因。

孙一晖以认知负荷理论为教学设计的指导性框架，以 HSK 的初级词汇为研究对象，并在认知法的理论框架下进行了教学设计，认为教学设计的原则不能超越学习者的认知负荷。

朱丽娜分析了 TPRS 教学模式的理论基础及其对词汇教学的指导价值，通过实证研究的方式证明了 TPRS 教学法在对外汉语词汇教学中的适用性。另外，作者还深入分析了两个具体教学案例，提出了可理解输入的材料与目标词汇要紧密结合的教学建议。

徐金鑫利用词汇游戏教学法在波兰开展了教学实验，根据教学效果对相应教学环节进行完善，并对 colt 量表进行了改造。

二、三种“本位观”

我们知道，在对外汉语词汇教学领域比较有影响的三种理论分别为：“词本位观”“字本位观”和“语素教学法”。罗子沫和罗秋雅分别在“字本位观”和“语素本位观”的指导下开展了对外汉语词汇教学的实证研究。

罗秋雅认为对外汉语词汇教学与汉字教学不可分开，她从《体验汉语（高中）》选取了各种类型的词汇，结合自己海外汉语教学的实践，以“字本位观”为指导，制订出了自己的教学设计。

罗子沫分别探讨了“字本位观”“词本位观”和“语素教学法”三大词汇教学流派各长处和不足。最后，她从语素教学法入手，以在孔子学院问卷调查和访谈收集到的相关数据为基础，分析了对外汉语词汇教学中存在的问题，并结合部分重点词汇的教学实际制订了自己的教学设计。

三、英汉语言对比

英汉语言对比属于本体研究的范畴，但近年来把其研究成果推广到对外汉语教学事业中也十分常见，尤其是在词汇教学中。比如韩睿子、张思琦和游睿思就是利用英汉对比的研究范式开展对外汉语词汇教学的。

韩睿子深入研究了汉英“热 /hot”的各个义项，探讨了它们的隐喻意义的共性和差异，指出生理和文化因素是造成语言理解差异的主要原因。最后，她在概念隐喻理论的框架下制定了情景认知词汇教学法，也就是基于身体体验和感知的词汇教学法。

张思琦以概念隐喻和概念转喻为理论指导，以语料分析和汉英对比分析为手段，对“头 /head”进行了隐喻和转喻分析，认为“头”和“head”的异同点类似于“心”和“heart”的异同点。研究发现，“头 /head”由于处于身体外部，转喻多于隐喻，而“心 /heart”处于身体内部，隐喻多于转喻。基于此，张思琦主张把英汉词汇认知对比这一方法应用到对外汉语词汇教学中。

游睿思分析了“看”“安”和“气”三个单音节多义词的各个义项，通过英汉对比的方式，提出了英语母语者的词义教学方法的构想。游睿思研究发现英汉之间很少有完全一致的成分内容，另外语义关联假设词义教学法具有一定的可行性。

四、语境和情境教学法

从本质上讲，“语境”（context）这一概念来源于语用学，后来被借用到语言教学领域。从广义上来讲，“情境教学法”也是一种基于语境框架的教学模式。

杨瑒以美国学习者为被试，进行了为期三个月的教学实验，实验研究表明以语境理论为导向的词汇教学有利于学习者词汇深度知识的学习。

马佳玲研究发现，基于情境教学法的对外汉语词汇教学符合“结构—功能—文化”的教学理念。另外，她还发现不同词类在情境设置方面也存在共性。

邹紫晗研究了语境教学法的来龙去脉，并就在对外汉语词汇教学中开展语境教学法的可行性进行了分析，最后给出了初、中、高三个学段的词汇教学设计。

五、思维导图

思维导图（Mind Map），又被称作心智导图，是表达发散性思维的有效图形思维工具，最早是由 Tony Buzan 创立，广泛应用于记忆、学习和思考等领域，是一种简单易学高效的认知工具。

邓琦尝试将思维导图应用到对外汉语教学中，尤其是词汇教学，研究发现思维导图可以帮助学生建构话题词汇网络，有助于提升学生的汉语产出性词汇量。

弓建丽探讨了思维导图在对外汉语文化词语教学中的应用，通过访谈、问卷调查和词语测试等方法，她发现思维导图有利于提高留学生的学习兴趣，有利于提高他们的词汇学习效果，有利于帮助留学生建立汉语文化词语体系。

彭佳蓓运用思维导图法在斯拉夫大学进行了教学实验，并通过访谈法、课堂观察法等方法收集相关数据,研究发现思维导图是一种有效的词汇教学方式，该教学法可以帮助学习者转变学习方式，即从接受式学习转为探究式学习，从而进一步提高学习者的思维广度和深度。

六、多模态教学法

所谓多模态教学法是指综合运用视觉、听觉、触觉、嗅觉和味觉等感官来感知世界，通过多种感官跟外部环境进行互动的体验型教学范式。从本质上讲，多模态教学法的理论基础是基于身体体验的认知语言学。

岳琳以多模态话语分析理论为指导，综合文字、图像、音频和视频等多种刺激形式进行教学，调动了学生的主动性和积极性。她认为这种方式是兼顾课堂管理和教学内容的一种高效的教学方式。

卫晋菲把多模态理论运用到对外汉语词汇教学课堂上，数据分析表明多模态教学方式有助于提高学习者的积极性和学习效果，要强于传统的词汇教学方式。

李卢艳在多模态理论的指导下，开发了 HSK 中高级词汇的教学设计。该教学设计以学习者为中心，是一种有利于提高学习者的学习兴趣和学习效果的教学范式。

张瑞丽从二语习得、Nation 词汇知识教学框架和对外汉语的教学目标三个方面确立了图片辅助词汇教学的标准，并结合在泰国教学的实践经验建构了以量表为选图依据的图片辅助式教学模型，研究发现图片辅助式词汇教学有利于活跃课堂气氛，激发学生学习兴趣。

七、文化词汇教学

语言是文化的载体，文化赋予语言以生命。语言和文化密不可分，语言教学尤其是词汇教学绝不可能忽视文化教学。张妙雪、张林、李珊珊和郭桐等在这方面做过有益的尝试。

张妙雪通过对比汉语水平考试（HSK）新旧词汇大纲和文化类教材，发现地域文化在对外汉语教学过程中极易被忽视，她主张在汉语国际推广教科书编写和对外汉语教学的过程中要适当补充地域文化的内容。另外，还要编写包含地域文化的教辅读物。

潘琦以新疆大学留学生为被试，从留学生的文化词汇教学、教材编写和人才培养方案的制定等方面进行了研究，认为对外汉语文化词汇的教学尤其要注意教学设计和教材编写两个方面。

张林以“鱼”类词语为研究对象，分析了这类词的认知特征与语义的关系，认为外国人学习这类词语时要增强跨文化的意识，要结合具体的语境才能把握好词语的表层含义和深层含义。

李珊珊以在菲律宾的汉语教学实践为基础，提炼总结了三个文化词汇教学法：“文化词汇扩展法”“文化词汇故事讲解法”和“文化词汇影视解说法”。

侯志园把2008北京奥运会的中式菜名分为“写实菜名”和“写意菜名”，并对其命名规律和文化内涵进行了总结。然后提出了中式菜名的教学方法，即实物辅助教学、多媒体教学和利用词的聚类关系拓展教学等。

郭桐以赴泰汉语教育志愿者为被试，通过问卷、访谈和案例分析等方法分析了志愿者与学生的跨文化冲突现象，并提出了应对或缓解冲突的相关策略。

杜小博从中韩教师协同的角度对韩国汉语教材和韩国高中汉语教学情况进行了数据调查和分析，研究表明在对外汉语推广过程中应重视与韩国教师的合作，中方教师应积极向学生展示中国的最新国家面貌，让外国学生全方位了解中国，感受中国近年来翻天覆地的历史巨变。

八、图式教学法

图式（schema）是个心理学概念，起源于完形心理学对记忆的研究，后来Lakoff和Johnson将意象（image）和图式合并为“意象图式”（image schema）。后来，凡是提到“图式”一般指“意象图式”。我们知道，“意象图式”是认知语言学的重要研究领域之一。在对外汉语词汇教学实践中，张淑琪（2019）、陆羽然和李鹏等学者做过有益的尝试和探索。

张淑琪根据在泰国汉语教学的实践，以认知图式理论为指导，开展了汉语初级词汇教学实验，实验发现基于图式理论的对外汉语词汇教学能够培养学生的“图式”意识，能够帮助学生建构起词汇系统层级网络，是一种较为有效的词汇教学方式。

陆羽然从图式的激活与预测、图式的冲突与构建以及图式的练习和巩固等方面开展教学，研究发现这种“自下而上”的词汇教学模式有利于提高词汇学习者的兴趣和学习效果。

李鹏结合在泰国汉语教学的实践，以图式理论为指导改进了词汇教学方法，提出了基于图式理论的对外汉语词汇教学原则，并给出了完整的教学设计。

九、语义场理论

由德国语言学家 J. Trier 提出的语义场理论是现代语义学的基本理论之一。语义场理论是描写和解释语义聚合现象的工具和模型。从理论上来看，语义场具有层次性、系统性和相对性，在对外汉语词汇教学和英语词汇教学具有一定的指导意义。

张艺浓详细介绍了语义场理论、对外汉语词汇教学的相关研究和语义场理论在对外汉语词汇教学中的具体应用。结合对外汉语教学实践，他提出了语义场策略、联想策略、主题式教学策略和扩散式激活策略等。

刘婷婷把语义场的同义、反义、上下义、整体与部分四种关系运用在了对外汉语词汇教学中，教学实验证明该方法能够帮助学生快速记忆生词，扩大词汇量。

刘惠、辛儒靖以语义场理论为指导，强调在对外汉语词汇教学中要利用词语义项间的相互联系进行教学。他们还指出，从教材的编写到教师的教学等各个阶段都要贯穿语义场理论。

李建萍以语义场理论为理论基础，对《HSK 标准课程 3》中的词汇教学进行了一定的优化，提出了有针对性的教学策略和教学设计。

许舒宁主张对外汉语词汇教学应重点讲授词义，并充分利用词的聚合关系重现旧词，让新旧词汇重复交融，从而达到完善学生词汇语义网络的目的。

十、其他相关研究

除了上面几种相关研究外，笔者还检索到了下面的研究，有的是研究网络新词的教学、有的研究对外语教材的编写等。

庄园重点分析了网络用语的属性、特征和分类，论证了把网络用语纳入对外汉语教学的必要性，并提出了网络用语筛选的原则、标准和范围。最后，以“一言不合就 ×”“尬聊”“爆款”和“刷脸”为例给出了自己的教学设计。

张海艳通过对状中复合词进行语素分析，发现在教学中存在学生认知不明确、对词义的理解有偏差和学习方法总结缺失等三个问题。最后，她也结合自己的研究就状中复合词的对外汉语教学提出合理的教学建议和教学设计。

骆明弟主张在对外汉语词汇教学中要“因词施教”。具体来讲就是根据词语的凝固程度、意义的理解对语境的依存度、造词的不同特点、词语的聚合组合特点和词义的整体性进行因词施教。

张舒益在输入理论的指导下，进行了一次词汇教学实验。数据分析表明，输入理论指导下的对外汉语词汇教学是一种有效的教学方式，有利于提高学习者的词汇学习效果。

罗逸涵通过定量和定性研究相结合的方式，对不同国家的汉语初学者进行问卷调查和访谈，归纳总结出了不同的词汇学习策略和教学方式。

王珺以词汇联想法教学法在韩国的教学实践为基础，在对外汉语词汇教学过程中要充分利用词汇的组合、聚合关系来提高初级汉语学习者的语言水平。

陈惠晶通过在韩国高中为期一年的汉语任教经历，发现学生的词汇学习策略最高的是认知策略，其次是社会情感策略、记忆策略，最后是元认知策略。研究表明，学生在学习过程中要客观评价自己的情况，选择有效的学习策略，教师在教学过程中要联系生活实际，注重学生的个体化差异，因材施教。

张瑞从历时的角度出发，把词源学相关研究成果应用到对外汉语词汇教学中，并分析了单音节词和双音节词的历时演变，以留学生词汇使用的偏误为基础设计了具体的教学方案。

柯润兰分析了对外汉语高级综合课词汇教学的目的和特点，主张进行分层教学、利用语素和多义词义项的关联来扩充词汇，同时主张在对外汉语词汇教学中要多进行近义词辨析。

第二节　基于概念隐喻的对外汉语复合词教学

在本节，我们将在概念隐喻理论的指导下，结合汉语具体语言事实讨论对外汉语复合词教学的方法和策略。

一、“根”

“根”，本义是“高等植物的营养器官”，在功能上具有“把植物固定在土地上”“吸收土壤里的水分和溶解在水中的养分”“贮藏养料”等作用。

我们知道，“根”产生了很多比喻义，但是有时其示的意义却是相反的，请看下面的例子。

例（1）a. 老王晚来得子，这孩子是他们家的根儿。

b. 近年来，很多海外华人来中国寻根问亲。

在例（1）a 中，“根儿”表示“老王”的“儿子”，是他的“后代、后辈”；而在例（1）b 中，“根”表示的是“海外华人”的“祖先”，是他们“先人、长辈”。从意义上来看，例（1）中的两个“根”意义截然相反。为什么“根”的比喻义在这里却是截然相反的呢？在对外汉语教学中，如何向学生讲解呢？下面，我们结将合“根”的其他派生词进行分析。

（一）根子

我们检索了《现代汉语词典》（第 6 版），共查到了 26 个词条，分别是：

根本　根本法　根除　根底　根雕　根号　根基　根脚　根究　根据
根据地　根绝　根瘤　根毛　根苗　根深柢固　根深蒂固　根深叶茂
根式　根系　根由　根源　根植　根治　根状茎　根子

“根号”和“根式”是数学方面的专业术语，是从外文中翻译过来的，其理据性不是太强，我们暂且不讨论。

“根子”“根状茎”“根雕”“根瘤”“根毛”“根苗”“根深叶茂”和“根系”，这些词虽然其意义基本上是词汇义，或者说非常靠近词汇义，但是它们也有着广泛的其他方面的用法。请看下面的例子。

例（2）a. 有一次，他们在密林中迷了路，就采集寒葱、地黄根子、松子、榛子作食品，节约粮食，坚持巡逻。（《人民日报》，1974 年 11 月 1 日）

b. 党支部的关心和帮助，使回乡生产的人，能安心于农业生产，而且进一步坚定了他们在农村扎下根子、建设新农村的决心。（《人民日报》，1961 年 10 月 31 日）

c. 吉林市的大部分工人来自农村，他们从自己的亲身经历中体验到农业是国民经济的“根子”。（《人民日报》，1960 年 10 月 9 日）

例（2）a 中的“根子”是词汇义“根”，即“地黄”的“营养器官”，而在例（2）b、c 中“根子”已经不再是“高等植物的营养器官”了，已经是隐喻性的用法了。那么类似“根子”的这两种用法，教师应该如何进行教学呢？

认知语言学的概念隐喻理论认为人们习惯于用具体的概念来映射抽象的概念。具体到例（2）a 来说，“地黄根子”是看得见摸得着的，可以被我们的视觉和触觉所直接感知，因此是具体的概念；而例（2）b 是说“回乡生产的人”要长期立足农村参加农业生产，就像植物的“根”扎在土地里一样；例（2）c 中的“根子”更是比喻的用法，指“基础、关键”的意思。在教学中，可以采用图片法，向学生展示植物的根状图，如图 7–1 所示。

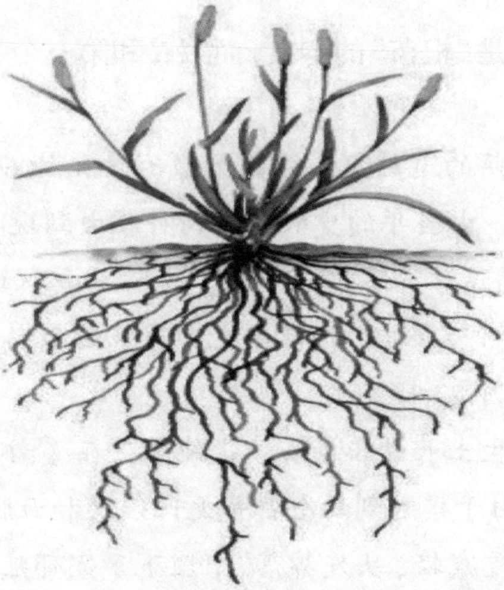

图 7–1 地黄根子

在图 7–1 中，根是向下生长深埋土壤中的，很明显植物的地下部分“根”其伸展范围都要比地上部分要大要广，这样一方面才能够被牢牢固定住，不被大风吹走，另一方面才能广泛地吸收水分和养分，为整株植物的生长提供充足的营料。这说明根在植物生长发育过程中具有十分重要的作用。同样的道理，例（2）b 使“回乡生产的人在农村扎下根子”，就是让“回乡生产的人”深入农村，把自己的辛勤汗水撒在农村的大地上。“扎下根子”的隐喻用法就不难理解了，也只用这样的方式才能让外国学生真正理解“扎下根子”的深刻含义。

在例（2）c 中，把“农业”比喻成“国民经济的‘根子’”，这说明“农业”

在国民经济中的地位和功能就像“根子”在植物中的地位和功能一样。用“根子”来类比“农业”，形象生动，说服力强。在教外国学生学习“根子”时，如果能恰当地运用图片，不仅能加强学生对该词的记忆，还能加深学生对该词的理解和运用。

（二）根苗

再看“根苗”一词的教学。《现代汉语词典》（第6版）把“根苗”解释为：
①植物的根或最初破土长出的部分；
②事物的来由和根源；
③指传宗接代的子孙。

显然，第一个义项是“根苗”的本义，而第二和第三个义项是其派生义。下面，请看例子。

例（3）a. 说起拉萨的造林史，张建如数家珍：从 60 年代的群众义务植树到 90 年代的工程造林，由当年的少数乡土树种扩大到现在引进的洋树种，由插干造林到带根苗、直播造林、容器苗造林，造林面积从过去的每年几千亩增加到“九五”期间的一年 5 万多亩，成活率也由原来的 30% 提高到 80% 多。（《人民日报》，2001 年 10 月 23 日）

b. 美国土生土长的华裔女子张纯如，在《南京浩劫——被遗忘的大屠杀》的写作过程中，由于接触到的全都是无比残忍和血腥的历史事实，经常“气得发抖、失眠噩梦、体重减轻、头发掉落”，埋下了忧郁症的根苗。[《人民日报》（海外版），2014 年 6 月 23 日]

c. 他可是李家唯一的后代根苗，父母视为掌上明珠。

在例（3）a 中，从“插干造林”到带“根苗”造林，这里“根苗”显然指“幼小的树苗”；例（3）b 中，华裔女子张纯如得了忧郁症，正是由于写作《南京浩劫——被遗忘的大屠杀》对心理的伤害。这里的“根苗”是指“原因、根源”；在例（3）c 中，“后代根苗”是一种同位结构，即“后代”就是指“根苗”，“根苗”就是指“后代”，这样的话，“根苗”作为后代子孙也不难理解。这个词的教学同样可以采用图片法，请看下图。

图 7–2 根苗

图 7–2 形象地向我们展示了什么是“根苗”，即刚刚破土而出的小苗，子叶还没有褪掉，非常弱小，也非常娇嫩，但总有一天会长成参天大树，能给人带来希望。“幼小的子女和后代”在这一点上与“根苗”有很大的相似性。这样的话，“根苗”的第三个义项就不难理解了。从上图我们不难想到，参天大树是由“幼小的根苗”一点点地一天天地成长起来的。换句话说，参天大树起源于幼小的根苗。这样联想就不难理解“根苗”有“来由、原因”之义项了。

（三）根源

“根源”，从语法范畴上来看是个兼类词，可以是名词，也可以是动词。作为名词，意指“使事物产生的根本原因”；作为动词，其后不直接带宾语，应属不及物动词，意为“起源”。换句话说，“根源”是个同形异类词，可以看作两个词，也可以算作一个词。请看下面的例子。

例（4）a. 在不远的将来，拥有复杂功能的“定制”器官或将替代真实的器官植入人体内，从根源上突破器官不足的“瓶颈”。（《科技日报》，2020 年 4 月 16 日）

b. 调查分析中西医医疗人员对中西医结合的认知、态度和行为及其相关影响因素，从认知根源分析影响中西医结合的因素，设计有的放矢的动力机制使中西医双方各展所长，在相互配合中加深认同，推动中西医结合救治应对重大疫情的常态化、自动化。（光明网—理论频道，2020 年 4 月 15）

c. 我们同属中华民族，两岸的文化传统、道德观念、生活习惯、思维方式根源于中华民族的广袤大地，几千年历史所凝成的两岸人民的血缘、宗法、感情和追求，是任何势力都无法改变的。（《人民日报》，1999 年 2 月 2 日）

d. 在互联网尚未普及的年代，图书馆成为最受大学生喜欢的地方；有的大学生周末在图书馆一待就是一天，甚至夜晚图书馆闭馆了也不愿意离开。如饥似渴的阅读，根源于他们对于精神食粮强烈而迫切的需求。（《中国教育报》，2020 年 1 月 7 日）

在例（4）a、b 中，“根源”为介词的后置成分，或者说是介词的宾语。单从这点来看，“根源”的语法范畴为名词。在例（4）c、d 中，“根源”为谓语的中心语，介词短语“于中华民族的广袤大地”和“于他们对于精神食粮强烈而迫切的需求”做谓句中心语的补语。

这里的“根源”一个用作动词，一个用作名词，并且在形态上没有任何变化，怎么向外国学习者尤其是母语有丰富形态变化的学习者来讲清这一点呢？

我们可以借用“零形式的概念”来对上述现象进行解释。我们知道英语中有名词后缀、动词后缀和形容词后缀等，比如只要在动词后面加上名词性后缀“–er”，该词就变成了名词，凡是以“–age”“–tion”“–sion”等后缀结尾的词一般都是名词，凡是以“–ate”“–fy”结尾的词一般都是动词，凡是以“–able”“–al”“–ant”“–ary”“–ic”和“–ous”等结尾的一般都是形容词。比如，例（5）a、b 中的单词就全部是名词，例（5）c 就全部是动词，例（5）d 就全部是形容词。

例（5）a. worker　farmer　teacher

b. bondage　altercation　repercussion

c. modulate　articulate　mortify　signify

d. amicable　global　radiant　sedentary　graphic　notorious

具体到“根源”来说，我们不妨认为动词“根源”为词根词，而名词“根源”是派生词。简单来说，名词“根源”是由动词“根源”后加了一个零形式的名词性后缀“Φ”，导致动词“根源”变成了一个名词。零形式的名词性后缀“Φ”只是在语音上没有值，在语义上的确存在，并且具有派生名词的句法功能。零形式并不是孤立的现象，无论是英语还是汉语都有不少例子，比如例（6）。

例（6）a. sheep（单数形式）→ sheep（复数形式）cut（原形）→ cut（过去式）→ cut（过去分词）

b. 顾大海请欧阳教授喝酒。

在例(6)a中，无论是单数形式的“sheep”还是复数形式的“sheep”，动词“cut”无论是原形，还是过去式和过去分词，它们在形态上并没有区别，但是它们却具有不同的语法意义。这种不同正是由零形式的后缀带来的。在传统上，一般将例（6）b看作兼语句。在例（6）b中，“顾大海”请“欧阳教授”唱酒，显然“顾大海”也喝，“顾大海”不会只看着“欧阳教授”喝而自己不喝。这也就是说“喝酒”的前面有个零形式的“顾大海”。例（6）的例子说明无论是在语法上还是在语义上都存在着零形式。

实际上，在分析“根源”的派生时，用到的正是语法隐喻理论，而语法隐喻是概念隐喻在词法中的应用。

（四）根植

“根植”，动词，意为“扎根”，多用于比喻。从结构上来看，“根植”属于偏正式的复合词，字面意思是“像根一样深深地扎进土壤里”。请看例子。

例（7）a. 赖阿芳的艺术理念根植于中国文化传统，对后世中国摄影师的文化心理和美学取向产生了深远的影响。［《人民日报》（海外版），2020年4月16日］

b. 中华文明根植于农耕文明，农耕文明承载着华夏文明生生不息的基因密码，是中华优秀传统文化、社会主义先进文化和革命文化的根脉，是坚定中国特色社会主义文化自信的根本依托。（《光明日报》，2020年4月14日）

在例(7)a中，“赖阿芳”的艺术理念“根植”于中国文化传统，说的是“赖阿芳的艺术理念”就像根一样深深地扎在中国文化传统的土地上，说明“赖阿芳的艺术理念”来源于中国传统文化，并在中国传统文化的深厚土壤里生根发芽。在例（7）b中，中华文明“根植”于农耕文明，也就是说“中华文明”的基础和起源是“农耕文明”，并且是吸收“农耕文明”的营养逐步成长起来的。这里“根植”里的“根”与高等植物的“根”十分相似。很明显，“根植”是个不及物动词，后面不能直接跟宾语，后面只能带介词短语做其补语。

我们对“根植”的意义和用法不难理解，但是对于外国学生来讲，怎样才能让他们深刻领会“根植”的意义并能正确使用该词呢？我们认为图片法还是比较好的方法。我们曾以某丝绸公司的广告宣传画为例。我们首先向学生解释图片的主要内容，该图使用写实与写意相结合的手法展现了该公司扎根本土、服务当地并茁壮成长的形象，最后该公司迎来了美丽的彩虹。然后再让学生大声朗读图上的广告语，“扎根本土，编织无限丝路梦想”。最后向学生这样解释，该丝绸公司正是因为把“根”深深地扎在肥沃的土地上，才取得了长足的发展；同样的道理，我们做学问也只有把自己的双脚根植于祖国的深厚土壤中才能取得丰硕的成果。

这样给外国学生讲解，我们相信一定会加深他们对“根植”的理解，也能提高他们的词汇产出水平，包括口语产出水平和书面语产出水平。

关于“根”的相关词汇的教学，我们就暂时就举以上四个例子。

二、“管”

“管”，从造字法上来看，从竹官声。“管”，起初为名词，①形声，从竹，官声，本义是指一种类似于笛的管乐器，后泛指管类乐器。②中国古代的一种管乐器，起初用玉制成，改用竹，有六孔，长一尺。解释如下：“竹，表竹制的六孔乐器；官，有器官义，表器官的各种功能。竹管吹奏所发声音，与器官各种功能相谐振。”

“管”字，是个上下结构的形声字，泛指笛、箫、号等管状乐器，也乏指中空的圆筒。后引申到管理上。

《现代汉语词典》（第 6 版）共列出了 33 个词条，其中“管教[1]”为方言词，我们暂不讨论，其他具体如下：

管保　管材　管道　管道运输　管段　管风琴　管护　管家　管家婆
管见　管教[2]　管界　管井　管控　管窥　管窥蠡测　管理　管片
管区　管事　管束　管辖　管弦乐　管线　管押　管涌　管用
管乐器　管制　管中窥豹　管子　管自

以上词语与乐器或音乐有关的仅有“管风琴”“管弦乐”和“管乐器”三个。“管”本来与乐器有关，现在用来表示“乐器”或“音乐”不难理解，但其他用法如何向外国学生进行讲解呢？

在上面的词汇中，不难看出由“管”派生出的各类词汇要么与“乐器”相关，要么与“管状物”相关，要么与“官”相关。前两个由“管”的本义派生，第三个可以从汉字的造字法——形声字——得到解释。由此可见，这些词并不是彼此孤立的，而是相互联系、相互映射的，它们在意义上存在着概念映射关系。下面结合实例进行分析。

（一）“管见”“管窥”与“管中窥豹”

“管见”是一个自谦的说法，谦辞，浅陋的见识，就像从管子里看东西一样，即看到的视野非常狭小。

“管窥”，是个书面语，比喻从管子里看东西，比喻所见比较片面。

“管中窥豹”，字面意思是指通过一个小管子来看豹子，只能看到豹身上的一块小斑纹，比喻只能看到事物的一小部分。

以上三个词的意思非常相近，其字面意思都是指通过管子看事物，喻指视野狭小，见识短浅。请看下面的例子。

例（8）a. 有的把竞争性政党制度归类在“旧式政党制度”范畴加以鞭挞，不懂对竞争性政党制度的辩证分析。对此，笔者梳理了自己的思路，提点管见。（中国社会科学网，2019 年 11 月 27 日）

b. 后虽因种种原因未得成功，但从中可管见何惠鉴与陆俨少共同的艺术趣味，此即董其昌及其倡导的文人画笔墨观。（《文汇报》，2019 年 11 月 13 日）

在例（8）a 中，“管见”在组合上充当谓语中心语“提”的宾语，受量词“点”的修饰，并且可以添加数词“一”，即“一点管见”。由此不难得出这里的“管见”为名词。显然，这里的“管见”是作者的谦称。在例（8）b 中，“管见”与能愿动词“可”组后，后接体词性成分“何惠鉴与陆俨少共同的艺术趣味”，由此可见这里的“管见”应为动词，其字面意思是“通过管子来看事物”。很明显，这里也是一种自谦的说法。名词“管见”与动词“管见”虽然语法范畴不同，但是它们却有着共同的语义基础，即都是“通过管子观察事物的事件或行为”。

例（9）a. 一套房子的 72 小时成为管窥社会万象的途径，用超过 80 个长镜头白描出生活的图景，整部影片以准纪录片的真实感抓住了观众，这种真实更来自影片故事带给每个人的设问。（《文汇报》，2020 年 3 月 12 日）

b. 书中还多次穿插着革命的重重阻碍，像袁世凯复辟失败、宋教仁被刺杀等事件，便于读者从侧面深入民国史，管窥时代风云。（《文汇报》，2020 年 4 月 5 日）

社会生活的方方面面、点点滴滴，都纷繁复杂。如果想从一个角度拍摄出反映社会生成万象的纪录片难度非常大，但在导演、摄影师的通力配合下，也并非不可能。在例（9）a 中，作者用“管窥”来形容摄影师在一套房子里利用 72 个小时拍摄记录复杂的社会万象，就好比用一根管子看世界一样，这显然是一种谦虚的说法。当然，这也从另一个侧面说明了工作的难度。在例（9）b 中，读者通过阅读民国史，可以从一个侧面来了解民国的历史风云和时代变迁。

在例（8）和例（9）中，“管见”和“管窥”用作动词时，它们显然是状中式的复合词，即通过管子来看或窥。对于这类词的教学可以使用情境教学法，即找一个管子，让学生通过管子来看外面的东西。这样，学生就不难理解为何“管见”和“管窥”的视野狭窄了。

例（10）a. 须知所有困难都是暂时的，看待问题切忌一叶障目、管中窥豹，否则就会以点概面、以偏概全。虽然疫情让我们“禁足”在家，少了过年的年味和乐趣，但是“宅家”防疫同样让生活节奏慢了下来，有了更多的时间陪伴家人。（江西网络广播电视台，2020 年 3 月 10 日）

b. 近日，本网走进石家庄市桥西区苑东街道的多个社区，管中窥豹，探访该市疫情防控的第一道防线。（新华网，2020 年 3 月 3 日）

“管中窥豹”是一个成语，字面意思是“从竹管中看豹子，只能看到豹子身上的斑点”。比喻见识狭窄，认识事物不全面；也比喻从小部分中可以推测出全貌。在日常交际中，我们使用成语一般使用其比喻义。“管中窥豹”的第一个比喻义是贬义用法，第二个是中性用法。具体到例（10）a 而言，由于“管中窥豹”和“一叶障目”“以点概面、以偏概全”等词语连用，不难看出这是其贬义用法；而在例（10）b 中，“管中窥豹”是说记者通过走访部分社区来探访该市疫情防控的第一道防线，即通过部分来推测全貌。“管中窥豹”虽然是个成语，人们一般使用的是其比喻义，在这个词的对外汉语教学过程中，我们完全可以参照“管见”和“管窥”的教学方法，因为它们具有相同的语义基础。

（二）“管理”“管护”“管制”“管控”“管束”“管辖”和“管押”

从语法范畴上来看，“管理”“管护”“管制”“管控”“管束”“管辖”和“管押”都是动词，并且是联合式的动词。这些词的意义来源于“管”的音旁“官”。

这一点与一般的形声字有点不同，音旁“官”既表音也表义，其中表义功能是经过漫长的历史演化而来的。下面结合实例来进行具体分析，请看例子。

例（11）a. 班主任决定由王小丫管理班费的收支。

b. 凌振国建议加强春夏交季田间管理指导，重点管护好 3.3 亿多亩冬小麦生长，组织粮农专家、技术员指导农民有针对性地科学施肥、及时打药、适时浇灌，确保夏季粮食丰产丰收。［《人民日报》（海外版），2020 年 4 月 22 日］

c. 要制定完善相关法律，对抢注商标的非法行为进行管制与约束。（《法制日报》，2020 年 4 月 21 日）

d. 在“停课不停学”这段时间，学生需要面对电脑、电视、手机，泡在屏幕前面，打卡、做作业、上传作业等事情一点不少，还要面对家长的唠叨与管束，在一定程度上比到学校上学还累。（《北京青年报》，2020 年 4 月 3 日）

由于这类词比较常见，笔者仅选取了以上四个例子。例（11）a 中的“管理”后带“班费的收支”做其宾语，这是典型的动词用法。例（11）b 中的“管护”前有“重点”充当其状语，并与其后的形容词“好”形成动补结构，最后以动补结构带宾语的形式附加上“3.3 亿多亩冬小麦生长”，生成复杂的动宾结构。例（11）c 中的“管制”和“约束”形成联合结构，该联合结构做形式动词“进行”的宾语。例（11）d 与例（11）c 结构相仿，“管束”与“唠叨”形成动词性的联合结构。

在例（11）中，“管”就是“理”，“理”也是“管”；“管”就是“护”，“护”也是“管”；“管”就是“制”，“制”也是“管”；“管”就是“束”，“束”也是“管”。这是联合式的互文结构，两个语素相互联系，互为支撑。在对外国学生进行教学时，要首先把“管”的词义来源说清楚，然后再解释这类词的结构方式，尤其要重点强调“管”和另一个语素的互文关系。

（三）管区、管家、管家婆

从结构上来分析，“管区”和“管家”应为动宾式复合词；而“管家婆”是个复杂结构，即动宾结构后附加了一个语素“婆”，应为附加式。下面结合具体的例子进行说明，请看例子。

例（12）a. 曙光网格化社会治理大数据平台借助大数据推进网格化创新

治理，运用数字化、信息化手段，以街道、管区、社区、网格为区域范围，以事件为管理内容，以网格化治理为主要手段。（光明网，2020年4月7日）

b. 这里的服务人员有迎接客人、讲解梅派文化的管家，有热情周到、让人倍感亲切的梅嫂。客人们用餐后会收到一份特殊的纪念品——一张用毛笔手书在红色洒金笺上的餐单。（《北京日报》，2020年4月20日）

c. 各级党组织和广大党员干部积极投身疫情防控一线。他们成为隔离点的24小时“管家婆”、外来务工人员的“传声筒”、村居（社区）的“跑腿员”，为疫情防控注入“红色因子”。（《光明日报》，2020年3月13日）

例（12）a中的“管区”是指一个行划管辖区域，一般是由几个社区或居民区组成，显然是个名词。例（12）b中的“管家”与“梅嫂”构成对照格式，毫无疑问，“梅嫂”是名词，“管家”也应是名词。但是从范畴上来看，汉语中的动宾式结构一般多为动词性结构，比如“打球”“喝酒”和“开车”在组合上都是“动+名”，在语法范畴上应为动词性结构或动词短语。而例（12）a、b中的“管区”和“管家”却是名词，为什么呢？如何向外国学生解释呢？下面，我们先分析例（12）c中的“管家婆”。在例（12）c中，“管家婆”“传声筒”和“跑腿员”相互对应，是对照结构，应分析为名词。为什么是名词呢？我们知道，“员”为一个名词性的后缀，请看例（13）。

例（13）a. 驾驶→驾驶员 售货→售货员 飞行→飞行员

b. 安全→安全员

c. 技术→技术员 业务→业务员 资料→资料员

在例（13）中，无论是动词、形容词还是名词只要其后带上名词性后缀“员”，统统变成名词性结构。同样的道理，“婆”也类似名词性后缀“员”，虽然“管家”是个动宾式，但其后一旦附着上名词性后缀“婆”就变成了名词。这一点无论对于中国学生还是外国学生都不难理解。但是“管家”和“管区”为何是名词呢？它们后面可没有名词性后缀。实际上，这一点也不难解释，我们在上文中已经多次提到的“零形式”的概念用到这里恰到好处。也就是说，在动宾式“管家”和“管区”后面有一个没有语音形式但有语义内容的名词性后缀，我们不妨记作“-Φ”。正是这个零形式的“-Φ”导致动宾式“管家”和“管区”具有体词性。这也是语法隐喻思想在词汇派生过程中的具体运用。

（四）“管涌”

“管涌”是个专业词汇，用作名词，是指“堤坝渗水严重时，细沙随水带出，形成孔穴而集中涌水”。在水利上，管涌较大的危害，它会引起堤坝下陷，出现溃口，使洪水泛滥。按说这是一个专业术语，使用面较窄，不宜专门讨论，但由于该词的组合方式比较特殊，还是很有必要进行专门讨论一下。

“管涌”，从其释义中我们不难判断其为状中式的复合词，也就是说从结构上分析它应是一个动词性的成分，但它是个名词。下面，我们将结合例子进行分析。

例（14）a. 1998 年 7 月，驻地发生特大洪水。上级本来安排他留守，郑益龙却带着决心书找支队领导主动请缨，去抗洪一线抬石块、扛沙包、堵管涌。一次，他驾驶冲锋舟转移群众，刚踩着梯子从三楼将一名 60 多岁的老大爷背出来，楼房轰然倒塌。（新华社，2020 年 4 月 13 日）

b. 这些日子，吉利时常会梦到父亲，那个在抗洪大堤上扛沙袋、堵管涌的身影久久挥之不去。这个信念在吉利心里越发坚定：追随父亲的足迹继续战斗下去。（新华网，2020 年 4 月 9 日）

在例（14）中，抗洪英雄不顾个人安危，扛沙袋、抬石头来堵大坝的口子，即堵“管涌”。从字面意思来看，“管涌”是指就像管子里的水一样涌出来，形容水流之急、之快。这里我们仍可借用“零形式”的概念，即动词性成分“管涌”后面有一个在语音上没有值，但有真正语义内容的名词性后缀。正是由于该“零形式”的后缀才最终导致状中式的“管涌”表现出体词性，并被用作名词。当然，“管涌”还可以有别的用法，请看下例。

例（15）a. 当此之时，以主题教育对党员干部来一次思想洗礼、行为纠偏，正是为了防止小问题变成大问题、小管涌沦为大塌方，让我们党始终朝气蓬勃。（《人民日报》，2019 年 7 月 11 日）

b. 如果平时不虑于微、不防于小，久而久之就会习以为常、积重难返，最终小问题也会变成大问题，小管涌也可能沦为大塌方。近年来被查处的腐败分子，许多就是因为不矜细行，在小事小节上不谨慎、无顾忌，从收受一条烟、一瓶酒、一个红包、一盒土特产开始失守失范，积小贪成大贪，一步步走上违纪违法不归路。（《中国纪检监察报》，2020 年 1 月 13 日）

在例（15）中，都是“小管涌沦为大塌方”，这里显然是一种隐喻性用法，即借用大堤的“管涌”来映射人们在生活和工作中的小问题。也就是说生活中在小事小节上不谨慎、无顾忌就是“大坝的小管涌”，如不及时堵住，最终会酿成“大坝决堤塌方的悲剧”。这是以具体来类比抽象，是概念隐喻在语言的中具体体现。

三、“火”

“火”,从造字法上看,这个字应是象形字,本义指物体燃烧时产生的光和焰,后引申出“火气”，比如例（16）a；后来，发展出形容词和动词的用法，比如例（16）b、c。

例（16）a. 她把老王给惹火了。

b. 那小丫头整天火急火燎的。

c. 小沈阳火了。

《现代汉语词典》(第6版)共列出了124个与“火”有关的词条，而与“火”有关的常用名词如下：

火把 火柴 火车 火电 火光 火海 火候 火花 火箭 火警 火炬 火坑
火力 火炉 火苗 火山 火烧 火药 火灾 火种

以上由“火”派生出的名词对于外国学生来讲并不难理解和使用，下面我们简要讨论一下几个用法稍微复杂的词如何进行教学。

（一）“火坑”

“火坑”，其字面意思是“燃烧着火的坑”，但目前多用来比喻极端悲惨的生活环境。

例（17）a. 这时唐明芬也试图爬上房顶救火，却不慎跌落到房梁上，陈明发连忙过去救她，但因为火势太大，房子里都被烧空了，他“砰”的一声掉进了“火坑”。几分钟后陈明发终于从火海里爬了出来，腿和胳膊上都是火。(《光明日报》，2019 年 6 月 25 日）

b. 媒体和各路专家操心起“90 后”是不是被收割智商税，一如这些年来一直操心中老年群体。可是无论怎么摆事实讲道理，都架不住有人前赴后继地“往火坑里跳”。保健品充分证明一个鸡汤道理：人性的进化是很缓慢的，

面对一些深层的感性需求，讲道理往往是无效的。（光明网－时评频道，2019年10月23日）

c. 同时，我们勇敢淋漓地荡涤着旧中国的污泥浊水，枪毙天桥恶霸，解救火坑中的妓女，取缔害人的“一贯道”，关闭吸食鸦片的“土膏店”，干脆利索地解决了由一个日本人与一个意大利人策划的炮打天安门城楼的大案。（《光明日报》，2019年8月2日）

例（17）a中的“火坑”是本义，具有很大的危险性，这里不用多说，外国学生很容易理解。关键是例（17）b、c中的“火坑”，可不是“燃烧着火的坑”，但它们却与“燃烧着火的坑”有共同点，即它们都具有危险性，这是概念隐喻形成的前提与基础。例（17）b中的“火坑”是指“年轻人不听劝阻，购买并食用保健品，对身体产生伤害，最终落得人财两空”；例（17）c是指旧社会受迫害的妇女身陷妓院，出卖肉体，对身心造成巨大危害。新中国成立后，对她们进行改造，她们也开启了新的生活。显然，身陷妓院的妇女的确生活在“火坑”之中，处境非常危险。在对外汉语教学中，我们让学生对比例（17）a中的“火坑”和例（17）b、c中的“火坑”，体会其中的共性，并最终学会使用该词。

（二）“火烧”

“火烧”，是用小麦粉制作的一种圆形饼状食品。《现代汉语词典》（第6版）的解释是“表面没有芝麻的烧饼”。

例（18）a. 近来百货店的组织法应用到茶业上，茶馆的前头，除香气烹人的“火烧”“锅贴”“包子”“烤山芋”之外，并且有酒有菜，足可使茶客一天不出外而不感得什么缺憾。（郁达夫，《苏州烟雨记》）

b. 小碗又搁在冰桶里，用那从窖中取出的天然冰块偎着，取出来的时候，凉飕飕的，称作“冰盏儿”，你说该有多么爽口！还有“苏造肉火烧”，是拿花生油、鲜鸡蛋和细罗面烤成的，皮儿一层又一层，层层不乱，薄薄的皮儿下，露出里头的萝卜丝瘦肉末馅儿，一两算你两个，真勾人的“哈喇子”！（刘心武，《钟鼓楼》）

从上下文来看，不难看出“火烧”是一种食品，在例（18）a中，“火烧”与“锅贴”“包子”和“烤山芋”并列，并且还是“香气烹人”；在例（18）b中，“苏造肉火烧”，并且是“拿花生油、鲜鸡蛋和细罗面烤成的，皮儿一层又一层，层层不乱，薄薄的皮儿下，露出里头的萝卜丝瘦肉末馅儿”。外国学生从上面的语境中很容易推测出“火烧”是一种食品，在词性上理应是名词。食品“火烧”是名词，对于母语为汉语的中国人来讲，没有任何问题，但是对于外国学生来讲，可能在理解上会有难度。因为从结构上来看，“火烧”在组合上是“名 + 动”。这种组合要么是主谓式的合成词，要么是状中式的合成词。“火烧”无论是上述哪种组合，都不是名词的最佳组合方式，但“火烧”却是个实实在在的名词。单就这一点，在对外汉语教学中，应该如何向学生进行讲解呢?

“烧”，在语音上轻读，这一点与表示功能性成分的助词有点相似。我们不妨假定“烧”在这里就是一个名词性后缀，类似于英语中的名词后缀“–er”。正是这个名词性后缀“烧”导致整个结构呈现出名词性。因为在英语等印欧语系中，后缀都是轻读。从平行性上看，“烧”类似于“–er”。

（三）“火候”

“火候”，是个名词，本意指“烧火的火力大小和时间长短”，后来比喻“修养程度的深浅”或者“比较要紧的时机”，请看下面的例子。

例（19）a. 新冠肺炎疫情让餐饮业度过了一个“漫长的冬天”。但不少企业加速智慧化升级，迎来“疫”外收获。自动添油加料、灵活掌握火候、左右摇锅翻炒……中午用餐高峰期，山东凯瑞商业集团在济南的一家智慧餐厅后厨，3 台炒菜机器人一同上阵颠勺。按照设定的程序，一份炒饭不到 3 分钟就能出锅。（新华社，2020 年 4 月 22 日）

b. 在梅兰芳成为一代宗师后，有老观众多次看他演《贵妃醉酒》和《宇宙锋》，不明白他为什么总是在改身段。他说：“我哪里是成心想改，只是唱到哪儿演到哪儿，有了新的理解，就会有变化。每出戏的大梁不能改动，但表演的功夫和火候是慢慢成熟的。我的戏，是逐渐改成功的，它们不存在最后的定本，因为艺术永无止境，我不断地演，就会继续地改。（《文汇报》，2020 年 4 月 20 日）

c. 斗争是一门艺术，要善于斗争。面对纷繁复杂的斗争形势，要善于抓主要矛盾、抓矛盾的主要方面，坚持有理有利有节，合理选择斗争方式、把握斗争火候，在原则问题上寸步不让，在策略问题上灵活机动。（《中国纪检监察报》，2020 年 4 月 7 日）

在例（19）a 中，“火候”是指炒菜机器人能够正确掌握炒菜时间的长短和火力的大小，这是其本义的用法；例（19）b 显然是比喻的用法，是指梅兰芳先生京剧表演的功力深厚，技艺精湛；例（19）c 也是比喻性的用法，是指进行斗争要把握好分寸，掌握好时机。从意义上来看，本义和比喻义存在着很大的相似性，它们都具有“关键”的义素，这是比喻义赖以成活的条件。从认知上来看“修养程度的深浅”和“时机紧要与否”是目标域，而“烧火的火力大小和时间长短”是源域，前者是后者的映射。我们在向外国学生讲授这类词时，在教学过程中教师要树立概念隐喻的思维，并培养学生的隐喻联想能力。这样才可能取得事半功倍的效果。

（四）“火爆”与“火暴”

我们来讨论一下由“火”生成的形容词及其在对外汉语教学中应采取的方法与策略。

火爆　火炽　火红　火急　火辣辣　火热　火烫

由“火”派生的形容词不是太多，常用的也就上面 7 个。下面我们结合具体例子进行具体分析。

“火爆”，也写作“火暴”，是指“旺盛；热闹；红火”，也指人性格“暴躁；急躁”。请看下面的例句。

例（20）a. 在今年疫情防控期间，在线教育十分火爆，进一步观察会发现，火爆的主要是中小学学科知识教育，其他人群通过在线教育方式学习的并不多。在互联网时代，读书的方式多元，阅读也不仅限于纸质阅读，电子阅读也是阅读。（光明网 – 时评频道，2020 年 4 月 23 日）

b. 电商销售、直播带货……这个春天，异常火爆的农村电商新业态，有力推动了农产品“上行”，增加贫困群众收入，激发特色产业活力。（荔枝新闻，2020 年 4 月 22 日）

c. 董事长罗力表示，雪场虽在 3 月份复工，但客流量与疫情前“一房难求”的火爆相比一落千丈。（新华网，2020 年 4 月 21 日）

d. 阳光、沉稳的一帆扮演了在两个脾气火暴的完美主义者中间“灭火”的角色。（《北京日报》，2019 年 8 月 1 日）

在例（20）a 中，“火爆”受副词“十分”修饰，充当谓语中心语，在例（20）b

中受形容词“异常”修饰，做“农村电商新业态”的定语。而例（20）c 中的“火爆”是“‘一房难求’的火爆”的“中心语”，至于其语法范畴语法学界存在较大的争议，即有学者认为其已经名词化为一个名词了，也有学者认为它仍旧是一个形容词。这里我们不就其词性问题进行讨论，为方便讨论，我们暂且认为它是一个形容词。在例（20）c 中，“火爆”的复杂形式做“一落千丈”的状语。例（20）d 结构比较复杂，“脾气”与“火暴”构成主谓结构做“完美主义者”的定语。这里的“火暴”是形容词做谓语。

“火爆”与“火暴”，这类词在对外汉语教学中，要首先向学生讲明这是同义词，可以通用。可以采用情境教学法，让学生看一下关于大火燃烧的视频，“火”可以让人想到“紧迫、紧急、激烈”的场景，与之搭配的无论是“爆”还是“暴”都表示“突然或猛烈”。这样的话，“火爆”与“火暴”的意义就不难理解了。

（五）“火热”

“火热”，是个形容词，本义指“像火一样热”，后来引申为“形容感情热烈”或“紧张激烈”。下面请看例子。从结构上来看，“火热”是个状中式的合成词。

例（21）a. 人们在夜间听到她们的笑声。这一群群被中午的骄阳晒到火热、或又依稀隐显在暮色中的孩子，常使富于遐想的人黯然神伤，久久不能忘怀，梦中也还受到那些幻象的萦扰。（维克多·雨果，《悲惨世界》）

b. 那些架着铁梁的高天花板，那许多转得很快的大轮子，传送带，杠杆，那种尖利刺耳的嘶嘶声，钢板的磕碰声，斗车的吱吱嘎嘎声，蒸气粗嗄的声响，那些苍白的或者通红的，再不就是扑满煤灰而乌黑的脸膛，那些汗湿的衬衫，那些由钢、铜、火焰放出的亮光，那种油脂和煤炭的气味，那种时而火热、时而冷飕飕的风，在她心上留下了地狱般的印象。（契诃夫，《女人的王国》）

在例（21）中，“火热”是指“温度像火一样热”，是指客观世界的温度，这是其本义。

例（22）a. 若在别的时候，亨利说不定会兴致盎然地听克洛蒂说长道短，可伏朗热和朗贝尔在场，而且看来谈得还十分火热。伏朗热侃侃而谈，姿态优雅；朗贝尔则不停地点头，满脸微笑。（西蒙娜·德·波伏娃，《名士风流》）

b. 你还用过了时的标准来看待某些事情。我一直对你说，你对自己压制得太厉害。这年头谁还有火热和沉重的良心？二十世纪的人比较自由了。原谅我这样说，可全是实话。（伯纳德·马拉默德，《伙计》）

在例（22）a 中，“火热”前受副词“十分”修饰，充当谓语中心语“谈”的状态补语；在例（22）b 中，“火热”和“沉重”组成联合结构充当“良心”的定语。这里是指感情热烈，心情激动。

例（23）a. 此外还有知识分子出身的作家、演员……凡是深入到工农兵的火热斗争中去的，他和工农兵相处得时间越长，情感越融洽，他的发言就越朴素深刻，真挚感人！［冰心，《冰心全集》（第五卷）］

b. 凡事要重新安排，人民才有好日子过，国家也才像个国家。一切的确是在重新安排中。时间过了四十年，在中国共产党领导下，亿万人民革命火热斗争中，社会完全改变过来了。（沈从文，《一点回忆一点感想》）

在例（23）中，“火热”修饰“斗争”，充当定语，形容“斗争紧张而激烈”。

例（21）是关于“火热”本义的用法，而例（22）、（23）是关于其引申义的用法。显然，“火热”的本义和其引申义并不是孤立的，而是存在着联系。正是这种联系是意义派生的前提。在对外汉语教学中，我们要利用这种联系进行教学，让学生根据句子进行体会，从而慢慢地领会到这类词的意义和用法，并最终能够在口语和书面表达中正确使用。

（六）“火辣辣”

“火辣辣”是个状态形容词，本义是用来“形容天气酷热”，后引申为用来“形容因被火烧或鞭打等而产生的疼痛的感觉”，也用来形容“激动的心情”，有时也指“动作、性格泼辣，言辞尖锐”。下面，请看例子。

例（24）a. 七月的巴黎，热浪滚滚。来自天空的灼热气流，沉沉地积压在城市上空，形成火辣辣厚厚的一层，使人感到十分憋闷。教堂门外，喷水池喷出的水柱，落下来时，是那样地软弱无力，一副懒洋洋的样子，显得相当地疲惫。（莫泊桑，《漂亮朋友》）

b. 到了早晨，对文子的牵挂淡薄了，只剩下强烈地想独自一人返回东京的心情。白日里望去，街道、房屋与平素无异，太阳已经火辣辣地灼烤着我的后背。来到东护渠，只见有人在门口钉木板，有人肩扛着包袱，大概是

担心家财。（野坂昭如，《萤火虫之墓》）

在例（24）a 中，“火辣辣”做“厚厚的一层”的定语，形容天气非常炎热；在例（24）b 中，“火辣辣”做谓语中心语“灼烤”的状语，形容当地的气温像火烤一样热。“辣”本是一种味道，只能通过味觉才能感受到，但在这里却用来形容温度，显然这类似于修辞学中的“移觉”或者“通感”。

例（25）a. 他一下子从自己的床上跳下来，走到墙角她的床边，一把将她的被子揭开，然后就用两只握方向盘的铁钳般的手，把她上身的衬衣和乳罩撕得粉碎。他脸上先是挨了一记耳光，然后又被狠狠抓了一把，火辣辣地疼。他不管这一切，只是疯狂地抱住她，开始撕她的裤子。（路遥，《平凡的世界》）

b. 冬夜的寒风撕扯着他们的衣服，风里还夹杂着碎雪，刮打着面颊，火辣辣地刺痛，肖玲却全不在意，她紧紧依偎着杨建华高大的身躯，把头靠在他宽厚的肩臂上，依着新漆好的大桥栏杆站住。（孙力、余小惠，《都市风流》）

在例（25）a 中，“火辣辣”做“疼”的状语，形容“他的脸先是被打了一巴掌，后又抓了一把的阵疼”；例（25）b“火辣辣”用来描写“肖玲的脸被风雪刮打所造成的刺痛感”。

例（26）a.“不，这可耻的区别并不是一向有的，”斯巴达克斯火辣辣地驳斥道。“那是从土地不再为住在它上面的全体居民带来产物的时候开始的，那是从农民不再在他自己出世的应当可以养活他的土地上耕种的时候开始的……”（拉法埃洛·乔万尼奥里，《斯巴达克斯》）

b. 走了三四步，仍然下不了决心，只好往后退，尽管引诱他的魔鬼拉住他的胳膊，拼命把他往大门方向拉，还用火辣辣的言语嘲笑他，对着他的耳朵说：“胆小鬼，只能勾引娼妓的笨蛋！胆子大一些，别怕那个真正的贞妇！机不可失，时不再来！”（克拉林，《庭长夫人》）

在例（26）a 中，“火辣辣”做“驳斥”的状语，用来描写斯巴达克斯言语的猛烈；在例（26）b 中，“火辣辣”做“言语”的定语，该复杂结构做“嘲笑”的状语，形容“嘲笑”的激烈程度之高。

例（27）a. 想酒过三巡，他终于渐渐平静下来。两人的目光常常相遇，互相探问。到后来，也就像过去那样，彼此眉来眼去，变得情切切，火辣辣的了。这时，杜洛瓦突然感到，他的脚在桌子下面被什么东西蹭了一下。（莫泊桑，《漂

亮朋友》)

b. 种师道冷冰冰的开幕词和刘锜火辣辣的介绍词果然形成两股不同的气流，两者都产生了强烈的影响。（徐兴业，《金瓯缺》）

在例（27）a 中，“火辣辣”表明“两人的感情激动”，例（27）b 表明情绪“热情激烈”。同样是用味觉的词语来描写人的感情和情绪。

在“火辣辣”这类词的教学中，首先我们可以让外国学生观看大火燃烧的视频，然后尝一下辣椒，感受一下辣的感觉。基于体验哲学的认知语言学非常重视身体经验对客观世界的感知，认为概念实际上是身体的经验对客观世界的主观化，即“We see things not as what they are, but as what we are.”同样，对外汉语教学尤其是词汇教学更应重视学生对所教内容的体验和感知。

第三节　概念隐喻视角下的对外汉语成语教学

成语，是指人们长期使用的、简洁精辟的定型词组或短句。汉语的成语大都是由四个字组成的，一般都有出处，有的成语通过字面意思就能理解，有的成语可能需要知道来源和典故才能懂得其意思。成语是汉语文明的重要载体，反映了中华民族悠久的历史和灿烂的文化。在对外汉语教学中，应加大成语典故的教学，加强外国学生对中国历史和文化的了解和掌握。

一、“叶公好龙”

“叶公好龙”，这个成语出自西汉刘向的《新序·杂事》。现指表面上好像喜爱某种事物，实际上并不真正喜爱。请看下面的例子。

例（1）a. 一定要善待各个行业的人才，包括看似不那么光鲜的普通劳动者，不能叶公好龙，一边离不开他们一边嘲弄他们。（《光明日报》，2020 年 4 月 9 日）

b. 至于经济学，钱币收藏更是与其完全割裂。一方面，钱币收藏者和研究者普遍缺乏经济学理论基础和分析思维，另一方面，大多数经济学家对钱币收藏也处于一种叶公好龙的状态，对古钱币的真假鉴别一无所知。（《解放日报》，2019 年 10 月 19 日）

c. “对 00 后填报志愿而言，追求个性化和自身兴趣固然非常重要，但在真正做出填报和选择时，还应当综合所有正确信息做出全面衡量。”欧阳爱辉建议，譬如要考虑自己究竟是真正对该学科有发自内心的浓厚兴趣，还是仅仅受某影视作品的影响而叶公好龙。（《科技日报》，2019年9月19日）

d. 一直以来，发达国家不断要求人民币增强汇率弹性，但当人民币汇率价格形成的市场化程度提高，波动幅度加大时，有的国家又表现出“叶公好龙”的态度，对我们无端猜疑指责，这种做法显然是十分可笑的。（光明网，2019年6月6日）

在例（1）a中，有些人嘴上说要善待各行各业的人才，但背后却看不起普通劳动者；在例（1）b中，由于钱币收藏者缺乏经济学理论基础和分析思维，他们对古钱币的真假鉴别一无所知；在例（1）c中，考生报考志愿要根据自己的兴趣，不能受影视作品的影响；在例（1）d中，有的发达国家对待中国的汇率政策表面一套，背地里却又是一套。通过以上例子我们不难看出“叶公好龙”的具体用法，在讲解类似的成语时一定要结合例句进行，让学生体会到其蕴含的深层含义。

在向外国学生讲授“叶公好龙”这个词成语时，应先把这个成语的典故向学生讲清楚。这样一方面增加了课堂的趣味性，另一方面也能加深学生对这个成语的理解。然后结合实例进行讲解。比如在例（1）a中，意思是“不能只是嘴上说要善待包括普通劳动者在内的各个行业的人才，而背后却又嘲弄他们”，如果这样的话，那就是表里不一，叶公好龙，即并不是真正善待普通劳动者。

二、“亡羊补牢”

“亡羊补牢”，这个成语出自于《战国策》，字面意思是说羊丢了，就要修补羊圈。现在用来比喻出了差错，及时设法补救。请看下面的例子。

例（2）a. 湖南省水果专家组组长、湖南农业大学教授邓子牛，在湖南永兴和宜章县走访中，则发现了受疫情影响，不少果园出现病虫害基数偏大这一普遍存在的“尴尬”。不过，“亡羊补牢还不晚”，专家为果农传授后期管理补救技能，并传授了“留树保鲜”等重点技术，延迟果树采收期，延长鲜果销售期，也减轻了采摘、运输、贮藏等压力。（《科技日报》，2020年3月24日）

b. “SCI至上”现象，背离了当年它曾给中国大学带来的积极作用，早该被扫入历史。《意见》的颁布与实施，终于开启了“后SCI时代”，应该说亡羊补牢、未为晚矣。（《光明日报》，2020年3月3日）

c. 今年3月，中共中央办公厅印发了《关于解决形式主义突出问题为基层减负的通知》，明确2019年为“基层减负年”，其中就有剑指微信工作群不胜其烦的措施。从这次铁路事故来看，给微信群“瘦身”减负，还是一个关乎铁路安全的严肃问题。两条人命了，该亡羊补牢了，别再用社交软件发布生产指令了。（《光明日报》，2019年12月9日）

d. 对开机密码和各种支付工具的密码，要设置得有效。这是手机上的第一道防线，太简单草率可不行。而一旦丢了手机，切记亡羊补牢要迅速。马马虎虎，拖拖拉拉，就可能失去了堵漏的时机。（《广州日报》，2020年3月18日）

在例（2）a中，由于受疫情影响，湖南不少果园出现病虫害基数偏大这一现象，水果专家及时深入田间地头，传授补救措施和技术，确保把损失降到最小。在例（2）b中，是说“SCI至上”现象对中国大学教学和科研工作的消极影响，目前国家相关部门及时出台相关政策规范这一现象，努力把其消极影响降至最低。在例（3）c中，有关单位由于使用社交软件发布生产指令导致出现人命事件，造成了不良影响，相关部门出台相关措施及时应对，杜绝类似现象的再次发生。在例（2）d中，手机一旦丢失，为防止造成更大损失须要采取措施进行及时补救。

在对外汉语教学中，首先要先向外国学生讲解“亡羊补牢”这个典故的来源，可以采取讲故事法，还可以采取观看视频法。这样做的目的一是激发学生学习的兴趣，二是提高学生对该成语的理解。然后结合类似例（2）中的例句进行讲解，最好让学生能够使用该词进行当堂造句。老师对其使用该词的偏差及时进行纠正，以提高学生的词汇产出水平。

三、“刻舟求剑”

“刻舟求剑”，这个成语出自《吕氏春秋》。这个典故是说，“剑落水时在船上刻上记号，船停后，从刻记号的地方下水去找”。现在比喻办事刻板、拘泥而不知变通。

例（3）a. 如果客观事物已经发生了变化，我们的观点仍然停留在原有旧的观念和认识上，那么，这就是刻舟求剑，必然违背实事求是。因此，解放思想是要解放到实事求是上去，就是主观和客观相符合，就是实事求是。（《光明日报》，2020年4月5日）

b. 戏曲的当代传承，是不可能刻舟求剑的，属于戏曲的时代与语境都已过去，盛况不可复现，但戏曲像是一座宝山，里面藏着音乐、文学、表演等珍宝，依然为当代文化与艺术的发展提供着资源与灵感。（《文汇报》，2020年4月9日）

c. 如果还是通过严控复工复产来达到防控疫情的目标，无异于是因噎废食；如果还是不加区分地采取“一刀切”的办法，无异于刻舟求剑。这种顾此失彼的政策措施，显然不是“两手抓”，更不能赢得“双胜利”。（齐鲁网，2020年2月23日）

d. 不难看出，这是受产生和流行于15世纪至17世纪重商主义思想的影响，套用这一过时药方无异于刻舟求剑。事实上，美国的制造业流失是美国产业布局和社会分配不公造成的，也是金融资本统治的必然结果。（《光明日报》，2019年9月15日）

在例（3）a中，事物是发展变化的，我们必须解放思想，实事求是，否则就会思想僵化，跟不上时代发展的步伐，这里指用静止的眼光来看待不断发展变化的事物。在例（3）b中，戏曲要紧跟时代发展的步伐，要与时俱进，不能故步自封。在例（3）c中，对待复工复产如果不加区分，采用“一刀切”的办法，显然不是用发展的眼光看问题、做事情。在例（3）d中，利用几百年前的方法来解决当今的问题，是没有任何效果的。“刻舟求剑”在以上例子中，都是说我们在看问题、处理情况时不能采用静止的、孤立的眼光，这是以上例子的共性。

在对外国学生讲授“刻舟求剑”这个词时，可以结合上图，采用讲故事的方式让学生明白这个典故的来龙去脉。这是利用具体形象、生动有趣的故事来帮助外国学生理解蕴含在成语背后的深奥哲理。

四、“守株待兔”

“守株待兔”，这个成语出自于《韩非子》，是说“战国时期宋国有一个农民，看见一只兔子撞在树桩上死了，于是他便放下锄头每天在树桩旁等待，希望再得到撞死的兔子”。现指“比喻死守狭隘的经验，不知道变通”，有时也用来“比喻妄想不通过主观努力面侥幸得到意外的收获”。请看下面的例子。

例（4）a. 大棚既是种植基地，也是销售门店。两个大玻璃房，里面放着电脑，墙上写着“直播永不止步”，那是办公室。但很多时候里面没人，靠网店守株待兔不行，“新农人”们得主动出击。摄像头、充电宝、三脚架……花丛里到处散落的“新农具”透露了“新农人”的秘密。（新华网，2020 年 4 月 20 日）

b. 朱山坡说，在他的成长记忆中，对电影的热爱曾经让他摸黑越过多少崎岖险峻的山路，途中历过多少惊险，坐在乡间地头的银幕前，如饥似渴，如痴如醉。但露天电影院并不常有，他不甘心守株待兔，而且坐在电影院里看电影和看露天电影有着天壤之别。因而，镇上的电影院是他小时候最向往的地方。只要身上有钱，除了进新华书店，就是去电影院了。（《青岛日报》，2019 年 8 月 13 日）

c. 这种现象有娱乐成分，但背后多少有些希望以小博大、坐地生财的投机念头。当一批人都想守株待兔、一步登天，这样的社会风气就很值得警惕了。别忘了，即便是真“锦鲤”，也只有搏击过风浪的才能跃过龙门。不努力就想走上人生巅峰，注定竹篮打水一场空。（《北京日报》，2019 年 8 月 7 日）

d. 歇歇脚的心思要不得，等靠要的念头更不应该有。幸福生活靠自己创造，天上不会掉馅饼，守株待兔、一味等待，最终“月亮还是那个月亮”，面貌未改、穷根难刨。幸福生活不能一味依靠别人、依靠外界，要有自力更生、艰苦奋斗的精神。（《中国青年网》，2019 年 4 月 17 日）

在例（4）a 中，“新农人”为了推销农产品，进行网络直播，主动出击；在例（4）b 中，朱山坡为了看电影，不是只坐在乡间田地头看流动电影，而是越过崎岖的山路去电影院观看。在例（4）c 中，有些人希望以小博大，不经过自己的奋斗就能走向成功；在例（4）d 中，天上不会掉馅饼，脱贫致富刨穷根靠的是艰苦奋斗，自力更生。显然，例（4）a、b 指做工作、干事情不能死守狭隘的经验，而要知道变通；而例（4）c、d 是指发家致富必须通过自己的努力，没有捷径可走。显然，这里的“守株待兔”是贬义用法。

我们通过语料检索，发现“守株待兔”除了贬义用法外，还衍生出了中性甚至褒义的用法，比如例（5）。

例（5）a. 2004 年 1 月 4 日 16 时许，杭州市公安局萧山区分局接到报警，称有人被数名犯罪嫌疑人非法拘禁在某酒店。张叶良接到警情后匆匆和家人道别，奔赴案发地。他意外获知该案主谋将于当晚回到该酒店，果断决定组织人员守株待兔实施抓捕。（《光明日报》，2020 年 4 月 27 日）

b. 专案组民警立即赶赴儋州市那大镇某小区，但并未发现胡某踪迹。经分析，确定群众举报胡某藏匿地点属实，随即民警开始了“守株待兔”。8月14日，胡某出现，在一旁守候的民警迅速将其抓获归案。（《法制日报》，2019年12月1日）

在例（5）中，民警蹲守在酒店或者犯罪嫌疑人的藏匿地点抓捕相关犯罪嫌疑人。这种抓捕方法显然是一种省时省力的方法，“守株待兔”在这里不但不是贬义用法，而且还是褒义用法。

在对外汉语教学中，我们要向学生讲明“守株待兔”的这两种色彩义截然相反的用法，一种是贬义，一种是褒义。实际上，这两种色彩义也有共同点，即它们都具有“守在某一地点不动”这一义素。“横看成岭侧成峰”，同一事物可能由于观察的角度不同，得出的结论也不尽相同。语言，同样也是如此。“守株待兔”，对于处在事业上升期的人们来说，可能不是件好事，但对于已掌握犯罪嫌疑人活动规律的警察来说，未必不是聪明之举。

我们就从这种共同点入手，让外国学生深切体会其共性，区分其差异。“守株待兔”这一词同时具有“褒”和“贬”两个截然相反的色彩义的教学，要充分利用其色彩义之间的联系，利用讲故事法或观看视频的方式来激发外国学生的学习兴趣。

五、“明日黄花”

“明日黄花”，这里的“明日”是指“重阳节后”，“黄花”是指“菊花”。原意指重阳节后逐渐枯萎的菊花，现在多比喻过时的事物，多用于贬义。

这个成语最早出自于北宋苏轼的诗作——《九日次韵王巩》。苏轼在诗中这样写道：“相逢不用忙归去，明日黄花蝶也愁。”大意是指既已相聚在一起，就不要着急回去，还是趁这菊花盛开的重阳节日赏花为好。因为倘等到“明日”，重阳已过，不但人观之无趣，恐怕飞舞的彩蝶看了那过时的菊花也会犯愁的。

下面结合实例来分析“明日黄花”的用法，请看下面的例子。

例（6）a. 科研经费的申请，也是一道难题。流程繁琐，耗时长，即便拿到了经费，也有方方面面的使用限制条款。经费怎么用，要层层审批，最终批复下来时，项目也可能早已成了“明日黄花”。（《重庆日报》，2020年4月26日）

b. 在社会主义初级阶段的背景下，在发展中国家的起点上，通过社会主义现代化实现中华民族伟大复兴的中国梦，这是前所未有的伟大实践。昔日西方列强通过殖民与掠夺走向现代化的模式已成为明日黄花，不会重现，也不应该重现。为中华民族谋复兴，就是要在中国大地上探寻适合自己的道路和办法，为中华民族找到一条属于自己的现代化道路，在全面建设社会主义现代化强国的进程中实现中华民族伟大复兴的中国梦。（《人民日报》，2019 年 7 月 30 日）

c. 最近几天，在有序防控的前提下，不少地方的生产生活逐渐恢复正常。但这个周末，也有不少地方出现了“报复性消费”“反弹式集会”：某地一饭店宣布正式接受堂食，虽只营业半天，店门口队伍却排成长龙，“北欧式排队”似已是过眼云烟、明日黄花；某地一饭店宣布营业，包房瞬间被订满；某地宣布集市解禁，结果马上就人头攒动、不少人没戴口罩就去逛……（《解放日报》，2020 年 2 月 23 日）

d. 讲到科技之城、创新之城，国人耳熟能详的“硅谷”已有点明日黄花的味道，和一些业界人士闲聊，发现眼下大家更感兴趣、更津津乐道的是纽约的硅巷、英国的伦敦东区，以及美国的奥斯汀、德国的柏林、日本的东京。（《文汇报》，2019 年 5 月 18 日）

在例（6）a 中，科研经费的审批程序繁琐，时间较长，科研项目即使获批可能也会落伍。在例（6）b 中，中国的经济发展迅速，国力增强，西方列强再想用“大炮 + 军舰”的方式欺侮中国已绝无可能。在例（6）c 中，在疫情有序防控的前提下，饭堂营业，“北欧式排队”现象已不复存在。在例（6）d 中，在科技创新领域，昔日的“硅谷”现在已力不从心，早已大不如从前了，已经出现下滑的趋势了。在上面的例子中，句中的“明日黄花”说明事物在走下坡路，跟不上时代发展的步伐了。“落伍”的意味跃然纸上。

“明日黄花”这个成语如果不知道其典故，只是从字面意思来理解的话，很难想到其是表示“落伍的、过时的事物”的。对于母语为汉语的我们来讲，也很容易出错，而对外国学生来讲就更容易出错了。在教授这类成语时，一定要把这个典故讲清楚、说明白。

外国学生利用成语的背景知识掌握成语的具体用法，这显然是概念隐喻在成语习得中的具体应用。因为背景知识是具体、容易理解的，而其比喻义一般比较抽象，这实际上也是利用语言背景知识的迁移或映射。

六、“坐井观天”

“坐井观天”，字面意思是指坐在井里看天，比喻目光狭窄，见识短，很有局限性。该成语出自唐代韩愈的《原道》，即“坐井而观天，曰天小者，非天小也”。下面请看例子。

例（7）a. 对某一局部知识领域的过度投入，只见森林不见树木，不仅是对智识与精力的极大浪费，而且还助长了一种坐井观天的自恋心态。在此意义上约翰·布洛克曼所谓的“第三种文化”与威尔逊所提出的“知识大融通”是值得追求的愿景。（《文汇报》，2020 年 4 月 9 日）

b. “‘三大三强’‘两个带头人’实施后，培训增长了知识，学习开拓了思路，不再坐井观天，现在对做好产业更有信心了。”偏城乡下堡村村支书马俊平说。（宁夏新闻网，2019 年 12 月 20 日）

c. 与欧美汉学出土文献研究遥相呼应的是，日本对中国出土文献研究的成果更是蔚为大观，不过我们依旧关注有限。忽略或无视海外研究的成果而每每自矜于“第一”或“创新”时，坦白地说，更像是坐井观天。翻山越岭，才能俯瞰山岭的前后；漂洋过海，才能领略海洋的深广。对国内学界来说，要做到“第一”或“创新”，还有很长的路要走。（《光明日报》，2019 年 8 月 21 日）

d. 要结合理论和实践中的问题，不断进行追问，思路要不断顺着因果链往深走。这样我们就不会被一些表象迷惑，就不会犯盲人摸象、坐井观天等一类形而上学的错误。（《光明日报》，2019 年 1 月 8 日）

在例（7）a 中，对某一局部知识领域的过度投入会造成知识与精力的极大浪费，同时也会形成一种狭小的知识视野。在例（7）b 中，通知参加各类培训，农民增长了知识，开拓了思路，从而更有信心做好产业了。在例（7）c 中，对汉学出土文献的研究应胸怀四海，放眼世界，不能仅仅拘泥于国内，只有“翻山越岭，才能俯瞰山岭的前后”，也只有“漂洋过海，才能领略海洋的深广”。在例（7）d 中，在理论学习和研究中，要理论结合实际，不断追问，勤于思考，才能不被表象迷惑。这四个例子生动展示了“坐井观天”的用法。

在对外汉语教学中，可以采用实验法教授这类词。简单来说，可以自制一口“井”，即让学生坐在一个席子卷成的筒中，学生在里面观察天空。这样学生就不难理解为何坐在井中就视野狭窄了。这是以体验哲学为基础的认知语言学的基本观点。

七、“黄粱一梦”

“黄粱一梦”，“黄粱”是指“小米”，字面意思是指在煮熟小米饭期间做的一场好梦。现多用来比喻虚幻的事情、不切实际的空想和破灭了的希望。

“黄粱一梦”这个典故出自于《枕中记》。据《成语大词典》的解释，故事的大概内容是这样的：卢生在邯郸旅店中遇见道士吕翁，自叹贫穷。道士就给他一个枕头，要他枕着睡觉。店里正煮小米饭。卢生在梦里享尽了荣华富贵。等卢生醒来后，小米饭尚未煮熟。

例（8）a. 大陆发展进步的势头不变，从根本上决定了两岸关系的走向，这不是民进党当局和几个绿营政客就能唱衰的。历史终将证明，“台独”终究是黄粱一梦，祖国必将统一。在两岸同胞之间拉仇恨者，终将受到历史的惩罚。[《人民日报》（海外版），2020 年 3 月 16 日]

b. 而据新京报记者梳理，“迷路”的不止爱屋吉屋这一家明星企业，互联网中介都迷失在自己曾经的喧哗梦想中。但是，如今，黄粱一梦终成空，随着资本浪潮的退去，互联网中介已经告别了当初“第一”的梦想。（《新京报》，2019 年 03 月 01 日）

c. 反腐无禁区，打虎不停步，退休也不是腐败分子的避风港。长春市中级人民法院原党组书记、院长宋利菲，省交通厅原副厅长李恩会等 28 名企图“平安着陆”的退休干部被查处。事实证明，妄图退休后逃避监督，如意算盘打得再好，也只能是黄粱一梦。（《吉林日报》，2019 年 1 月 16 日）

d. 想摆脱“关注度焦虑”“流量焦虑”，从千万数量级新媒体中脱颖而出，没有雕琢内容的金刚钻，没有在专业性上宽不可及的“护城河”，是万万不行的。如果在那些赚钱捷径上挖空心思，寄望于发不义之财，到头来只会是黄粱一梦。（人民网－观点频道，2018 年 10 月 25 日）

在例（8）a 中，“黄粱一梦”这个成语形象地说明了“台独”是违背历史潮流、侵犯海峡两岸中华儿女的根本利益之举，必将被历史遗弃。在例（8）b 中，由于资本浪潮退出，互联网中介的“美好前景”骤然褪色，回归现实。在例（8）c 中，腐败分子妄图退休就能“平安着陆”，就能逃避监管，事实证明如意算盘打得再好也终究是“竹篮子打水一场空”。在例（8）d中，“黄粱一梦”说明了幸福是奋斗出来的，是脚踏实地干出来的，想一夜暴富注定是“皇帝的新装”。

“黄粱一梦”这个成语，外国学生不仅在口语和书面表达中存在困难，在书写中有时也极易出错。很多外国学生甚至中国学生常把“粱”写作“梁”，其原因就是不知道这个成语背后的故事，学生一旦知道了这个故事，就不大可能出错了。同样的道理，学生一旦知道了这个成语的来源，那么在使用中就不易出错了。这里同样是概念隐喻在起作用。

八、“当一天和尚撞一天钟”

“当一天和尚撞一天钟”，出自于明朝俞弁的《逸老堂诗话》，其字面意思是指“照例行事，过一天算一天”，比喻做事敷衍塞责，缺乏主人翁的态度，多用于贬义，请看下面的例子。

例（9）a. 一些乡村人才在主观上滋生了“少干事少错，不干事不错”的思维误区。宁做沉默的“和尚”，当一天和尚撞一天钟，不做辛勤的农夫，因为“天有不测风云”。任由这样的精神发展下去，对乡村振兴战略蓝图的实现极其不利。（中国新闻网，2020年3月17日）

b. 真正让“有为者有位”，要发挥好“鲶鱼效应”，去激活当地干部队伍的“一池春水”，让干部看到“多干多得”，提升干部的获得感和价值感，严肃处理在工作中“当一天和尚撞一天钟”的消极思想，真正让干部能够自觉主动去担当作为。（中新网，2019年12月12日）

c. 有一些文秘人员受社会消极方面的影响，理想观念淡漠，贪图舒适与享受，有的知识贫乏却不思更新，得过且过，当一天和尚撞一天钟，有的干正事不用心，干私事很上心。这些问题的存在，制约着秘书队伍的健康成长。［《人民日报》（海外版），2001年6月29日］

d. 在同样条件下，主观能动性不同，抓工作落实的效果也就存在差别。现实中，有的干部精神状态不佳，稍有工作压力就想调整岗位；有的干部当一天和尚撞一天钟，只要不出事，宁愿不做事，满足于做四平八稳的“太平官”。（《人民日报》，2019年10月29日）

在例（9）a中，“当一天和尚撞一天钟”生动描绘了部分乡村人才为了避免出错，宁愿少做事甚至不做事消极“怠工”的图景，是“在其位但不谋其政”

的生动写照。在例（9）b 中，让“有为者有位”，增加干事创业干部的获得感，严肃查处没有担当不作为的干部，这里使用“当一天和尚撞一天钟”恰到好处。在例（9）c 中，部分文秘人员在工作上缺乏上进心和进取精神，导致工作积极性不当，有“混日子”的倾向。在例（9）d 中，有的干部不作为，不求有功，只求无过，懒政现象严重。通过带领外国学生学习分析上述例句，他们通过上下文的语境能够体会到这个成语的深层含义，从而熟练掌握这个成语的用法，在写作和口语表达上能够正确运用，从而提高词汇产出水平。

现在有时也用于褒义，是指“在岗位上一天，就干好这一天的工作，应尽的义务，应该承担的责任必须完成。”

例（10）a. 有记者采访白岩松：你在什么情况下会辞职？白岩松说：观众厌倦我的时候，或者我要为说对的话认错、写检讨或停播节目，就是我辞职的时候。我现在是以做志愿者的心态，在 CCTV 继续干我该干的事儿！但即便当一天和尚撞一天钟,也得把日常的工作撞成自己与别人的信仰。白岩松不仅要“当一天和尚撞一天钟”，而且要撞成“自己与别人的信仰”，实在难能可贵。（《洛阳日报》，2016 年 6 月 24 日）

b. 当一天和尚撞一天钟，并不是固守不变，干好工作和生活中的每一件事情，从每一件小事做起，对得起自己的工资，光阴如剑，人生短暂，消极是一天，积极也是一天，乐观对待活着的每一天，或许今天是生命最后一天，不要自己带着遗憾离去。当一天和尚撞一天钟，是我们对自己的前途负责，我们手头上每一件事都值得认真去做，更要用心做，踏踏实实，全力以赴，既对得起自己，也对得起公司，让自己尽快融入到工作和团队当中，才能达到你和公司共赢的局面。（搜狐网，2018 年 7 月 6 日）

例（10）的两个例句说明“当一天和尚撞一天钟”还可以有褒义的用法，是指坚守自己的岗位，在岗就要尽责。例（10）的用法与例（9）的用法在色彩义上完全相反，多种色彩义的形成是由于成语在漫长的演化过程中不同概念域相互映射形成的。这种映射是基于概念隐喻的认知机制。

九、“黔驴技穷”

“黔驴技穷”，这个成语出自于唐代柳宗元的《黔之驴》，比喻有限的一点本领已经使用完了。

“黔驴技穷”是个典故，具体如下，“从前贵州一带没有毛驴，有一个好事者从北方运来一头毛驴放到山脚下吃草，山上的老虎发现了这个怪物，开始只是远远望着，然后慢慢地靠近毛驴，被毛驴大叫吓了一跳，最后发现毛驴只能用蹄踢，再也没有别的本事，就跳上去把毛驴给吃掉了。”

下面我们结合例子来具体分析。

例（11）a. 总结而言，“台北法案”和以往一些美国涉台法案类似，充其量不过是隔空给台当局又画了个大饼，又对着那些想要弃暗投明的台“邦交国”挥了挥大棒、晃了晃胡萝卜，充分暴露了美方黔驴技穷的本色。（《光明日报》，2020 年 3 月 30 日）

b. 洪堡大学首次提出大学应该有学术研究的功能，从而开启了现代大学的发展之路，所以高校教师既要重教学，也要重科研。没有科研，教到半路就会黔驴技穷，只有科研才会源源不断地产生新思想。生命的高度在学术，学术的核心在创新。我们要想活得有高度，一定要刻苦钻研，勤于思考，要坐得住冷板凳，耐得住寂寞。（《中国教育报》，2019 年 6 月 10 日）

c. 近期，受沙特石油设施遇袭事件影响，美伊战略博弈持续升级。美国指责伊朗是此次袭击事件的幕后“黑手”，进一步加大对伊朗的制裁力度，并强化在伊朗周边的军力部署。伊朗则指责美国对伊制裁手段已“黔驴技穷”，并扬言将打击美军在中东的军事基地。（《中国国防报》，2019 年 9 月 25 日）

d. 2020 年岛内“大选”将近，大失民心的民进党当局急需尽快拉抬低迷的声势，于是故伎重演，企图借挑起两岸对立掩盖其在改善两岸关系方面的黔驴技穷，凝聚特定群体的支持，以成就蔡英文个人的政治野心。这种为一党一己之私而罔顾台湾人民根本愿望、为捞取选举利益而牺牲台湾人民福祉的低劣政治操作，早已被世人看破。[《人民日报》（海外版），2019 年 7 月 6 日]

在例（11）a 中，美国当局在阻挠海峡两岸统一和为“台独”分子撑腰方面再也没有别的新鲜花样了，只能出台一纸涉台法案给“台独”分子画饼充饥，“黔驴技穷”在这里将美国当局的窘态生动地展现出来了。在例（11）b 中，教学与科研相辅相成，科研为教学提供滋养，没有科研的教学是无源之水，不会长久。在例（11）c 中，在伊朗看来，美国除了在经济制裁和军事打压外，对伊战略再也没有新的花样，“黔驴技穷”在这里形象地表达了美国对伊政策的无奈。在例（11）d 中，民进党选情低迷，没有更好的办法来获得选民的支持，企图挑起两岸对立以从中谋取个人私利，“黔驴技穷”将民进党当局的窘态描绘得淋漓尽致。

在对外国学生教授“黔驴技穷”这类词，首先用讲故事的方法把该成语的来龙去脉向学生讲清楚。学生一旦掌握了该成语的故事背景，在日常的交际和写作表达中就不再容易出错。这是利用背景知识迁移的教学方式，这种教学方式也是用具体的概念来理解抽象的概念，其本质也是一种概念隐喻。

十、“滥竽充数”

“滥竽充数”，这个成语出自于《韩非子·内储说上》，大意是这样的：“齐宣王使人吹竽，必三百人。南郭处士请为王吹竽，宣王说之，廪食以数百人。宣王死，湣王立。好一一听之，处士逃。”

《成语大词典》给出的解释是：“比喻没有真才实学的人混在行家队伍里充数；也比喻以假的冒充真的，以次的冒充好的；有时也可表示自谦，说自己水平不够，只是凑数而已。”

下面结合实例具体分析，请看例子。

例（12）a. 疫情发生以来，广大党员干部闻令而动、主动请缨、全力抗疫，涌现出一些勇挑重担的先锋模范。这次大考也是一面镜子，映照并检验党员干部的治理能力与水平，滥竽充数、临阵脱逃者被照得无处遁形。我们要敢于直面疫情防控中党员干部队伍建设暴露的问题，以刀刃向内的自我革命精神加快补齐短板和弱项，加强自我纠正能力，淬炼讲忠诚、敢担当、作风实的党员干部队伍。（《光明日报》，2020 年 3 月 23 日）

b. 儿童口罩国家标准的制定，应立足于安全健康为首要条件，兼顾佩戴的舒适性、美观等，对儿童口罩材质、制造工艺等方面，须树立更严格的标准。同时，对儿童口罩厂商的生产和销售资质，也要予以严格管控，以防范滥竽充数，导致质量不可控，埋下安全风险。（《北京青年报》，2020 年 4 月 15 日）

c. 农产品数量上稳产保供，并不意味着质量上就可以“滥竽充数”，保障农产品质量安全要做到紧盯、紧抓、紧跟。（光明网，2020 年 3 月 20 日）

d. 在座的都是圈子内知名的专家教授，就我一个小讲师，参加今天的会议顶多是滥竽充数了。

在例（12）a 中，疫情是一面镜子，能够映照党员干部的治理能力和水平，“滥竽充数”把没有能力和真才实学的人在疫情面前无处遁形、原形毕露的丑态描绘得淋漓尽致。在例（12）b、c 中，分别是说儿童口罩和农产品应严格把控质量，决不能出现以次充好，留下安全隐患。在例（12）d 中，是说话人自谦的一种说法。

在对外汉语教学过程中，这类词的教学可以采用讲故事法，让外国学生了解典故的来源和背景，从而加深对这个成语的感性认知，然后再结合类似例（12）中的例子进行讲解、揣摩。

第四节　词组本位的语法学思想对词法与句法教学的启示

从 1898 年《马氏文通》的出版算起，汉语语法学的研究大体上经历了套用期、引发期和探求期三个阶段，其中探求期的特点是在消化吸收国外先进语言学理论的基础上，注重汉语语言事实的挖掘，构建符合汉语语言特点的语法学体系。朱德熙先生在探求期对中国语法学体系的构建做出了重要贡献，产生了深远影响。

一、朱德熙的传奇学术人生

朱德熙先生 1939 年考入西南联合大学物理系，是地地道道的“理科生”，在文科同学的影响下于 1940 年转入中文系学习，属于典型的“理转文”。其间，他在罗常培等一大批大师的精心培养下打下了良好的语言学功底，最终成长为一代语言学宗师。

1945 年，朱德熙先生大学毕业后先后在昆明中法大学、清华大学任教，后来调入北京大学中文系工作。在行政管理工作上，朱德熙先生担任过北京大学中文系副主任、北京大学副校长、研究生院院长等职务。

朱德熙先生兴趣广泛，做学问之余常常喜欢吹笛子，唱昆曲，既会做学问又会娱乐。可以说是科研和娱乐“两手抓，两手硬”。朱德熙先生从事现代汉语语法研究四十余载，是 20 世纪享誉海内外的现代汉语语法八大家之一。他开创的词组本位的语法观是其语法学思想的集中体现。这一语法思想集中体现在《语法讲义》（1985 年，商务印书馆出版）和《语法答问》（1982 年，商务印书馆出版）两本著作中。虽然这两本著作体量不算大，尤其是《语法答问》，但它们却是运用结构主义语言学的理论和方法研究现代汉语语法的巅峰之作，是语言文学类专业的本科生、研究生甚至博士生的必读书目。

《现代汉语形容词研究》这篇论文是朱德熙先生系统运用结构主义语言学分布分析法对汉语进行研究的集中体现。毫不夸张地说，这篇论文是运用分布分析法进行汉语语法研究的典范。赵元任先生也曾对这篇论文给予高度评价。后来，朱德熙先生又陆续发表了《说“的”》和《关于＜说“的”＞》这组姊妹篇论文，在学术界引起了巨大反响。这组论文的结论可谓是“咋一看出乎意料，仔细一想却又在情理之中”，把基于结构主义语言学的现代汉语语法研究推向了又一高峰。

二、朱德熙词类划分的思想

长期以来，汉语词类的划分一直困扰着语法学界，是个“老大难”问题。其根本原因是汉语没有严格意义上的形态变化，不像印欧语系那样能够依据形态来判断词类。比如，英语中凡是词尾可以加 -ed 和 -s 表示“时”的为动词，加 -er 和 -est 表示“级”的为形容词或副词，加 -s 表示“数”的为名词。可是汉语的词类却没有办法依据类似英语的形态来进行划分。

20 世纪汉语语法学界开展过三次词类问题的大讨论，经过讨论关于词类划分的标准，语法学界基本上达成了共识，即朱德熙先生根据词的语法功能来判断词类的观点得到了学术界广泛认可。所谓语法功能是指这个词在句法结构里所能占据的语法位置的总和。比如名词，从组合上来看，可以受数量短语修饰、不能受否定副词“不”修饰、不能重叠；从功能上来看，主要充当主语、宾语和定语，不能做补语，一般不做状语。也就是说，凡是满足以上语法功能的词都可以划归到名词中。比如“面包”一词，我们说“一块面包”，不说“不面包”“面包面包”；我们还能说“面包可以充饥”“小王喜欢吃面包”，但不说“吃得面包”（请对比“吃得很饱”“吃得舒服”等述补结构）。综合来看，以语法功能来判断词类的这种方法是比较符合汉语特点的，也是被汉语语法研究和教学的实践证明了的行之有效的词类划分方法。

三、朱德熙与句子层次分析

朱德熙先生主张层次分析是语法分析不可缺少的手续之一，原因是自然语言的语法构造都是有层次的。句法结构的层次性是由句子的生成方式决定的。现代语言学理论普遍认为句法结构是由句法成分通过两两合并（merge）的方式生成的。请看下面的例子。在例（1）a 中，动词“踢”首先与名词“足球”合并生成动词短语“踢足球”，动词短语“踢足球”然后再与名词“张小明”合并生成主谓短语“张小明踢足球”。具体合并过程我们可以用例（1）b 表示。

例（1）a. 张小明踢足球。

b.
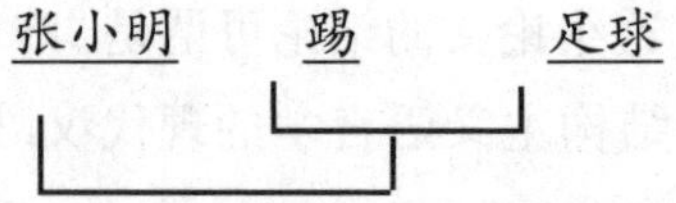

通过例（1）我们不难看出，句法成分之间总是通过两两合并的方式组合成一个大句法结构体，然后再与另一个句法成分合并成一个更大的句法结构体。以此往复，直至生成话语交际所使用的具体句子。自然语言的句法成分是以时间为主轴呈线性排列的，因此从表面上来看它们之间的关系不存在亲疏远近的差别。实际上，两两合并的句法结构生成方式最终决定了句法成分之间关系是不平等的。而层次性就是句法成分之间关系不平等的具体表现。换言之，在线性上所毗邻的句法成分之间存在着亲疏远近的区别。这实际上就是朱德熙先生主张层次分析是语法分析不可缺少的手续的根本原因。

四、朱德熙的汉语语法学体系

朱德熙先生是运用美国结构主义语言学理论研究现代汉语语法的集大成者，其代表作是《语法讲义》和《语法答问》。朱先生在《语法答问》中以问答的形式阐述了结构主义语言学的基本原理和基本方法，而《语法讲义》则是他运用结构主义语言学理论和方法对现代汉语语法进行研究的具体实践，为现代汉语语法研究提供了“朱氏范式”。概括地说，朱德熙先生的语法学体系是以词组为基点的语法体系，汉语语法学界一般将这套语法理论称为词组本位观的语法观。

1. 词组本位语法观的语言事实基础

朱德熙先生在《语法答问》中通过对比汉语与印欧语，发现汉语语法主要具有以下两个特点：一是汉语的词类跟句法成分之间不存在简单的一一对应关系，二是汉语句子的构造原则跟词组的构造原则基本上是一致的。关于第一点，我们以名词为例加以说明。汉语的名词既可以做主语、宾语，还可以做谓语，而英语中的名词是绝对不能单独做谓语的。比如，汉语有“今天星期天”的说法，而英语只能是“Today is Sunday”。由此可见，英语的名词只能与动词组合后才能充当谓语。关于第二点，汉语句子的句法成分之间有主谓关系、述宾关系、述补关系、偏正关系、联合关系、连谓关系，在词组中同样也有类似的关系，请看例（2）。例（2）中的词组要是带上语气，完全可以当作一个句子来使用，由此可见词组和句子关系的紧密程度。朱德熙先生认为语法研究者如果把各类词组的结构和功能都能够详细地描写清楚了，汉语句子的结构也就描写清楚了。因为句子只不过是带上语气的词组而已。也正是从这一特点出发，朱德熙先生提出了汉语语法研究要以词组为视点的语法学思想。

例（2）a. 语言研究（主谓词组）

b. 研究语言（述宾词组）

c. 喝醉（述补词组）

d. 木头房子（偏正词组）

e. 北京和上海（联合结构）

另外，从词法的角度来看，合成词的构成方式与词组的构成方式也基本上是对应的，请看例（3）。例（3）中词的结构类型基本上等同于短语的结构类型，即词组和词在结构类型上同样存在着平行性。这也就是说把词组的结构类型研究透彻了，词的结构类型也大体上弄清楚了。实际上，这是从词法的角度证明了以词组为基点进行汉语语法研究的合理性。

例（3）a. 司机（主谓式）

b. 理发（述宾式）

c. 看见（述补式）

d. 白酒（偏正式）

e. 壮大（联合式）

正是由于汉语句子、词的构造原则与词组的构造原则基本一致，朱德熙先生以词组为基点来描写汉语语法，从而建立起以词组为本位的语法学体系。依照词组本位的语法观来看，句子只不过是带上了语调的词组而已。这也是句子研究要以词组为基点的语言事实依据。

2. 词组本位观语法思想的基本内容

词组本位观认为词扩展成词组是一种组合关系，而词组扩展成句子则是实现关系。换句话说，由词到词组是量的扩充，而由词组到句子则是质的飞跃。因为词和词组是生成句子的备用单位，而句子则是可以用来交际的具体“产品”。另外，词组本位观主张词组与句子的关系不是部分与整体的关系，而是抽象的语法结构与具体的“语语”之间的关系。

从研究方法上讲，词组本位的语法学体系重点强调句法结构的层次性和句法成分组合的配对性。所谓句法结构的层次性是指句法成分之间存在着亲疏远近的差别，在合并上两两之间也存在着次序的差别。朱先生据此得出层次性是语言本质属性之一的论断。所谓句法成分组合的配对性是指句法成分之间是相互依存的，彼此不能脱离对方而单独存在。比如，主语是相对于谓语来说的，宾语是相对于述语来说的，状语和定语是相对于中心语来说的等等。从这一点来看，词组本位的语法学与传统的中心词分析法有着本质的不同。传统的中心词分析法把句子成分划分为主语、谓语、宾语、定语、状语和补语六大成分，并不强调句子成分间的组合配对性。从语法分析和语法教学的实践来看，中心语分析法的这种分析方式实际上是割裂了句法成分之间的有机联系，把它们彼此孤立起来，这样会造成语法体系内部的矛盾。

句法结构体是句子构成的直接单位。因此，词组本位的语法观主张把句法结构体作为语法分析的基本单位。在《语法讲义》中，朱德熙先生将汉语中的句法结构划分为主谓结构、述宾结构、述补结构、偏正结构、联合结构和连谓结构六种。从方法论上来看，这种分类方式恰恰是强调了句法成分的组合配对性和相互依存性。实际上，这六种句法结构也完全可以叫作主谓词组、述宾词组、述补词组、偏正词组、联合词组和连谓词组，比如例（4）。这样一来，句法结构和词组在概念上就基本等同了。

例（4）a. 白杨挺拔

b. 打篮球 / 订杂志

c. 累得气喘吁吁

d. 可爱的孩子 / 缓慢地滑行

e. 北京和上海

f. 打电话通知他

朱德熙先生从词组的视角对现代汉语的句法结构进行了详细描写，发现“内部构造相同的结构，功能一般相同；功能相同的结构，内部构造不一定相同”。比如例（4）b 中的两个词组都是述宾结构，都是动词性的；而例（4）b 和例（4）c 虽然都是动词性的，但它们的内部结构并不相同，前者是述宾结构，后者是述补结构。

五、结束语

朱德熙先生的词组本位的语法观认为无论是语法研究还是语法教学都应立足于词组，把词组的结构和功能研究清楚了，汉语句子和词的结构和功能也基本上清楚了。

从语言学的发展来看，词组本位的语法观较之于句子本位的语法观具有明显的优势。词组本位的语法观一是解决了内部自相矛盾的问题，实现了理论体系的内部一致性，二是使整个理论体系更具简明性和经济性。比如，词组本位观强调词组无论出现在什么位置，其结构和功能都不会改变。关于这一点，句子本位观不得不借助于词类转化进行解释。转类当然是一种解释，但也有很大的弊端。那就是在理论上会导致“词无定类”，在实践上会导致“依句辨品，离句无品”。

第五节　老舍的写作观对当时写作遣词造句的启示

人民艺术家老舍是中国现代文学史上著名的小说家、作家和编剧，他一生笔耕不辍，是文艺界当之无愧的“劳动模范”，代表作有小说《骆驼祥子》《四世同堂》和剧本《茶馆》《龙须沟》。老舍早年在新加坡当过中学教员，后来到齐鲁大学、山东大学等校任教。从职业生涯上来看，老舍既是一位作家又是一位教师。老舍在长时间的创作过程中所形成的独具特色的写作风格和写作观对“双减”背景下的初中写作教学具有一定的借鉴意义和指导价值。

一、老舍的写作观

老舍的作品的语言俗白精致，雅俗共赏。他常用通俗、平白的文字来反映时代和生活，其作品生活气息醇厚，所描写的地方风物、民风民俗真实感人。

（一）创作源于对生活的体验和思考

老舍说："在动笔杆的同时，我们应当努力于政治学习，热情地参加各种活动，丰富生活经验，还要看戏，看电影，看文学作品。"这就是说，文学作品的创作一方面要有对生活细致的体验和感悟，另一方面还要积极吸取文艺作品的养分。这一点在其语言风格上就有明显的体现。老舍是北京人，其作品中就有大量富有生命力的并且透露着独特京味的北京口语词汇。从题材的来源上看，老舍的作品大多取材于市民的日常生活。在《骆驼祥子》和《茶馆》等作品中，老舍通过对城市贫民的生活和命运的描绘，刻画了浸透着封建宗法观念的保守落后的中下层市民。在新的历史潮流冲击下，作品中的人物在民族矛盾和阶级搏斗中，呈现出了惶惑、犹豫、寂寞的矛盾社会心理，另外老舍还把他们进退维谷、不知所措的可笑行径大胆地揭示出来。从哲学上看，老舍的写作观显然是一种典型的唯物观。我们知道，文学作品虽然高于生活，但归根结底还是来源于生活，是对生活的抽象和升华。因此，创作一定要善于观察身边的人和身边的事物，做到能够见景生情，把自己的感情和思想融入到作品中去。

（二）文风要清楚简洁朴素

写作表达的第一要务就是文字要清楚，而文字清楚又是思想清楚的结果。老舍经常说写作最好要说什么就说什么，不要大转特转，让人不知所云。他认为把文字弄清楚是第一要务，然后再求美好是最保险的办法。他还指出，句子一般不要写得太长，说一句便是一句，一句说清楚了再说第二句。老舍强调文字表达既要简练又要有内容，即言之有物避免空洞。所谓简练是指一语道破，要把话说到事物的根儿上。老舍经常用地道的北京话描写北京人和北京人的生活，其形式活泼有趣，内容质朴自然，具有强烈生活气息和独特的魅力。同时，老舍的语言又会脱离自然形态的粗糙与随意，最终"炼成金子"，使现代的北京口语显出朴素精致如同一具精雕细刻的瓷器。老舍的文风朴素中透露着精致，而精致又寓于朴素中。简单来说，老舍朴素的语言中潜存着精致，精致又通过朴素表现出来。一句话，有内容有思想是避免空洞的金钥匙，而文情并茂、内明外润的作品才能与时代相映生辉。

（三）写作贵在天天练，认真练

“人活着，就没有‘毕业’的时候”，这是常常挂在老舍嘴边的一句话。这实际上是说写作最好的窍门就是“每天必写”，“天天拿笔”，哪怕只写几十个字。“天天练，认真练”，第一步是要学会“记”，就是每天记一件事。比如，今天北京下了一场雪，就可以把它记下来。记录的形式多种多样，可以是诗歌也可以是白话散文。写诗歌有难度，即使是用白话文记录下来也不是那么容易。这样日积月累，进行文学创作时就有了素材，也就有了创作的灵感。灵感从哪里来？实际上灵感多半来源于日常生活的累积。老舍认为灵感只是很少的一点东西，决不够写一篇文章用，他认为一篇文章的写成，要靠真功夫，要靠作者自身的修养。而写作的真功夫和作者的修养来源于平时的练笔。为了杜绝“书到用时方恨少”情况的出现，平时就要学会“精练”。怎么练？也就是要有选择地写。简单来说就是要写下值得写的东西，写下重要的东西。比如，写一般人要写出他的精神风貌，写解放军要写出他的英雄气概，写事件要写触动人心灵的地方。

二、“双减”政策的影响

长期以来，学校在升学率的重压下，一方面不得不采取“刷题”战术，加大加重学生作业量，另一方面默许甚至鼓励学生参加各种类型的校外培训班，以提高学生考试成绩作为教育的第一目标。这种拔苗助长的教育方式严重背离了教育的初衷，更是违背了教育规律，不利于学生的全面发展和身心成长。

“双减”就是指有效减轻义务教育阶段学生过重作业负担和校外培训负担，以 2021 年 7 月 24 日中共中央办公厅、国务院办公厅印发并施行的《关于进一步减轻义务教育阶段学生作业负担和校外培训负担的意见》为标志。从根本上讲，“双减”政策是利国利民的好事，其好处可以概括为“三个有助于”，即有助于义务教育回归正常，有助于学生的健康成长和全面发展，有助于减轻家长课业辅导和经济方面的负担。

国家“双减”政策出台后，全国各地纷纷制定配套实施方案，学生的作业负担明显下降，各类培训机构也大幅度压减，“双减”取得了初步的成效。从本质上来看，“双减”减的是重复性、机械性的作业，减的是资本野蛮催生的培训机构，让教育回归常态，而课程标准规定的应知应会的内容不会减，也不能减。因此，关于学生身心发展方面的标准不会“缩水”，也不会降标。在《义务教育语文课程标准》中，关于写作应达到的标准在每个学段中都有相应的要求，贯穿全部四个学段中。比如，在第四学段中就对表达真情实感和观察生活提出了较高要求，另外还对每学年的写作次数和文章的体量做出了明确规定。“双减”形势下，如何提高学生的写作水平迫在眉睫。

三、对初中写作教学的启示

在不增加学生作业总量的前提下，又要切实提高学生的写作水平和能力，必须有科学的教学训练方法才能实现。老舍的写作观对于“双减”背景下的初中写作教学有一定的指导作用和借鉴价值。

（一）培养学生写作的真情实感，避免无病呻吟

“双减”政策实施后，学生周末节假日不再参加各种类型的培训班，而是走出培训教室，走进大自然，走进生活，这为学生感受大自然体验生活创造了有利条件。这也与老舍所主张的“创作源于对生活的体验和思考”的写作观一脉相承。教师要充分利用这一有利时机，改变写作课教学中过分强调写作技巧和写作的章法的传统教学模式，让学生写出自己对生活对大自然的体验和感悟，写出自己的真情实感，避免出现喊口号式没有实质内容的作文。而情感来源于对大自然的体验和对生活的感悟。我们知道，情感是文章的生命，文章情感的投入尤为重要。这是因为情感一方面能够体现一篇文章的神韵，另一方面感情的真挚还可以弥补写作文辞的部分欠缺。用心写出的文章就带有了作者的真情实意，这样的文章所携带的能量也可以被读者感知，能够引发读者的情感共鸣，让读者感同身受，触及读者的灵魂深处。这就是古人所说的文为心声。

（二）内容第一，形式第二

初中学生的作文有两个特点，一是喜欢引用古诗文或名言警句、成语、俗语、典故，二是喜欢使用排比、比喻等修辞方法。适当地引用名人名言和使用修辞手段并没有错，但是如果忽视内容只为追求形式的齐整可能就会适得其反，会造成文章华而不实、以辞害义。这样的写作方式如果得不到及时纠正就会形

成不好的文风，最终把写作变成炫耀、堆砌和猎奇。众所周知，词汇是为文章服务的。一方面，在写作教学中教师要明确告知学生不能为了显示自己丰富的词汇而刻意使用色彩义过于浓烈的词语。比如，在不少学生的作文中我们可以经常看到类似下面的描述，描写雨大必用“滂沱”，描写火光必用“熊熊”，描写溪流必用“潺潺”等等。这样的遣词造句会造成千人一面，这样的文章读起来更是味同嚼蜡。另一方面，教师在写作教学中还要引导学生不要刻意引用名人名言，也不要在非必要时使用修辞，修饰语的选择更要慎重。这一点恰恰与老舍所倡导的“清楚简洁朴素”的文风不谋而合。

（三）用足用活互联网，鼓励学生开展形式多样的“微写作”活动

互联网正在改变着我们生活、工作和学习的方式。从主观上讲，生活在互联网时代的年轻学生易于接受新鲜事物，热衷网络，也都具有一定的信息技术能力。从客观上来看，网络和电子通信设备在城乡也已基本普及。网络的便捷性为学生每天的网上练笔提供了可能。利用互联网引导学生练笔较之传统的写作教学也具有一定的优势：一方面能够激发学生的写作兴趣，调动其积极性，另一方面还为师生的即时互动提供了可能，即克服了传统写作教学教师批改作文的滞后性。在此形势下，我们语文教师不要害怕网络，要擅长使用网络。一方面要让网络服务于我们的教学，另一方面还要鼓励学生利用互联网进行日常练笔活动。比如，引导学生利用博客、微博记录自己的所思所想。我们这样做的目的是让学生主动写作，培养其写作的兴趣，真正成为写作的主人，不再是被动地完成教师布置的任务。每天开展网络练笔活动与老舍关于“写作贵在天天练，认真练”的写作观相辅相成。

第八章　语言学类课程教学改革与实践

第一节　新时代背景下语言学类课程思政的实践与思考

高校思想政治工作关系高校培养什么样的人、如何培养人以及为谁培养人这个根本问题。要坚持把立德树人作为中心环节，把思想政治工作贯穿教育教学全过程，实现全程育人、全方位育人，努力开创我国高等教育事业发展新局面。课程思政就是要将显性教育与隐形教育相统一，找出学科知识中蕴含的思政元素。2020 年 5 月，教育部出台的《高等学校课程思政建设指导纲要》明确指出：全面推进课程思政建设是落实立德树人根本任务的战略举措。在此背景下，高校在课程教学上要做到知识传授、能力培养与价值引领的融合。“语言学概论”课程也要紧跟时代脚步，将思想政治教育融入课程教学之中，实现知识传授与立德树人的有机统一。

一、课程思政的概念与目标

（一）课程思政的概念

2014 年，上海市委、市政府探讨思想政治教学与其他学科相互融通的教育改革，并提出“课程思政”的概念。要用好课堂教学这个主渠道，思想政治理论课要坚持在改进中加强，提升思想政治教育亲和力和针对性，满足学生成长发展需求和期待，其他各门课都要守好一段渠、种好责任田，各类课程与思想政治理论课同向同行，形成协同效应。这为课程思政教学改革指明了方向。从本质上讲，课程思政就是要把积极正向的社会主义思想观念、职业道德、人生理想和加强社会主义教育强国建设等内容渗透进教学中，以对受教育者的思想政治观念产生潜移默化的影响。

（二）课程思政的目标

立德树人是教育的根本任务，也是高校的立身之本。课程教学是人才培养的主渠道，是落实人才培养目标的关键。从根本上讲，课程思政的目标就是立德树人。“立德树人”，“德”字为先，何为“德”？“德”在中国具有极高地位。《大学》中“德者，本也”，即道德素质是为人的根本；又曰：“大学之道，在明明德，在亲民，在止于至善”，即学校的教育目标在于弘扬人光明正大的道德精神，使人的道德精神达到最高境界。要在古人对“德”的基础上继承创新，理解今日之“德”。今日中国之“德”，包括了人类最先进的文化，是融合了马克思主义价值观和中国优秀的传统文化。“立德”，就是立今日中国之德。“树人”就是要培养坚定不移走中国特色社会主义道路，拥护中国共产党的领导的中国特色社会主义事业建设者和接班人。简单来说，课程思政就是要弘扬时代价值观，将思政教育贯穿课程教学之中，培养当代大学生正确的人生观、价值观和世界观。

二、课程思政元素融入“语言学概论”课程的必要性

聂志平指出，“语言学概论”是语言学理论的入门课，通过介绍语言学的一般理念与基础理论知识，从共性的视角陈说语言的特性、构造、源流及发展演变规律，使学生能够对学科理论知识有初步认知，从而获得使用科学的方法研究语言问题的基本能力。因此，在教学过程中要引导学生学习，让学生了解并熟知语言学的基本原理，结合基本原理思考语言学的相关问题，激发学生对语言学的兴趣。将课程思政融入语言学课程教学是必要的，在教学过程中注重结合学生的知识接受力与价值引导力，实现知识与思想的高度统一。

（一）“语言学概论”融入课程思政元素是课程本身的内在要求

从本质上看，语言的基本属性为工具性，但它也反映出其人文内涵的特质。1996年，原国家教育委员会颁发的《全日制普通高级中学语文教学大纲》中表明，语文是最重要的、富有人文性质的交际工具。《普通高中语文课程标准》指出：“语文课程的基本特点是工具性与人文性的统一。”因此，我们不仅要注重语文的实用性，还应注意挖掘其所蕴含的文化价值。高校汉语言文学专业课程中尤其是语言学类课程，其中语音、语法、语义和语用中蕴藏着丰富的语言人文知识

点。除此之外，“语言学概论”中的较多知识点也蕴含着课程思政的重要元素。该课程也会跟外语教学产生联系，在学习过程中会与西方文明产生交流与碰撞。为使学生正确对待西方思想观念、加强民族自信、树立正确的思想价值观，在该课程中融入思政元素是十分必要的。

（二）“语言学概论”中融入课程思政元素提高学生综合素养的要求

理论性强、难度大是“语言学概论”的特点。学生学习吃力，课堂缺少活力，教师教学费力，是“语言学概论”课程教学中常见的问题。基于这些问题，教师在进行教学活动时，应思考新的教学方法、注重对教材的研究。教材是教师教学、学生学习的重要工具。语言学课程中要推进课程思政，就必须把思政元素融入学科教材中。学生通过教科书去了解知识与文化，建立属于自己的价值观，但在语言学教科书的编写中，较少体现出课程思政元素，需要教师进行挖掘。目前，“大思政”的环境正在形成，课程思政是在潜移默化中使学生受到影响。从理论上讲，课程思政更偏重于价值，而知识传授则更加注重事实，但在具体的教学实践与运用中，课程思政也需要解释事实，而知识传授也要蕴含价值，二者都不可直接或间接地忽视学生的感悟与体验。

（三）“语言学概论”融入课程思政元素是新时代教育发展的必然要求

语言是文化的载体。语言学就应肩负起传播中国优秀文化、促进文化交流的作用。萨丕尔指出：“作为人类特有的信息体系，语言既可以帮助人类进行思考，也可以让人类进行言语之间的交流。人们在使用言语进行沟通时，语言也记载了前人的生活方式与生活经验，记载人类发展的变迁史，体现出人类特有的思考方式。”这表明，语言基本属性之一是文化传播性，语言的发展不可脱离文化而存在，是文化传播的结果。“语言学概论”主要涵盖了教师的教与学生的学两个方面。教师教授学生学习的过程中不仅要讲授语言学知识还要讲授汉语言文化所承载的文化自信、社会主义核心价值观等层面的东西，学生在学的时候能够潜移默化地受到价值层面的引导，帮助其树立文化自信。

三、“语言学概论”课程思政的育人目标

“语言学概论”中课程思政的教学目的是将思政元素融入教学的每个环节，发挥课程育人功能的最大化，从而达到思政教育的综合育人目标。为实现这一目标，将从课程的总体安排、教师素养、教学内容与教学评价等方面进行分析。

“语言学概论”是汉语言专业的必修课程之一，本书以叶蜚声、徐通锵的《语言学纲要》（修订版）为例，列举各章融入课程思政的育人目标，具体参见表 8–1。

表 8–1 “语言学概论”课程思政教学内容选择与设置

章	专业内容	教学目标与内容	育人目标
导言	语言学的性质、地位与价值	让学生对语言学有初步的了解，认识到语言学的价值。	对传统文化的继承，树立社会主义核心价值观。
第一章 语言的功能	语言的社会功能与思维功能	让学生认识到语言是交际的工具，语言是思维功能的生理基础。	让学生进行表达，锻炼语言表达能力、思维能力，提升自信力。
第二章 语言是符号系统	语言的符号性质	语言具有无限的生成性与系统性。	让学生对语言产生兴趣，具有探索精神。
第三章 语音和音系	从声学看语音	结合声学分析的软件分析语音，使学生轻松理解本章内容。	对科研有着敬畏之心，崇尚科学。
第四章 语法	语言的结构类型和普遍特征	将汉语、俄语、英语的语法特点进行对比分析。	推广汉语，提升文化自信，树立语言平等观。
第五章 语义和语用	词汇和词义	通过学习能在日常生活与学习中合理运用语言。	通过对词汇的认知，用辩证的方式看待生活中的事情。
第六章 文字和书面语	文字的传播与发展	了解文字在人类历史上的重要作用与文字的演变。	汉语文化源远流长，增强文化自信。
第七章 语言演变和语言分化	语言演变的原因及语言随着社会的分化而分化	认识语言演变的原因及特点，对中国地域方言有所认知。	让学生明白方言是文化的另一种表现形式，要明白传承和保护方言的重要性。
第八章 语言的接触	语言接触的特殊形式——混合语	学习“洋泾浜”，让学生明白世界上存在多种混合语。	明白文化的多样性，从混合语中感受世界文化的多姿多彩。
第九章 语言系统的演变	词汇和词义的演变	通过新词产生、旧词消亡与词语替换来让学生体会词汇演变的现象。	让学生具有创新精神，努力适应社会的要求，为社会贡献自己的力量。

从表 8–1 中可看出“语言学概论”这门课程蕴含着丰富的思政元素，具有较强的育人功能。教学要从立德树人这一宗旨入手，将课程思政核心理念贯彻

到底，将课程思政贯穿全过程教学。需要指出的是课程思政的选择不是盲目的，应结合教材内容根据学情将合适的思政元素融入其中，只要能够帮助学生成长，传达出正确的价值观即可。

四、“语言学概论”课程思政改革的思考

（一）转变教学理念，做到既“教书”又“育人”

课程思政并非单开设一门课程，而是指教师将思政渗透教学课堂活动中。教师是教育教学的核心，是教学活动的引导者，是育人功能的实践者。目前仍有部分教师未意识到育人的责任，在其身上仅体现出教书的责任。陶行知先生曾说：“先生不应该专教书，他的责任是教人做人。”在教学中要让学生领悟知识的同时提升自身的道德修养。因此，教师要转变传统教学观念，将“教书育人”的理念落实到位。转变教学观念，根本在于教师对于课程思政的理解度，学校要重视教师的教学能力，应组织其参观相关课程思政教育的讲座，为教师们提供学习的榜样。不仅如此，教师在业余时间也要加强交流合作，集思广益一同备课，找出教材中蕴含的思政元素并探讨如何将思政元素融进教材中。在“语言学概论”课程中有较多助于学生形成正确的人生观、价值观和世界观的学科内容，应用发展的眼光看待课程思政，将其中内涵润物无声地传授给学生。

（二）优化教学内容，创新授课方式

教学内容是教学活动的重要组成部分。教学内容不是僵化、固定不变的，它随着社会的发展与学生的需要灵活、动态地做出改变。课程思政理念下的语言学概论课程教学，不只是对课程思政概念的简要阐述，而是要让教师深刻理解课程思政理念后对教材内容进行研讨并践行于教学活动中。教师要不断努力学习，提升教学水平能力与思想高度，为学生树立榜样，激发学生的学习兴趣。教学活动是动态发展的，教师要不断地创新上课方式，让学生不再觉得语言学课程枯燥无味。比如，采用“MOOC 视频 + 自制段视频”的模式，推进“语言学概论”课程的教学改革就是教学改革的有益尝试。该授课方式改变了之前学生获取知识的单一性，让学生可以运用网络学习到更多的知识，掌握在线学习的方法，让学生树立终身学习的理念。

（三）改变课程评价方式，采用多维度评价

教学评价指根据相应的要求对教学及其成果进行探究、评价的过程。主要有学生学业成绩的评价、教师教育质量的评价及课程评价等类型。针对该课程教学活动，在此谈及的是对学生学业成绩的评价。以往的教学评价方式几乎都以“终结性考核”给学生成绩好坏下定论，这样的评价方式过于单一化，应加强课程多阶段检测并计入总成绩，使教学评价由单一化向多元化转变。如教师可以让学生参与课堂回答问题，进行分组讨论，可以设计“根据语言学理论知识，如何能够体现出一个国家的文化自信”“文字的演变、字音的变化是否受到文化的影响”“根据本地区的少数民族语言特色，我们该如何在保护少数民族语言的同时加强自身的普通话能力”等具有贴合现实意义的题目，以此来使学生们感受到课程思政的育人作用并提高学生学习兴趣，激发教师教学热情。

五、结束语

“语言学概论”课程在讲授语言学基础知识与基础理论的同时融入课程思政的教学元素，是落实立德树人高校这一根本任务的内在要求。实际上，融入课程思政元素又是落实“为谁培养人、培养什么人、怎样培养人”的关键。课程思政元素的挖掘要立足于“语言学概论”课程的知识体系，不能强行嫁接，生搬硬套。在教学中要做到因势利导，润物无声，实现为党育人，为国育才。

第二节　MOOC 与“语言学概论”翻转课堂

对高等教育有着巨大影响的 MOOC（massive open online courses）是信息时代新型的教学资源，近年来受到高等教育改革者的广泛关注。MOOC 建设和研究也因此成为国内外在线教育的热点之一。“语言学概论”是中国语言文学、外国语言文学的专业基础课，具有很强的基础性和理论性，教师的“教”和学生的“学”的难度都比较大。在新文科建设的背景下，如何有效利用 MOOC 推进该课程的教学改革具有重要的理论意义和实践价值。

一、依托 MOOC 进行课程改革的必要性

（一）MOOC 资源设计的高质量性

MOOC 提供了丰富的音频、视频、图片和文本等材料，这完全能够满足学生日常的学习，另外 MOOC 平台还通过论坛、即时网络通信工具构造了一个虚拟的社区。在这个社区中，可以实现“师—生”“生—生”的高效互动。我们知道，MOOC 是依托名校名师完成的课程教学过程，其课程目标明确，时间安排合理有序，每节课讨论的话题设置合理，另外课后还会推送精心设计的作业等。具体来说，授课一般由教学经验丰富的教学名师来完成，课程视频的录制、剪辑、设计和推广由专业的技术团队来完成。这样的话，无论是课程的授课质量还是教学视频的加工质量都能够得到较好的保证。从学生的角度来讲，“名校 + 名师 + 名课”的教学模式有利于开阔学生的视野，提高学生专业学习的兴趣和积极性，激发学生的专业自豪感。

（二）MOOC 资源使用的便捷性

由于 MOOC 资源具有公益性，社会大众利用 MOOC 进行自我学习和提高一般情况下无需付费。绝大多数 MOOC 的课程资源通过网络的形式在线传播。学习者只要通过一台联网的电脑甚至是一部智能手机完成在线注册后就能轻松实现专业课程的学习。由于 MOOC 平台服务器比较先进，不会造成网络“堵车”。学生完成注册以后可以根据自己学习情况制订适合自己的学习计划，还可以选择自己喜欢的网络交流工具与教师或同学进行即时互动。学生即便不能按时参加网上学习，事后也可以选择合适的时间利用回放功能进行学习。这具体体现了 MOOC 资源的开放性和个性化。MOOC 资源不仅能够满足学生的学习需要，还能为教师教学改革提供基本素材，助力翻转课堂课改。

（三）MOOC 平台功能的即时互动性

互动式训练、系统自动打分和学生追踪管理是 MOOC 平台最重要的功能，这些功能恰恰是翻转课堂教学改革所需要的。这是因为，互动式训练能够帮助学生完成课前的预习，把传统课堂课上所讲授内容在课前完成。系统自动打分功能可以检验的学习效果。追踪管理功能则是对学生的个性发展进行“量体裁

衣”，教师在课堂教学中也能做到因材施教。

（四）MOOC 内容的建构性和生成性

MOOC 建构了一套完整的生态系统，系统中的各个要素相互联系相互支撑使 MOOC 各项内容具备了重组的可能性。MOOC 内容可能根据“教”和“学”的需要，按需生成。具体来说，教师在 MOOC 平台根据教学需要发布教学内容，设计一定的教学活动，让学生课前完成。当然，为鼓励学生的创造性，教师还可以适当提供一些教辅材料，但不宜过多，以此来培养学生合作式学习和探索式学习的能力。学生通过学习教师发布的教学内容，并参与相关教学活动，一方面能够建构起自己的知识网络，另一方面还可以提高自主学习能力，树立终身学习的理念。当然，学生课前通过 MOOC 进行的学习不是孤立的“自习”，而是由全班同学、任课教师参与的团体式互动学习。在这过程中，学生可以通过头脑风暴、交流讨论来提出新观点和新见解。

二、“语言学概论”课程“教”与“学”的现状分析

众所周知，“语言学概论”课是语言学理论的入门课程，主要讲授语言学领域的基本概念、基本原理等基础性知识，其研究对象为全人类的所有语言，从理论上对其共同规律进行研究。具体来说，“语言学概论”主要从语言共性的角度探讨人类语言的性质、结构、功能、使用、接触、发展和演变的基本规律。从课程性质上来看，“语言学概论”是语言文学类专业的专业基础课、学科共同课，在人才培养中具有举足轻重的地位，那么“语言学概论”课的“教”和“学”的现状怎么样呢？

（一）教师的教学方法和手段尚有改进的空间

虽然说“教无定法”，但是在教学过程中采用何种具体的教学方法则是教师智慧的体现。因为教师教学水平的高低最直接影响教学效果的好坏。就“语言学概论”课程的教学运行来看，很多学校采用的基本上是传统的讲授法，就是教师在讲台上说讲稿，演示 PPT，学生在下面记笔记的模式，这是在信息技术不发达时代的产物。这种教学模式“教师讲得累，学生听得苦”，教学互动少，教学效果可想而知。

目前，语言学界已有潘之欣、吴格奇、黄腾翔等多位学者对“语言学概论”课程的教学情况进过实际调查，从数据分析来看，总体情况不容乐观。比如潘之欣通过调查发现有相当一部分学生对“语言学概论”课程“不太喜欢”甚至是“不喜欢”，具体可参见表 8–2。从调查数据来看，没有学生选择“喜欢‘语言学概论’课程”，选择“比较喜欢”的仅占 13.3%，有 66.7% 的同学选择“感觉一般”，而选择“不太喜欢”和“不喜欢”的共占 20%。

表 8–2 学生对“语言学概论”课程喜欢与否统计表

喜好 / 比例	喜欢	比较喜欢	感觉一般	不太喜欢	不喜欢
百分比	0%	13.3%	66.7%	13.3%	6.7%

（二）学生对“语言学概论”课程的学习动力有待提高

我们知道，情感和态度是影响学生课程学习积极性和主动性的关键因素。我们通过调查发现，汉语言文学、英语等语言文学类专业的不少学生错误地认为“语言学概论”这门课程是可有可无的课程，甚至不主张开设这门课程。这是因为汉语言文学、英语等专业的学生毕业后从事的工作一般是相关学科的教学或管理工作。而“语言学概论”具有较强的理论性和抽象性，在中小学一线教学中确实很难发挥具体作用。这样一来，学生对这门课程的态度也就不难理解了。大学课程的设置是综合考虑了学生的知识结构和认知发展的规律，更是从学科专业的角度经过严密论证后开设的。要改变这种现象，要首先改变学生的实用主义观点。“语言学概论”虽起不到“立竿见影”的效果，但在学生的综合发展过程中却具有极其重要的作用。

三、基于 MOOC 的“语言学概论”翻转课堂教学

（一）主要内容

简单来说，本研究尝试采用“MOOC 视频 + 自制短视频”的模式，推进“语言学概论”课程的教学改革与实践。

“MOOC 视频 + 自制视频”模式，学生在教师指定的 MOOC 平台注册（笔者使用的是“中国大学 MOOC 平台”），完成班级组建工作。教师在课前发布学习任务、课程知识点讲解视频。这些视频是传统课堂中教师重点讲解的内容，翻转课堂模式的教学希望在课前由学生自主完成相关学习。学生观看这些视频完成相关知识点的学习。对于不太适合本班学生学情的视频，教师要专门录制相关视频并上传到平台。为督促学生学习效果，可以在视频中设置学生必答的问题，让学生在 MOOC 平台上作答。课内教学流程与 MOOC 视频替代模式基本上相同。

任课教师在录制教学视频的过程中需要注意以下事项：一是为每个视频设计 1~2 个思考题，难度以学生通过观看视频就能回答为宜；二是问题的批改或答案的推送最好通过 MOOC 平台即时反馈给学生，方便学生知晓对已观看的视频的掌握程度。教师还可能通过微信群、QQ 群或者 MOOC 专用平台等工具进行在线交流与讨论。另外，教师录制的教学视频不宜过长，短小精致的教学视频更容易吸引学生的注意力，从而起到提高学习效率的作用。这是因为人类的注意力是有一定时长限制的，一旦超过该时间长，就很难再集中精力。短小精致的教学视频能够让学生充分利用课间、睡觉前等碎片化的时间完成相关知识点的学习，最终起到集腋成裘的作用。

（二）教学改革的基本思路与程序

笔者开展翻转课堂教学改革的基本思路是：学生在课前通过观看教师发布的教学视频完成传统教学课堂中的教学内容的学习、内化，相关视频可以是 MOOC 平台提供的，也可以是任课教师自行录制的；课堂教学则是以讨论式教学、启发式教学为主，重点培养学生运用课前通过观看教学视频学到的知识发现问题、分析问题和解决问题的能力。教学改革的基本程序如图 8–1 所示：

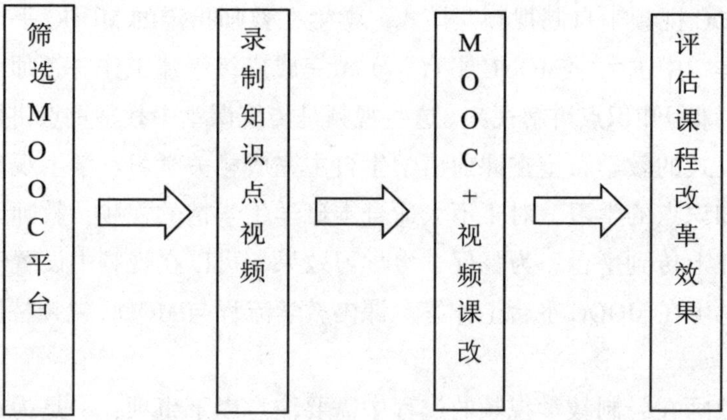

图 8–1 基于 MOOC 的“语言学概论”翻转课堂教学改革程序图

（三）研究方法

1. 文献研究法

本书的研究对象是如何利用“MOOC 在线平台 + 自制视频”的方式开展语言学概论课程的教学改革工作，因此需要梳理相关研究文献，了解研究现状，理出研究详细的研究计划。

2. 访谈法和问卷调查法

教学改革开展一段时间后，课题组通过召开学生座谈会的方式，征求学生对教学改革的意见和建议；另外设计一套不记名的调查问卷，调查学生对教学改革的情感和态度。

3. 比较研究法

本研究比较基于 MOOC 的“语言学概论”课程教学改革和传统的教学模式各自的优缺点并结合教学实际制定出具有可操作性的教学改革方案。

四、解决的主要问题

“翻转课堂”是信息时代全球教育界关注的焦点之一，引发了教育教学模式的深刻变革。翻转课堂教学模式以建构主义和系统论思想为指导，颠覆了传统的以教师讲授为中心的教学模式和传统的班级教学流程。我们知道，学习的过程包括知识的传授和知识的内化两个阶段，任何课程改革必须从这两个方面入手。具体到 MOOC 来说，高校无论是开展 MOOC 课程资源的自主建设，还是从国内外相关高校引进业已成熟的 MOOC 课程资源，其最终目的都是革新教学方式，为社会输送创新型、复合型的高层次人才。

（一）探索出理论课程教学的新模式

通过为期一个学期的教学改革，我们发现借助 MOOC 平台进行翻转课堂改革的效果是令师生满意的。实际上，笔者的教学改革是 SPOC 模式（Small Private Online Course），这种教学模式充分利用了 MOOC 平台“名校 + 名师 + 名课”的资源优势，又充分考虑到了教学改革学校学生的实际学习情况。笔者使用的 MOOC 课程由北京大学陈保亚教授主讲，其质量是毋庸置疑的，但其教学内容的难度和深度未必完全适合所有高校。基于此，任课教师进行适当的“裁剪”和“嫁接”是完全必要的。

（二）学生掌握线上学习的新方法

长期以来，我国各级各类学校的学生其知识的获取基本上依赖任课教师的讲授，知识获取的场所只有课堂。这样一来，无论是知识获取的方式还是渠道明显比较单一，与新文科建设的背景背道而驰。笔者认为学生学习不仅是大学期间的事，而是终身的大事，教师不仅要向学生传授知识，更重要的是教会他们在线学习的新方法，既要“授之以鱼，又要授之以渔”。也就是说学生对在线学习有着潜在的长远需求。而 MOOC 为学生在线学习提供了绝佳的机会，任课教师要鼓励学生掌握在线学习的新方法，大力推进传统课堂和网络学堂有机融合，培养学生树立终身学习的理念。

（三）教师实现角色转换，推进在线学习与传统课堂的有机融合

在信息化的助推下，MOOC 教学方式蓬勃兴起，教师也不再是传统意义上的“传道、授业、解惑”。这是因为，传统课堂所讲授的知识学生完全可以通过 MOOC 平台在线学习，教师在课堂上若还是按部就班进行“老套路”式的教学，势必造成学生厌学，甚至逃学的现象。教师不能只是知识的传授者，还要做学习的引导者，新学习方式的倡导者，合作学习的组织者等。具体到 MOOC 教学平台来讲，教师要大胆利用 MOOC 教学平台提供的教学资源，结合本校学生的学情，推出自己的 SPOC，提高教学水平和质量，为新文科建设添砖加瓦。

五、结论

传统的“一块黑板＋一支粉笔＋一本教案”的讲授法已不适合现今的教学实际，与新文科建设的精神也格格不入。“语言学概论”是语言文学类专业的学科共同课，理论性和专业性较强，教师的“教”和学生的“学”的难度都较大，长期以来其教学效果都不太理想。笔者借助 MOOC 平台，开展线上－线下混合式教学（online-offline blended teaching）改革，取得了令人满意的教学效果。笔者认为理论性课程的教学做到“课程教学要 MOOC 化”和“国际 MOOC 要校本化”，教师实现身份转变，学生学会新的学习方式，最终才会实现“教学相长”。

第九章　英汉构式的理论研究及对语言教学的启示

第一节　There be 构式的焦点结构与句法推导

英语 There be 构式一般可以形式化为“There be +NP+PP”，具有表示“存在”的语法意义，比如例（1）a。从语义上来看，例（1）a 相当于例（1）b。在例（1）b 中，介词 on 的外部论元和内部论元分别是 many students 和 the school playground，它们被分别指派了“存在物”和“地点”的题元角色。

例（1）a. There are many students on the school playground.

b. Many students are on the school playground.

例（1）中的两个例句虽然都具有表示“存在”的语义功能，但它们却具有不同的句法结构。从语序上来看，例（1）b 是典型的 SVO 语序，而例（1）a 与例（1）b 完全不同，那么例（1）a 表“存在”的 There be 构式具有什么样的句法语义特征？又具有怎样的句法推导过程？

一、There be 构式的论元结构分析

Radford 就曾经为 right on the nose 指派过如下结构：[$_{PP}$ right [$_{P'}$ [$_{P}$ on] [$_{DP}$ the nose]]]。从这个结构不难看出 the nose 是介词 on 的内部论元，而 right 则是处在指示语位置，显然是 on 的外部论元。当然，汉语也有类似的结构。比如，“黄河以北”的句法结构我们可以表示成 [$_{PP}$ 黄河 [$_{P'}$ [$_{P}$ 以] [$_{DP}$ 北]]]。在这个结构中，“北”充当介词“以”的内部论元，而“黄河”则处在 [Spec, PP] 位置，很明显是外部论元。当然，汉语中也有“以北”“从北京”等说法，即介词直接与体词性成分合并生成指示语空置的介词短语，其句法结构为[$_{PP}$ e[$_{P'}$ [$_{P}$ 以] [$_{DP}$ 北]]]、[$_{PP}$ e [$_{P'}$ [$_{P}$ 从] [$_{DP}$ 北京]]]。我们知道，汉语的介词不能悬空（preposition–stranding），必须要带一个宾语，另外一小部分介词

还可以受前置修饰语的修饰。这也就是说，从论元结构上来讲，介词可以带一个论元，也可以带两个论元，带一个论元时该论元为内部论元。

具体到英语 There be 构式例（1）a 来讲，句法推导系统为介词 on 选择了两个论元 the school playground 和 many students，其中前者为内部论元，后者为外部论元。介词 on 为内部论元 the school playground 指派了"地点"的题元角色，介词 on 和其内部论元构成的复杂结构 on the school playground 共同为 many students 指派了"存在物"的题元角色。从语义上来看，many students on the school playground 是个完整的论元结构，能够表达完整的逻辑语义关系。但从语法上来看，英语中每个句子都要有时制，为了表达时制，就设制了时制范畴。英语的时制范畴比较简洁，要么是现在时，要么是过去时，要么是将来时。总而言之，句子的成立还需要时制范畴 T 等功能范畴的参与才可以。

在 Radford 的句法结构基础上，我们让时制范畴 T 参与句法推导后就可以得到下面的句法结构，如（2）a 所示。在结构（2）a 中，时制范畴 T 选择介词短语 many students on the school playground 做其补足语，生成时制短语 TP，其指示语处空置，即［Spec, TP］没有相应的句法成分填充。根据扩充的投射原则（EPP），每个句子必须要有主语。另外，时制范畴 T 具有不可解释的"性、数和人称"特征，而 many students 恰恰具有可解释的"性、数和人称"的特征。在特征核查的驱动下，many students 就会移位到时制短语的指示语位置，即［Spec, TP］处。这样一来，many students 与时制范畴 T 就可以建立协约（agree）关系，T 的不可解释的"性、数和人称"特征就会被删除，many students 不可解释的格特征也会被删除，同时还对时制短语的指示语位置进行了有效填充，即满足了时制范畴 T 的 EPP 要求。具体我们可以表示为（2）b。

例（2）a. $[_{TP}$ $[_{T'}$ [T] $[_{PP}$ many students $[_{P'}$ $[_{P}$ on] $[_{DP}$ the school playground]]]]]

b. $[_{TP}$ many students $[_{T'}$ [T] $[_{PP}$ ~~many students~~ $[_{P'}$ $[_{P}$ on] $[_{DP}$ the school playground]]]]]

在英语中，由于时制范畴 T 要由语音实现，即例（2）b 中的时制成分 T 要语音实现为 are。这样一来，我们就得到了 Many students are on the school playground。汉语的时制范畴虽然也有确切的句法位置，但是在语音上是没有值的，比如：很多学生在学校的操场上。很明显，在这个汉语的译文中，我们就很难在句子的表层结构中确定时制范畴的具体实现位置，其原因就是汉语的时制范畴没有语音值。

综上，Many students are on the school playground 无论是在句法上还是在语义上都是自足的，即它具有完整的论元结构和语义结构。句法推导到这一步时，按说应该收敛了，但是例（1）中的 There be 成分为何还要参与句法计算呢？下面，本书将结合焦点和特征核查理论进行解释。

二、焦点及其特征核查的结构条件

焦点，本来是光学上的一个概念，是指光线经过透镜折射后的会聚点。Halliday、Chomsky、Jackendoff、Teng 等较早地把“焦点”这一概念借用在语言学研究上。徐杰、李英哲认为每个句子至少有一个焦点成分。众所周知，焦点与预设相对，它是一个语用概念。在句法上，焦点这一语用概念会抽象化为一种形式特征，在语言学上一般记作［焦点］或［F］，它可以被句法推导系统所使用。句法成分的［焦点］特征是词项（lexical item）在进入句法推导前被说话人指派的，该特征对于句法推导系统而言是不可解释的，必须在句法拼读前进行特征核查并将其删除。我们知道，特征的核查和删除要满足一定的句法结构条件，即参与核查的双方在结构上要毗邻。具体来讲就是要建立“指示语—核心”或“核心—核心”的结构关系，如下图所示。

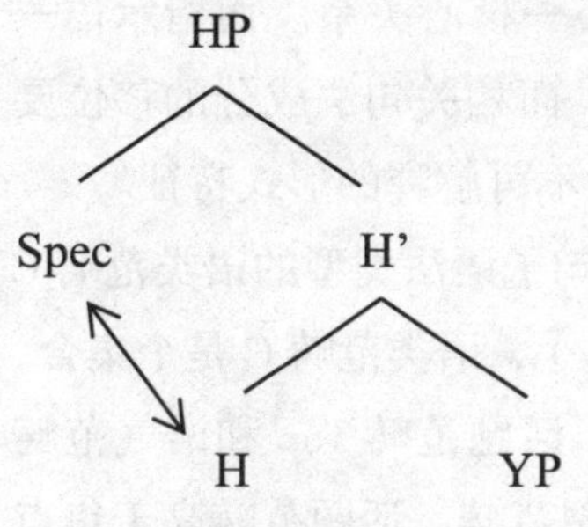

图 9-1 指示语—核心结构关系

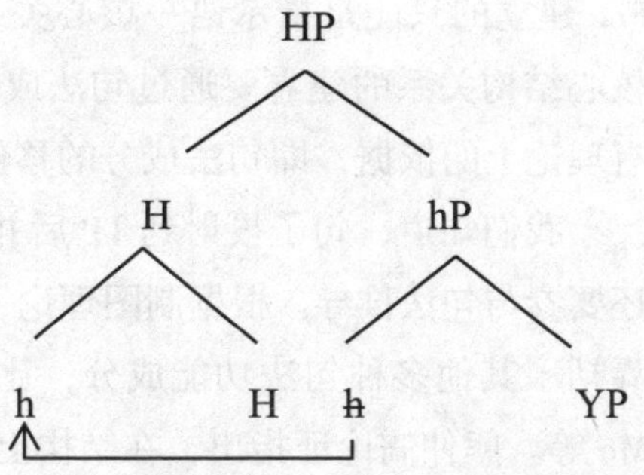

图 9-2 核心—核心结构关系

在图 9-1 中，句法中心语 H 在结构上与 Spec 构成了指示语—核心的毗邻关系；同样，在图 9-2 中，句法中心语 h 通过核心移位（head movement）的方式嫁接到中心语 H 上，这样就建立起核心—核心的毗邻关系。从理论上讲，参与句法推导的双方如果能够建立起图 9–1 和图 9–2 所表示的毗邻关系，就满足了特征核查的结构条件。具体来说，图 9–2 所示的结构是核查并删除中心语不可解释的相关特征的，而图 9–1 则是核查并删除非中心语不可解释的相关特征的。从范畴上来看，携带 [焦点] 特征、[话题] 特征的相关句法成分一般是 wh– 成分，而携带时体特征的相关句法成分一般是中心语。这样的话，[焦点] 特征、[话题] 特征的核查和删除要通过建立指示语—核心的结构关系进行，而时制特征、时体特征的核查和删除一般要通过建立核心—核心的结构关系来进行。前者激发的是非论元移位，后者激发的则是核心移位。

三、There be 构式的焦点结构

（一）焦点结构的生成

张运琦研究发现 There be 构式在表达上具有强调、突出并标出存在对象的作用。换句话说，There be 构式在语法上可能是个焦点结构。王寅借用罗素的摹状论解释了 There be 构式中焦点成分 NP 不用限定性名词短语的原因。当然，存在物 NP 是否具有限定性并不影响其充当焦点成分的能力。在 Many students are on the school playground 中，many students 被说话人赋予了不可解释的 [焦点] 特征，该特征在句法拼读前需要通过特征核查并被删除。而 [焦点] 特征的删除要满足结构上的毗邻条件，携带 [焦点] 特征的 many students 要与焦点范畴 Foc 建立的只能是指示语—核心关系，不可能是核心—核心关系。而指示语—核心结构关系的建立要通过句法成分的移位来实现，而相关句法成分的移位要有理论上的依据，即句法成分的移位当且仅当为删除不可解释的形式特征。

我们知道，句子投射到 TP 后并没有结束，表示句子语法类型的语类范畴 C 还要参与句法推导。根据制图理论（cartography theory），语类范畴 C 是个集合，囊括了其他多种句法功能成分，比如焦点范畴 Foc、话题范畴 Top 和语气范畴 Mo 等。熊仲儒论证指出，在结构上焦点范畴高于时制范畴，话题范畴高于焦点范畴，而语气范畴又高于话题范畴。

具体到例（1）a 来讲，在时制短语 Many students are on the school playground 中，外部论元 many students 在词库中携带了不可解释的 [焦点] 特征，该特征

必须在拼读前通过特征核查予以删除。正如前文所述的那样，该特征的删除必须满足结构上的毗邻才行。具体来讲，焦点范畴 Foc 选择 TP 做其补足语，根据 X’理论，两者合并生成中阶投射 Foc’，最后生成最大投射——焦点短语 FocP。这样一来焦点短语的指示语位置，即 [Spec, FocP] 就成为携带 [焦点] 特征 many students 移位的着陆点。焦点范畴本身具有不可解释的 EPP 特征，但它具有可解释的 [焦点] 特征，而具有不可解释 [焦点] 特征的 many students 恰恰能够满足焦点范畴的 EPP 要求。这样一来，many students 就会移位到 [Spec, FocP] 与焦点范畴 Foc 建立起指示语—核心关系。如例（3）所示，这样就满足了特征核查结构上的毗邻要求。

例（3）[$_{FocP}$ Many students [$_{Foc'}$ [Foc] [TP ~~Many students~~ are on the school playground]]]

具体来说，移位到焦点短语 FocP 指示语位置的 many students 与焦点范畴 Foc 建立协约关系，进行特征核查，删除双方不可解释的特征，即 many students 满足焦点范畴 Foc 的 EPP 要求，并将其删除，同时也删除自身不可解释的 [焦点] 特征。这样就满足了句法推导的接口条件（interface condition），句法推导收敛。关于存在物 NP 的左向移位，李国宏从“行、知、言”三域和主观化的角度论证了其可行性。显然，句法生成的句子并不是我们理想的句子，因为 there be 尚未参与句法推导。

（二）焦点标记和虚主语的派生

从语法上讲，焦点的表征有两种，一种是移位手段，另一种是词汇手段。具体来说，前者是通过改变相应句法成分的句法位置，也就是通过语序的调整来实现。比如，在例（4）中通过将宾语“中国历史”移位到谓语中心语“喜欢”的前面，从而达到突显“中国历史”的目的。这是通过移位手段来表征焦点的。

例（4）张小红喜欢中国历史 [F]。→张小红中国历史 [F] 喜欢。

所谓词汇手段是指通过在相应句法成分前添加词汇标记的方式来表征焦点。现代汉语一般通过在相应句法成分前添加焦点标记词“是”的方式来实现。比如在例（5）中，当说话人想强调哪个成分就在哪个成分前添加“是”，要强调“老张”时就在其前添加“是”，要强调“昨天”就在其前添加“是”等，其余类推。

例（5）老张昨天乘飞机去上海。

→ a. 是老张昨天乘飞机去上海。

→ b. 老张是昨天乘飞机去上海。

→ c. 老张昨天是乘飞机去上海。

→ d. 老张昨天乘飞机是去上海。

同样的道理，英语也可以通过句法移位和添加焦点标记的词汇手段来表征焦点。拿例（1）a 来说，many students 当然可以通过句法移位的方式成为句子的焦点，就如同例（3）的分析那样。需要指出的是，虽然 many students 发生了句法移位，但是在线性上其相对位置并没有发生显著改变。这样在表达上就无法引起听话人的注意，从而起到突显句法焦点的作用。这样一来，说话人为了实现突出强调的语用意图，通过添加句法标记的词汇手段来表征焦点就成为不二选择了。英语和汉语一样，都是通过添加系动词“be/ 是”来表征焦点的，如例（6）a 所示。但在例（6）a 中，添加句法标记 are 后，带来了两个“副作用”：一是系词 are 出现在句首容易造成误读，即一般疑问句和强调句“同形”；二是投射出了一个主语位置，而英语又不允许主语空置。

为了解决以上两个问题，虚主语 there 就进入了句法推导。具体来说，there 填充到焦点标记词 are 投射出的时制短语 TP 的指示语位置，如例（6）b 所示。虚主语 there 参与句法推导后，句子一方面就不再有误读的可能，另一方面还满足了 are 的 EPP 要求，一举两得。关于虚主语，薛德芳也有过相关论述，他认为 there 仅是语法上的形式主语，没有具体的语义内容，在语音上轻读。事实的确如此。

例（6）a. Are many students on the school playground.

b. There are many students on the school playground.

当然，虚主语 there 参与句法推导并不是孤例，it 有时也具有同样的句法功能。例（7）就是传统语法上的分裂句或者说是强调句。从形式上来看，例（7）与例(6)b 十分相似，主语都是由没有语义内容的 it 和 there 来充当。从功能上来看，虚主语只具有满足时制范畴 be 的 EPP 特征的要求。徐杰对这个现象也有过专门研究，他认为英语加进的焦点标记词是个系动词 is，额外制造了一个新谓语，因此必须相应地给这个新谓语配备一个主语。徐杰的观点和本书的分析不谋而合，这也就是为何没有语义内容的 there 和 it 能够参与句法推导的原因之一。

例（7）It is Jerry that can not even cook an egg.

另外，郁步利、张运琦等的相关研究也证实了英语 There be 构式的确具有突显并强调 NP 存在物的作用。具体来说，张运琦等认为 There be 构式并不完全等同于汉语中的表静态的“有”字存在句，具有突显强调存在主体的作用。郁步利从英汉翻译实践的角度发现 There be 构式翻译成汉语时以“是”字句和“有”字句居多。另外，贾成南从英汉翻译实践的角度论证了汉语中的“有”字存在句和英语中的 There be 在概念表达上表聚焦存在物 NP。他们关于 There be 构式的研究从一个侧面基本支持了本书的观点。关于 There 和 It 一样都是句法上虚主语，也并非由本书首次提出，张曲就从象似性原则和经济性原则出发分析了 There be 构式生成的认知动因，指出 there 的语义虚化是语法化机制的体现，而其多义性则是概念隐喻和转喻的拓展，许颖则认为 there 在语义上具有指示位置的作用，在语法上是个存在标记（existence marker）。相关研究也旁证了本书的观点。

四、结束语

英语 There be 构式是一种焦点结构，NP 是说话人想要突显强调的重点信息。从句法选择上来看，NP 是介词的外部论元，在语义上被赋予了“存在物”的题元角色。由于焦点范畴 Foc 参与句法推导，在［焦点］特征的驱动下，NP 就会移位到［Spec, FocP］处，成为句法焦点。系动词 be 是焦点标记词，具有标记句法焦点的作用。由于焦点标记 be 参与句法推导，凭空投射出了［Spec, BeP］位置，加之英语不允许主语位置空置，虚主语 there“被迫”参与句法合并。虚主语 there 参与合并纯属句法上的需要，在语义上并没有任何贡献。

第二节　“that”的句法位置分析

句法引导词“that”可以引导不同性质的子句，从相关文献来看，学界从多个角度对关系词“that”进行了研究，吴广义、王钢总结了“that”做指示代词、关系代词、关系副词等的用法，并就如何更好地掌握“that”的各种用法提出了建议。辛斌等认为，听话人、所指信息会影响说话人对指示词语的选用，要提高语言使用效果，完善语言交际质量，首先要弄清“that”的各项功能和用法才会起到积极的效果。

邓兆红从历史语言学的角度对比了“的”和“that”语法化程度的差异，论证了语言在共性中存在个性。刘存伟从语法化演变的视角证明了名词性 that- 分句是通过认知的“形式—功能”对应动因的驱动演化而来的。晏尚元采用语法化理论，研究英语指示词“that”在语法化过程中的单向性特征，说明指示词“that”不是由实词演化而来，它虽然属于人类认知的基本词汇，但它可以进一步语法化为意义上更虚的词。

陈宗利和王恒英、温宾利分别通过分析由“that”和 wh- 词引导的英语定语从句，发现它们的句法位置和语义解释都有所不同，认为是关系化成分的句法地位不同所造成的，即这种差异是由程度关系分句造成的。吴红岩在优选句法理论的框架下统一解释了“that”在各种从句中的句法表现，力图在观察充分性的基础上做到解释的充分性。

综上，学界从语言使用与习得、语法化和形式句法等多个角度对“that”进行了广泛而深入的研究，各个层面的研究都取得了可喜的成果，从而加深了人们对“that”的认识。但是从相关文献来看，关于“that”在句子中的具体的句法位置的研究并不多见。基于此，本书在生成语法的框架下结合相关语料就引导词“that”的句法位置进行探讨，以期明确其句法位置。

一、论元子句中的“that”

一般认为句（1）和句（2）a 中的“that”是名词性从句的引导词，句（2）b 是关系从句的引导词，也就是说“that”在句（1）和句（2）中虽然都是句法标记，但还是有差异的。具体来讲，在句（1）和（2）a 中，“that”引导的句法成分在句子中相当于一个名词性成分，在句（2）b 中则相当于一个形容词性成分。句（1）、（2）中的“that”，从句法上来看，分别是主语、宾语、表语、同位语和定语从句的语法标记；从语义上来看，其语义值近乎为零，无具体的语义内容。也就是说，“that”是个只具有语法功能的功能性成分，它的句法价值大于语义价值。那么，从句法结构上来看，没有语义内容的“that”的句法位置在哪里？本书在生成语法的理论框架下展开，尝试为“that”指派句法位置。

（1）a. That John will be late is likely.

b. The letter says that they are leaving on the 13th.

c. The trouble is that Tom has lost his way.

（2）a. The news that we are having a holiday tomorrow is not true.

b. The pen that you gave me is very nice.

从论元结构理论来看，句（1）中“that”所引导的子句可以做论元，即命题性论元；而句（2）则不能。在下文，我们将以此为标准对其进行分别讨论。

句（1）a 可以变换为句（3）a，不能变换为（3）b，也就是说，句（3）中的“is”和“that”的在线性上不能毗邻，它们要互补分布。那么我们将根据“is”的位置为“that”指派相应的位置。

（3）a. Is it likely (that) John will be late?

b. *Is that it likely John will be late?

（一）疑问句结构的指派

根据 X’理论，对于任意的 XP 来讲，都有一个核心（head），即都是向心结构（endocentric structure）。温宾利认为所有的屈折词都有一致（agreement）义，他认为句（4）a 可以被指派结构（4）b。

（4）a. John is studying Mandarin.

b. $[_{IP}$[SpecJohn]$[_{I'}$ [I−es] $[_{VP}$be studying Mandarin]]]

在结构（4）b 中，屈折词缀“−es”投射在 I 处，由于“−es”自身在音韵上的不自足性，需要黏附在具有词汇义的实词身上，受其成分统制的“be”就核心移位到 I 处，与“−es”发生融合操作，得到屈折形式“is”，如句（4）a。从（4）b 可以看出，句（4）是以 I 为核心的 IP。若 I 发生提升，则句（4）a 可以变换为句（5）a。但是从（4）b 我们可以清晰看出，已无相应的位置接受屈折形式“is”的进一步提升，也就是说对于已提升到更高的位置的“is”来说，至少在（4）b 中是没有相应的位置来容纳它的。但是句法计算到这里并没有结束，屈折短语 IP 可以受标句性成分 C 的扩展，如（5）b 所示。由于 C 参与句法计算，就为“is”的进一步提升在句法位置上提供了可能。为了使句法计算收敛，“is”便核心移位到 C 处，得到句（5）a。分析到这里，我们成功让 C 扩展 IP 短语，即比 I 更高的句法层级可能还有一个 C。

（5）a. Is John studying Mandarin?

b. $[_{CP}$[Spec]$_{C'}$ [C]$[_{IP}$[SpecJohn]$[_{I'}$ $[_{I}$−es] $[_{VP}$ be studying Mandarin]]]]]

（二）名词性从句引导词“that”句法位置

根据句（3）中“is”和“that”的互补分布来看，不妨假设标句词“that”就是在C处参与合并，如果正确的话，可能也就解释了句（3）b不合法的原因了。句（3）b 不合法，是因为 C 处已被标句词“that”占据，提升移位而来的“is”就没有了着陆点（landing position），加之“is”和“that”又不能发生融合操作，所以为了句法计算的收敛，“is”和“that”不得不互补分布。这也就是说名词性从句中的引导词或标句词“that”的句法合并位置是在 C 处。这样一来，我们就可以为句（1）a 指派结构（6）a。由句（1）a 变换生成的一般疑问句则可以用（6）b 来解释。在（6）b 中，“is”由 I 处核心移位到 C 处，由于 C 是完句性成分，所以“is”移位到 C 可以成句。这也许就是为什么把“is”提升到句首能够转换成一般疑问句的原因了。

（6）a. [$_{IP}$[Spec[$_{CP}$[Spec][$_{C'}$ [$_{C}$That][$_{IP}$John will be late]]]]$_{I'}$ [$_{IP}$is likely]]

b. [$_{IP}$[Spec[$_{CP}$[Spec][$_{C'}$ [$_{C}$Is][$_{IP}$John will be late]]]]$_{I'}$ [$_{IP}$is likely]]

句法计算到这里可能还没有结束，还有可能继续进行下去，如果我们对句（1）a 中的主语“that John will be late”进行提问，由于主语表示的是一项活动，所以句法可以选择疑问词“what”参与计算，如（7）所示。根据核查理论，C 具有不可解释的 phi- 特征集，由于“what”具有强烈的 [wh] 特征，所以两者都处于活动状态，其中 C 是探头（probe），“what”是目标（target）。根据 Chomsky 凡特征必被核查的论断，“what”的 [wh] 特征须受到 C 的核查后，才能被句法 - 语义接口和句法 - 音韵接口解读。但核查要满足句法上的条件，即核查只有在建立指示语 - 核心关系的情况下才可以进行，很显然，从（7）a 中可以看出，“what”和 C 在句法上不是指示语 - 核心关系，所以“what”在自身特征的驱动下，便移位到 [Spec，CP] 处与 C 形成指示语 - 核心关系，双方建立核查关系。“what”能够满足 C 的 EPP 特征，并能为 C 的 phi- 特征集定值，C 能够为“what”的 [wh] 特征定值为 [+wh]。至此，如（7）b 所示，双方便稳定下来，句法计算收敛。

（7）a. [$_{IP}$[Spec[$_{CP}$[Spec][$_{C'}$ [$_{C}$Is][$_{IP}$what John will be late]]]]$_{I'}$ [IPis likely]]

b. [$_{IP}$[Spec[$_{CP}$[SpecWhat][$_{C'}$ [$_{C}$Is][$_{IP}$what John will be late]]]]$_{I'}$ [IP is likely]]

根据上面的分析，我们可以知道，C 可以为标句词 that 提供句法位置，即

that 可以在 C 处获得实现，下面以此来分析句（1）b。

句（1）b 是宾语从句，但在句法学看来，只不过主动词“says”的内部论元或宾论元是个子句而已，这与一般的名词宾语句并无实质区别，我们可以为其指派结构（8）。从结构（8）可以清晰看出“that”处于宾语子句 CP 的核心位置，根据渗透原则，处于 C 的“that”可以向整个子句渗透自己的特征。由于 C 是完句性的功能性成分，所以受 C 扩展的子句具有句子的属性，这也从理论上解释了宾语从句是句子的语感。

（8）[···[$_{IP}$[$_{Spec}$The letters][$_{I'}$ [I−es] [$_{VP}$[$_{V}$ say]][$_{CP}$[$_{C}$that][$_{IP}$they are leaving on the 13th]]]]]]

句（1）c 分别是表语从句，可做类似（1）b 的分析，我们为其指派结构（9）。

（9）[···[$_{IP}$[$_{Spec}$The trouble][$_{I'}$ [$_{I}$ -es] [VP[$_{V}$ be]][$_{CP}$[$_{C}$that][$_{IP}$Tom has lost his way]]]]]]

（三）小结

在陈述句向一般疑问句变换时，处于 I 处的动词要向更高位置提升，便移位到 C 处。C 是个完句性成分，标句词“that”同样可以在此处获得实现，这就为主语、宾语和表语从句中的引导词“that”提供了可能的句法位置。

二、非论元子句中的“that”

句（2）分别是同位语从句和定语从句，从线性序列上来看，两者有很多相似的地方，但也有根本的不同，即“that”前的名词性成分能否移位到“that”后的子句中。显然，前者不可以，而后者可以。从论元结构上来看，无论是同位语从句还是定语从句，它们都不可能处在论元的位置上，那么根据 X’理论，它们的句法位置就只剩下一种可能，那就是它们只能处在附加语（adjunction）的位置上。

（一）同位语从句中“that”句法位置的指派

句（2）a“that”所引导的同位语子句不是论元，也没有被指派命题性题元角色，所以它是通过附加的形式合并到主句上的。根据中心词分析法，句（2）a 的主句是“The news is not true”，句法计算到此本应结束，但是句法还选择了一个成分“we are having a holiday tomorrow”并把其存放在数据集（numeration）中。从语义上看，该成分与主句的外部论元“The news”在指称（reference）上同指（co-refer）；从结构上来看，子句中没有相应的句法空位（gap）供主句的外部论元移进，反过来说，“the news”不是从子句“we are having a holiday tomorrow”中移出的成分。由于数据集中的成分必须全部参与句法计算，不能有剩余，所以“we are having a holiday tomorrow”只能附加到主句上去。我们可以为句（2）a 指派结构（10）。

（10）[···$[_{IP}[_{Spec}$The news$[_{CP}[_{C}$ that]$[_{IP}$ we are having a holiday tomorrow]]]$[_{I'}[_{I}$−es] $[_{VP}$ be not true]]]]

结构（10）反映了同位语从句的句法推导过程，并为标句词“that”明确了句法位置。“that”前的名词性成分是基础生成的，不是从后面的同位语子句中移位而来的。

（二）定语从句中“that”句法位置的指派

句（2）b 在句法表现上不同于句（2）a，如先行词“The pen”可以移位到关系子句中，即“you gave me the pen”。反过来说，先行词实际上是从关系子句中移位出来的，即发生了移位－提升操作，导致发生了关系化。移位成分“the pen”移位后，在子句中留有句法空位，即语迹 t，并与“the pen”同指，句（2）b 可以记作（11）。

（11）The pen$_i$ that you gave me t_i is very nice。

在现代汉语中同样存在类似的情况，如句（12）。

（12）张三喜欢的课程是句法学。

按中心词分析法，句（12）的主干性成分应该是“课程是句法学”。从语义上来分析，可以推知，“什么样的课程呢？张三喜欢的课程。”也就是说主句的外部论元“课程”与关系子句的内部论元在指称上同指。根据关系化理论，这里实际上发生了关系化操作。熊仲儒认为关系化是 n 扩展 TP 的结果。如果采信熊仲儒的主张的话，“张三喜欢的课程”的推导过程如（13）所示。

（13）$[_{DP}[_{Spec}$ 张三喜欢]$[_{D'}$ $[_{D}$ 的]$[_{nP}[_{Spec}$ 课程]$[_{n'}$ [n]$[_{TP}$ 张三喜欢课程]]]]]

汉语的关系化操作旁证了英语中关系子句先行词的派生过程，也就是说，在关系子句中，有一个语迹 t 与先行词同指，引导词“that”实际上是标句词在

C 上的实现。但是根据 Chomsky 关于标句词 - 语迹连用限制理论，即显性的标句词后紧接语迹构成的序列不合法，句（14）在理论上应该不合法，但实际上合法。即标句词“that”后有先行词“the girl”移位后留下的语迹 t。同样，t 要受到空算子 OP 的管辖，根据标句词缩略规则，空算子 OP 和标句 词“that”合二为一，这样就使语迹 t 受到了严格的管辖，满足了空语类原则，所以句（14）合法。这就是说，为了句法计算的收敛，标句词 - 语迹连用限制理论可以违反。

（14）The girl$_i$ OP$_i$ that ti gives me the book is very kind。

（三）小结

虽然同位语从句和关系从句分属不同的语法类别，并且前者没有相应的句法空位，而后者有，但是从句法推导来看，其引导语“that”在范畴上同属标句词，且都在 C 处获得实现。这样一来就为我们为其指派统一的结构提供了理论上的可能。

三、结束语

从上面的讨论中可以看到，标语词“that”是个完句性成分，在句法上可以实现在 C 处。所以，不论“that”引导的是名词性从句还是关系从句，它在句法上的位置是一定的，即都在 C 处，我们可统一为标句词“that”指派结构（15）。

（15）[CP[Spec][C’[$_C$ that][IP]]]

我们这样做，符合关于理论简约性的精神的最简方案，并且与形式学派长期以来所追求的一致性的方法论不谋而合。

第三节　程度宾语的句法结构分析

一、引言

我们知道，“个”是用来表示人或事物的计量单位，是名量词，在句法组合上一般与数词形成数量短语后做名词的定语，但例（1）中的画线部分“一个清白”“一个明白”“（一）个清楚”“（一）个不停”“（一）个水落石出”“一个交代”显然不是这种用法。朱德熙把动词后“个 + 形容词”“个 + 不停”和“个 + 成语”这类句法成分称为程度宾语。顾名思义，程度宾语的语法意义是表示“程度”，在语义上就具有［+可度量］的特征。

例（1）a. 宁海县推出并不断深化“村级小微权力清单制度”，还干部一个清白，给百姓一个明白，积极探索乡村治理的宁海模式，2018 年成功承办“清廉浙江”现场会。（《光明日报》，2019 年 1 月 23 日）

b. 无论是线下现实交流还是线上交流，目的都是实现两者准确而顺畅的信息交换。与其对着表情左思右想，心有戚戚焉，为何不把话说个明白，问个清楚？（《中国青年报》，2019 年 11 月 21 日）

c. 社区党群服务中心门前，前来办事的居民排成数列，穿着红马甲的网格员和志愿者们忙个不停。（《人民日报》，2020 年 4 月 10 日）

d. 而究竟是什么原因造成了失误，又让“错误”纹丝不动，哪些人员负有责任，恐怕还须查个水落石出、明明白白，给受害者和公众一个交代。（《光明日报》，2019 年 11 月 25 日）

那么，类似例（1）中的程度宾语的句法结构是什么？其中形容词是否已经体词化？下面我们将结合形式语言学的 DP 假说理论对其进行解释。

二、相关问题回顾

袁海霞认为出现在主宾语位置上的形容词已经名物化了，理由有二：其一，该形容词可以用“这方面”“这一点”来复指，并且可以用“什么”来提问；其二，名物化后的形容词前边可以有定语等修饰性成分。朱德熙等明确指出“名物化的说法不仅在理论上站不住，在实际的语法教学中也是没有意义的”，这是因为“什么”不仅可以替代名词，还可以替代谓词，另外“怎么样”本身可以做主宾语，而且还可以替代主语和宾语位置上的谓词。由此可见，以能否用“什么”等疑问代词来提问作为衡量谓词性结构是否发生名物化的标准显然是不充分的。

邵敬敏和沈家煊均认为“问个明白”和“盖个亭子”在结构上具有平行性，从而支持了“问个明白”为动宾结构的观点，但邵敬敏认为“问个明白”这类结构在语义上表“结果”而不是表“程度”。关于“问个明白”这类结构的语法意义，邵敬敏虽然不同意朱德熙的观点，但他们却都认为这类结构是动宾结构。这也就是说由谓词性的“明白”与数量成分组合后充当宾语在学术界基本上没有异议。

一般来讲，宾语包括名词性宾语和谓词性宾语两种。名词性宾语比较常见，而谓词性宾语也只能出现在能带谓词性词语的动词后边，比如“教育成功的秘密在于尊重学生”等。而例（1）“还干部一个清白”“问个清楚”“忙个不停”和“查个水落石出”等结构，这里的宾语显然不是名词性宾语，但与常规的谓词性宾语也有很大的不同。从语法意义上来讲，“清白”“清楚”“不停”和“水落石出”都具有一定的述谓性，但它们在组合上却又受（数）量成分的修饰，这样一来“清白”“不停”等的语法范畴到底是什么？是否已经完成了所谓的名物化现象或者转类现象？

三、DP 假说与汉语体词短语的句法结构

Abney 在其博士论文明确提出了 DP 假说，即具有指称性的名词性短语实际上是受限定性成分 D 扩展的限定短语，记作 DP，其句法结构如下：$[_{DP}[D][NP]]$。这个结构说明名词短语要受限定性成分的扩展，最终生成限定短语 DP。英语中的限定性成分为人称代词、指示代词和冠词。汉语由于具有复杂的量词系统，限定短语的具体结构学术界观点并不统一，Li、何元建等认为数词范畴在量词短语的指示语处合并，即[Spec，CLP]。关于数词范畴的派生位置，邓思颖与 Li、何两位学者持不同意见，他认为数词范畴和量词范畴一样，都是充当句法核心的功能范畴，根据 X’理论它们都可以投射出以自己为核心的句法结构，即 $[_{DP}[D][_{NumP}[Num][_{CLP}[CL][_{NP}[N]]]]]$。熊仲儒等大部分学者都采信邓思颖的结构，本书也接受该结构。

在这个结构中，量词首先与名词短语 NP 合并，生成量词短语；数词和限定成分依次参与句法合并，最终生成限定短语 DP。比如，“那三本书”的句法结构就可以表示为：[$_{DP}$[$_{D}$那][$_{NumP}$[$_{Num}$三][$_{CLP}$[$_{CL}$本][$_{NP}$[$_{N}$书]]]]]，具体来说就是名词“书”首先生成名词短语“书”，再与量词“本”合并生成量词短语“本书”，然后与数词“三”合并生成数词短语“三本书”，最后与指示代词“那”合并生成限定短语“那三本书”。这里需要说明的是量词“本”与名词短语“书”合并生成的量词短语“本书”似乎不太符合母语为汉语说话人的语感，这是因为量词与名词短语合并后其使用的自由度大大降低，但也绝非不能使用，比如汉语中也有“买本书读读”的说法。

邓思颖、熊仲儒认为“乌鸦”“只乌鸦”“一只乌鸦”和“这一只乌鸦”从本质上讲都是限定短语。换句话说，限定范畴、数词范畴和量词范畴都可

以有语音实现，也可以没有语音实现，他们为这类语法现象指派了如下句法结构：

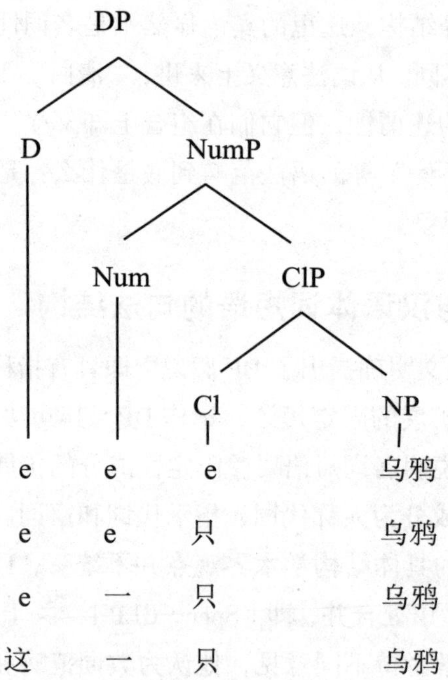

我们不难看出，名词性短语在句法功能上之所以具有指称性完全是因为限定范畴 D 参与句法合并的结果。从形式语法的角度来看，传统语法上的名词短语实际上是限定短语，其指称性来源于功能范畴——限定性成分 D。

四、基于 DP 假说的程度宾语句法结构分析及其转类问题

（一）程度宾语的句法结构分析

下面我们以“还干部一个清白”为例来说明程度宾语的句法结构。从语法范畴上来看，由于“清白”可以受程度副词“很”修饰，“清白”是一个性质形容词，因此不能单独做谓语。这样的话，在“还干部一个清白”这个结构中，“干部”和“一个清白”就不可能是主谓结构。从我们朴素的语感来看，“还干部一个清白”应为双宾语构式。另外，该结构还与典型的双宾结构具有类似的句法变换关系，请看例（2）。

例（2）a. 请还干部一个打火机。→一个打火机，请还干部。→请还一个打

火机给干部。

b. 请还干部一个清白。→一个清白，请还干部。→请还一个清白给干部。

在例（2）a 中，直接宾语“一个打火机”可以移位到句首充当句子的话题，也可以变换成与格结构，而例（2）b 也具有同样的句法变换。由于例（2）a 是典型的双宾结构，那么从句法变换的平行性上来看，例（2）b“还干部一个清白”也应是双宾结构。换言之，“一个清白”应为宾语，即性质形容词扩展后的句法结构充当了句子的宾语。那么，从形式语言学的角度来看，“一个清白”的句法结构是什么？它又具有怎样的派生过程呢？

在 DP 假说理论看来，这里的“清白”虽然充当了宾语，但其语法范畴并没有发生变化，其仍为形容词。下面我们将结合其具体的句法派生过程进行分析证明。句法推导过程如下：句法推导系统在词库中选择了性质形容词“清白”，投射成形容词短语 AP，再与时制范畴 T 合并生成时制短语 TP。然后关系范畴 N 进入句法推导，生成关系短语 NP。这里的时制范畴和关系范畴都没有语音实现，但这并不影响其在句法上的真实存在。量词范畴 CL“个”扩展关系短语生成量词短语 CLP“个明白”。同样的道理，数词范畴 Num“一”选择量词短语 CLP“个明白”做其补足语生成数词短语 NumP“一个清白”。最后，在语音上没有值的限定范畴 D 进入句法推导，它选择 NP 做其补足语生成具有指称功能的 DP。其句法推导过程和句法结构我们可以用框式图表示为（3）。

例（3）[$_{DP}$ [D] [$_{NumP}$ [$_{Num}$ 一] [$_{CLP}$ [$_{CL}$ 个] [NP [N] [$_{TP}$ [T] [$_{AP}$ [$_{A}$ 清白]]]]]]]]

（二）充当程度宾语的相关成分的句法转类问题

从上面的句法推导中我们不难看出，在程度宾语“一个明白”中，“明白”在范畴上并没有发生转类，仍为形容词。形容词短语“明白”并没有直接被量词范畴和数词范畴扩展，而是分别被时制范畴 T 和关系范畴 N 扩展后才与量词范畴 CL、数词范畴 Num 和限定范畴 D 合并，最终生成限定短语 DP。这样一来，“一个明白”或“个明白”的指称性就来源于限定范畴 D。

由此可见，“明白”并没有发生所谓的名物化现象，一是从分布上来看，不同句法位置上的同一类词可能会表现出不同的句法性质。比如，“一根木头”

和“木头房子”都可以说，但是并没有“一根木头房子”的说法。实际上，我们不能根据这一点来说“木头房子”里的“木头”跟做主宾语的“木头”在语法性质上有什么不同。朱德熙等认为所有做定语的名词都不能受数量成分的修饰正是名词本身的语法性质之一。这一点其实也不难理解，比如老王在单位是处长，在家里是父亲和丈夫，老王在不同的场合只是扮演的社会角色不同，而老王这个人的属性并没有发生根本的改变。二是在很多情况下我们区分状语和定语的标准是根据中心语，即如果中心语是名词则修饰语为定语，如果中心语为动词则修饰语为状语，但是在有些情况下这一标准并不完全有效。比如，在“这本书的出版”和“春天的到来”等结构中，“出版”和“到来”是动词，因为它们可以受副词修饰，“这本书的不出版”和“春天的迟迟不到来”，但是“这本书”和“春天”却是定语，不是状语。关于名物化，朱德熙等早已论证了其在理论和实践中的问题，本书在这里不再赘述。

需要声明的是，限定范畴D扩展谓词性结构这种语法现象并不为汉语所独有，Abney就曾报道了限定范畴D可以直接扩展谓词性结构的实例。比如，在结构［$_{DP}$［$_{D}$ et］［$_{VP}$［Kiputaa］］］中，限定范畴et选择动词短语Kiputaa做补足语，最终生成限定短语DP。另外，熊仲儒也曾为“开车的人”和“总统辞职的消息”指派过类似结构。拿“开车的人”为例加以说明，熊仲儒认为由于“人”和“车”分别是动词“开”的外部论元和内部论元，通过句法合并最终生成时制短语TP“人开车”，关系范畴N与时制短语TP合并，外部论元“人”为解决关系范畴N特征核查的问题，同时也为满足NP短语的EPP需要，就会移位到NP短语的指示语位置，即［Spec，NP］。最后，限定范畴“的”参与句法推导，生成以“的”为核心的限定短语，由于移位导致外部论元缺位的TP移位到限定短语DP的指示语位置，即［Spec，DP］，紧接着移交语音部门（PF）和语义部门（LF）进行赋值，最终生成限定短语“开车的人”。显然，熊仲儒的分析为本书把“一个明白”分析为限定短语提供了一个有力旁证。

五、结束语

在句法合并的过程中，“一个清白”“一个明白”“（一）个清楚”“（一）个不停”和“（一）个水落石出”等述谓性成分正是由于与限定范畴D的合并才使其具有体词的句法组合能力和句法功能。在转换生成语言学看来，所谓程度宾语实际上是受功能范畴扩展而生成的限定短语DP。这是“一个清白”为什么具有指称性的根本原因。具体来说，在限定范畴D参与句法推导前，量词范畴CL和数词范畴Num与“清白”已完成句法合并，生成了数量短语。本书认为，充当程度宾语的相关成分并没有发生所谓的名物化现象，即没有发生转类。充当程度宾语的“一个清白”之类的短语之所以具有指称性，完全是由于限定范畴D参与句法推导的原因。

第四节　“把”字句构式的句法地位

一、引言

从20世纪50年代开始，“把”字句就一直是汉语语法界的研究热点之一。据郭德润、吴亮报道，“把”字句最早出现于唐代初年，可见其形成的历史并不算久远。黄伯荣、廖序东认为“把”字句是在谓语中心词前头用介词“把”或“将”组成介词短语做状语的一种主谓句，意义上多表示对事物加以处置。黄、廖是从语法意义的角度对“把”字句进行界定，认为“把”字句表“处置”，这是一种典型的“处置观”。最早提出“处置观”的王力认为普通句子和“把”字句之间存在变换关系，变换后的两种句式并不同义，前者是普通的叙述，后者带有“处置”或“支配”的意思。宋玉柱认为“处置”是指动词所表示的动作对“把”后成分造成了某种影响，使其产生了某种变化或达成了某种状态。实际上，宋玉柱支持并发展了王力的“处置观”。胡附、文炼认为句式结构的变化没有改变句子的意义，认为“把”字句和普通的“主－谓－宾”句式并没有本质的区别，也不表示“处置”义。胡附、文炼的观点得到了梁东汉的响应与支持。

随着研究的深入，“致使说”开始“浮出水面”。“致使”是指“把”字句本质上是由一个有“致使”义的轻动词扩展，“把”只是轻动词的语音实现。当然，若“把”在语音上没有值，为了满足轻动词音韵上的要求，实义动词就会核心移位至轻动词处。

这样一来，“把”字句所表示的语法意义，目前已有“处置说”“致使说”等观点。这些解释为我们深入认识“把”字句提供了理论支持和经验基础。但是，本书并不打算讨论上述观点孰是孰非，本书感兴趣的是“把”后NP在句法语义上有什么特征？它的基础位置在哪里？在汉语语法体系中，“把”字句作为一种句式有没有单列的价值？

二、“把”后NP的句法来源

（一）“把”后NP的基础位置为小句动词的宾语

张斌认为“把”字句是运用介词“把”将谓语动词涉及的事物置于动词前做状语的一种句式，“把”字句和一般主谓句具有变换关系。张先生的观点是一种典型的“提宾观”，认为“把”字句是由普通主谓句变换而来，如例（1）所示。

例（1）a. 那孩子把花瓶打碎了。　　⇆那孩子打碎了花瓶。

b. 敌人把老王的腿打断了。　　⇆敌人打断了老王的腿。

c. 这个钩子把我的外套剐破了。　　⇆这个钩子剐破了我的外套。

d. 那个大学生把手机丢了。　　⇆那个大学生丢了手机。

所谓“提宾”是指汉语中的受动成分一般处于动词之后的宾语位置，但在某些特殊情况下，可能会位于动词之前。根据“提宾观”，例（1）中的四个句子可以表示例（2），其中 t_i 是移位成分留下的语迹（trace）。根据控制理论，语迹在结构上要受先行词的成分统制（c-command）且与先行词同标（co-index）。显然，例（2）中的各个先行词能够满足控制理论的要求。可见，“提宾观”确实能够解释部分“把”字句的生成。

例（2）a. 那孩子把花瓶$_i$打碎了 t_i。

b. 敌人把老王的腿$_i$打断了 t_i。

c. 这个钩子把我的外套$_i$剐破了 t_i。

d. 那个大学生把手机$_i$丢了 t_i。

（二）“把”后NP的原位为小句主语

实际上，“把”后成分在句法上并不匀质，有的能够复位到NP内部，满足“提宾观”的要求；但确实也存在“把”后NP很难还原到动词的宾语位置的情况，如例（3）。这样一来，“提宾观”将“把”后NP全部分析为动词的逻辑宾语可能存在问题。

例（3）a. 李老师把黑板写满了字。

b. 那段楼梯把爷爷走得气喘吁吁。

c. 老李把家从北京搬到上海。

d. 他把小李当成了小王。

例（3）中"把"后NP的基础位置在哪里呢？仔细观察一下例（3）中的句子，就会发现"把"后"黑板写满了字"等其实是个可以单说的小句（small clause）。从句法语义关系上来看，例（4）a、b分别是存现句、施事主语句，例（4）c、d是受事主语句。这样的话，处于小句"黑板写满了字"等句首的NP就是主语。

例（4）a. 黑板写满了字。　　　→ a' 把黑板写满了字。

b. 爷爷走得气喘吁吁。→ b' 把爷爷走得气喘吁吁。

c. 家从北京搬到上海。→ c' 把家从北京搬到上海。

d. 小李当成了小王。　→ d' 把小李当成了小王。

朱德熙认为"把"字句一般可以省略主语单说，如例（4）a' ~ d' 就是典型的"无主"句。在汉语语法学界，一般认为"把"是介词。由于汉语禁止介词悬空，所以"把"后的NP就是"把"的宾语。如果分析对路的话，这就会造成小句没有主语的困境。当然，汉语中无主语的句子并不在少数，但例（4）a~d显然是有主语的句子，总不能因为"把"参与了句法合并，就剥夺了小句句首NP充当主语的权力。

为解决小句主语问题，能否借用"兼语"的概念呢？一般认为例（5）中的"诸葛亮""大军""老张""李雷"就是所谓的兼语。

例（5）a. 刘备请诸葛亮做军师。

b. 郭靖率领大军来到了襄阳城下。

c. 总部安排老张去武汉。

d. 同学们选李雷当班长。

拿"兼语句"来类比例（4）a' ~ d' 中的语言现象，固然是个办法，但"兼语"这个概念在语法学界本身就有争议。朱德熙就不承认兼语的提法。苏丹洁从认知语言学构式语法和语块理论的角度讨论了取消"兼语"概念的理论意义。吴胜伟从生成语法题元理论和控制理论的视角论证了"兼语"的提法在理论上和经验上都存在问题。可见，无论是结构主义语言学，还是认知语言学或是生成语言学都不承认“兼语”这个概念。由于“兼语”概念本身就存在很大争议，所以就不好再拿“兼语”来类比例（4）a’~d’中的语言现象了。

实际上，英语允许动词直接管辖非定式分句，并给不非定式分句的主语赋宾格，句法学上把这种情况称为例外授格（exceptional case-marking）。在例（6）a、b 中，由于方括号中的句子为非定式时制，按照生成语法的理论，非定式时制不能为指示语位置上的 NP 赋格。小句的主语 Tom 和 that man 在格的驱动下，就会分别提升到主句动词 believe 和 know 的宾语位置，获得宾格，如例（7）a、b 所示。由于英语名词短语的主格和宾格在形态上没有区别，上面的分析可能不太令人信服。请看例（6）c、d，当小句主语为代词时，代词只能以宾格形式出现，不能是主格，如（8）a、b 所示。

例（6）a. John believed [Tom to be over forty].

b. I know [that man to be bad-tempered].

c. Her parents want [her to study syntax].

d. They expect [him to marry Mary].

例（7）a. John believed Tom_i [t_i to be over forty].

b. I know that man_i [t_i to be bad-tempered].

c. Her parents want her_i [t_i to study syntax].

d. They expect him_i [t_i to marry Mary].

例（8）*a. Her parents want [she to study syntax].

*b. They expect [he to marry Mary].

再回到例（4）a’~d’，能否用例外授格理论来解释“把”后 NP 的移位问题呢？假如可以的话，小句的主语就分别移位到介词“把”的宾语位置，获得宾格，同时在小句主语位置留下语迹 t，如（9）所示。这样既解决了小句的主语问题，又满足了汉语“禁止介词悬空”的限制，一举两得。

例（9）a. 把黑板 $_i$ [t_i 写满了字]。

b. 把爷爷 $_i$ [t_i 走得气喘吁吁]。

c. 把家 $_i$ [t_i 从北京搬到上海]。

d. 把小李 $_i$ [t_i 当成了小王]。

事实上，在最简方案的特征核查理论中，例（4）a’~d’中的所谓的“兼语”问题也能得到解决。众所周知，由于小句的时制 T 是非定式时制，不能核查格特征，但其有 EPP 特征，即非定式时制 T 需要相应的 NP 来核查其 EPP 特征。根据最短距离原则和主语内部生成假说，外于 [Spec, VP] 位置上的 NP 就会提升到 [Spec, TP] 处，把非定式时制 T 的 EPP 特征删除，非定式时制就不再活跃。提升到 [Spec, TP] 的 NP 虽然满足了非定式时制 T 的 EPP 特征，但其格特征并没有被核查，因此它仍是活跃的目标，可以被更高一级的探针搜寻。另外，根据 Xu 扩充的格位理论，“把”为了释放自己的格或者说是为了核查目标 NP 的格特征就会吸引其成分统制的 NP 提升。这样小句主语 NP 就会提升到介词“把”的补足语位置，将其格特征删除。

（三）小结

在“把”字句中，不论“把”后 NP 的原位是小句动词的宾语还是主语，都是经过提升移位而来，这在句法上叫作内部合并（internal merge）。原位处于小句动词宾语的“把”后 NP，移位路径明显，容易被察觉和识别。相反，原位处于小句主语位置的“把”后 NP，由于移位的起始位置和着陆点在线性的邻接，不易被觉察，好像没有移位，其实在理论上和经验上都是发生了内部合并的句法操作。如果上面的分析对路的话，即“把”后 NP 是移位而来。

三、“把”字句的焦点

“把”字句的焦点，学界存在两种看法，一种以宋玉柱等学者为代表，他们认为“把”字句的焦点是动作或动作所造成的结果，即传统上所说的“句末焦点说”；另一种以徐杰等学者为代表，他们认为“把”后 NP 才是“把”字句的焦点。

（一）句末焦点说

宋玉柱认为具有处置作用的“把”字句，强调的重点是动作及动作所造成的结果。换言之，普通主谓句则是一般意义的陈述，强调的重点是在句末宾语，而“把”字句强调的是动作及结果。赵金色认为“把”后 NP 虽然是动作的承受者，但句子语义的重心却是在谓语动词上。也就是说，宋玉柱、赵金色等学者认为“把”后 NP 不是句子的焦点，而句子的焦点成分是处于句末的动词或动词的补语。

陆俭明主张正常情况下句子的焦点位于句末，即陆先生同意 Quirk 等提出的句末焦点原则（the principle of end-focus）。不可否认，从信息论的角度来看，句末焦点说的确有一定的道理。但是在话语层面，我们要区分静态的句子和动态的句子。所谓静态的句子，是指脱离具体的语境，不是用来交际的句子，比如语法著作或词典中的例句；动态的句子是指有一定上下文或具体语境的句子，是在日常生活中用来交际的句子。静态的句子由于缺乏具体语境，遵守句末焦点原则。相反，用于交际的动态的句子，可能会受到语音语调（包括轻重音）、上下文和具体语境等多种外部因素的制约和影响，句子的焦点未必是在句末，比如例（10）。

例（10）A: ——谁教我们英语啊？

B: ——徐教授教我们英语。/——徐教授。

在例（10）中，特指问句中存在一个疑问代词“谁”，对说话人 A 来说是未知的新信息，是焦点。B 的回答是“徐教授教我们英语”，很明显“徐教授”是要传递的新信息，是焦点。另外，根据焦点信息不可删略的原则，B 完全也可以只回答“徐教授”，这样就再次确认了句首成分完全可以成为焦点。因此，句末焦点原则可能只适用于静态的句子，在动态的句子中是否也是这样就值得讨论。本书认为，陆俭明先生所说的“正常情况”，可能是指静态的句子。

从表面上看来，句末焦点原则似乎支持宋玉柱、赵金色等学者的观点。但是通过分析可以得知，句末焦点原则只适用于静态的句子，而对于日常交际中所使用的动态的句子来讲，可能并不完全适用。

（二）“把”后 NP 焦点说

以徐杰、金立鑫等为代表的学者主张“把”后 NP 是句子的焦点。徐杰曾经就能够充当焦点的句法成分排了一个趋势性的优先序列，具体如下：“是”强调的成分＞“连 / 就 / 才”强调的成分＞数量成分＞“把”字宾语＞其他修饰成分＞中心成分＞话题成分。从这个序列中可以看出，“把”后 NP 在句子中是比较容易成为焦点的。金立鑫也通过比较和分析证明了“把”字句的语义重心是“把”后 NP。谓词性偏正结构的修饰成分是表述的重点，常被用作焦点。

从结构上来看，“把 +NP”是典型的介宾结构，用在动词前为修饰性的状语。一般来讲，修饰语较之中心语是可有可无的成分，在经济性原则的驱动下，修饰语一般不出现，若是出现的话，一定是包含了尤为重要的信息，而这些重要信息更容易成为句子突显强调的焦点成分。请看例（11）。

例（11）a. 老王把那本书扔了。

b. 老王扔了那本书。

徐杰认为，例（11）中两个句子唯一的区别是前者更强调“那本书”，而后者则没有这层意思。从全局来看，如果假定“把”后 NP 的深层位置是在动词之后，那么它在表层上移至动词之前可能的原因有两个，一是某种句法规则的要求，二是为了强调焦点的需要。

金立鑫认为“把”字句在满足语义表达要求和篇章接续的要求之后，“把”字句的选用决定于语义重心的表达。也就是说，正是出于对动词宾语的强调，才最终促使“把”字句的形成，看例（12）。换言之，说话人之所以使用“把”字句那是为了突显强调句子的宾语。以例（12）a 为例说明，金立鑫认为核心动词“吐”和补语“出来”在意义上同源，且“出来”在音韵上轻读，所以句末补语很难成为焦点。因此，动词宾语移位到“把”后，可能负载了更多的含义，在语用上可能是为了吸引受话人的注意。

例（12）a. 瘦荆狠狠地嚼碎了马鞭草，把一口青绿的渣渣吐出来。

b. 发痧了，痧已经过了肩背，快去把莽长喊来呀！

c. 那条命早晚也会送掉的。他把许多狗都逼疯了，整天在疯狗里转悠。

d. 油倌回来把榨看了好久，又把我看了好久。

（三）小结

通过分析“把”后 NP 的来源，可以发现不论原位是处于主语位置上的“把”后 NP，还是处于宾语位置上的“把”后 NP，它们都发生了移位操作，即都是从一个相对较低的位置提升到一个相对较高的位置。假若句法成分移位或者说句式变换后，较之原句在意义上没有明显变化，那么这种句法移位或句式变换在理论上就是多余的。因此，句法成分的移位势必造成句法意义上的变化，移位成分 NP 就是说话人想要突显强调的焦点。

四、特征核查理论和扩充的特征核查理论

以 Chomsky 为代表的生成语法学派认为普遍语法（Universal Grammar/UG）

是人类认知系统中专门负责语言知识及其运用的子系统，它是独立于人类其他认知系统的一个模块。Chomsky 把该模块称为语言官能（language faculty）。语言官能能够胜任与语言外部系统的接口（interface）功能，即与“发音－知觉”系统（A–P）和“概念－意向”系统（C–I）的接口。语言官能接口条件的实现要满足接口条件（interface condition）或光杆输出条件（bare output condition），也就是要满足充分解释性原则（full interpretation/FI）。充分解释性原则规定每一个成分必须在相应的接口得到恰当的解释，即在 A–P 和 C–I 两个接口处语音式和逻辑式必须分别满足相应的接口条件。换句话说，语音式和逻辑式只能包含合法的 PF 和 LF 特征，而不能存在任何冗余的和无法“容忍”的成分，否则会引起推导系统的崩溃。

（一）经典的特征核查理论

众所周知，语言系统共包含句法部门（syntax component）、语音部门（phonological component）和语义部门（semantic component）三个组成部门。句法部门通过合并与一致对给定一组词项进行句法推导操作。从严格意义上讲，词项是一束“特征”的集合，并不是初始的句法实体。因此，从本质上来讲，句法操作的对象是特征，并不是具体的词项。

句法部门推导出来的“产品”是一对语音－语义的表征式，即 $<\pi, \lambda>$。这一对表征式要能够分别被发音－知觉系统和概念－意向系统识读，即要满足接口条件。如果这一表征条件满足了这一条件，推导收敛（converge），否则崩溃（crash）。对于一个给定接口来讲，什么样的表征式是可读的是非常重要的问题。Citko 认为表征式 $<\pi, \lambda>$ 只要能够分别被语言外部系统 A–P 和 C–I 解释，就具备了接口条件。简单来说，语言表征式要能被 LF 接口层和 PF 接口层解释和“忍受”才行。那什么样的特征才能够被接口解释呢？一般来讲，A–P 系统能够解释与语序、音节结构、韵律结构和语调等方面的特征；C–I 系统能够解释辖域、量化、指称性、有定性、命题等。

然而，无论是 A–P 还是 C–I 系统都不能解释结构格、语类特征等形式特征。任何无法解释的成分在到达接口之前必须在推导系统中被删除，否则会引起推导系统的崩溃，这就是特征核查理论。本书称之经典的特征核查理论。

经典的特征核查理论（Feature Checking Theory/FC）

在拼读前，核查并删除不可解释的特征。

Chomsky 在近期的著作中强调功能范畴所携带的特征决定了各种语言的差异，句法成分移位的动因是功能范畴携带了不可解释的特征。特征总是成对出现的，一个出现在词汇范畴上，另一个出现在功能范畴上。Chomsky 主张凡特征必被核查。不可解释的特征不能被 LF 接口辨认，它必须在拼读之前被删除。特征核查只删除不可解释的特征，并不删除可解释的特征。不可解释的特征被删除后，也只是在 LF 接口层不可见（invisible），在 PF 接口层还是可见的。然而，特征核查在句法上要满足一定的结构条件才能进行。

（二）特征核查的结构条件

不可解释特征的删除要通过特征核查，而特征核查在结构上要满足局域性条件和一致条件。这为移位和合并等句法操作提供了必要的理论动因和行为标准。局域性是指参与特征核查的双方要形成指示语 - 中心语关系或附加关系。一致是指在推导过程中负责给不可解释的特征定值并删除的机制。Chomsky 认为一致要满足以下四个条件。

a. 活跃条件：探针和目标要满足活跃条件，而活跃是指有不可解释的特征

b. 匹配条件：探针和目标的特征要匹配

c. 内部条件：目标要在探针成分统制的域内

d. 局域条件：目标必须是探针距离最近的成统制的成分

总而言之，基于“探针 - 目标”关系的特征核查双方都要具有不可解释的特征，且特征匹配；探针要成分统制目标；特征核查时双方要形成局域关系。

特征核查理论本质上是基于探针 - 目标的理论。特征的删除要通过特征核查的句法操作，特征核查在结构上要形成指示语 - 中心语关系或者是中心语 - 中心语的附接关系。其中，活跃的功能范畴可以成为探针，探针在自己成分统制的域内寻找特征匹配的活跃的词汇范畴——目标。探针吸引目标中的相应特征，后者拖带（pied-piping）整个词汇范畴整体移位到核查域进行特征核查，把不可解释的特征删除。

（三）扩充的特征核查理论

从能否被 LF 接口层解释的角度，特征可以分为不可解释性的特征和可解

释性的特征；从能否被 PF 接口层“容忍”的角度，特征可以分为强势特征和弱势特征。我们知道，语言是音义结合的符号系统，认识语言的性质要结合语音、语义两个平面。而特征的“可解释性”和“强度”基本上是从语义和语音两个平面进行划分的。这样一来，特征是否具有可解释性类似于从语义层进行分析，特征的强弱则类似于从语音层进行处理。如果上述分析对路的话，那么特征可能是“不可解释”和“强势”“不可解释”和“弱势”“可解释”和“强势”“可解释”和“弱势”的综合体。

表 9–1 特征的解释性和强度组合情况一览表

解释性 / 强度	强势特征	弱势特征
不可解释的特征	A: 不可解释 + 强势	C: 不可解释 + 弱势
可解释的特征	B: 可解释 + 强势	D: 可解释 + 弱势

由于经典的特征核查理论只涉及不可解释特征的核查处理情况，其实不可解释的特征还包括表中的 A 和 C 两种情况，从理论上讲，不可解释的特征的核查，有进一步细化的必要。Chomsky 主张可解释的特征即使经过核查，也不会删除，这对于表中 D（可解释 + 弱势）没有问题，但 B（可解释 + 强势）却可能存在问题。因为强势特征会给 PF 接口层造成“麻烦”，需要在拼读之前删除。

根据经典的特征核查理论（FC），凡是不可解释的特征都要通过特征核查予以删除。由于弱势特征可以被 PF 接口层“容忍”，根据经济原则，弱势的不可解释的特征的核查就会延迟到 LF 接口层再进行。相反，强势的不可解释的特征不能被 PF 接口层“容忍”，为避免给 PF 接口层造成“麻烦”，强势的不可解释的特征一定会在拼读前进行特征核查并予以删除。这就是扩充的特征核查理论（Extended Feature Checking/EFC），可以简要地表示如下。

扩充的特征核查理论（EFC）

a. 在拼读前，核查并删除强势的不可解释的特征

b. 在拼读前，核查强势的可解释的特征，删除强势特征

c. 在 LF 接口层，核查弱势的不可解释的特征，删除不可解释的特征

d. 在 LF 接口层，核查弱势的可解释的特征

根据扩充的特征核查理论，一个特征不管是否可解释，只要是强势的，都

必须在拼读之前进行特征核查，这样就会导致显性的句法移位；反之，一个特征不管是否可解释，只要是弱势的，在经济原则的驱动下都可以延迟到 LF 接口层再进行核查，这是一种隐性的句法操作。可解释的特征即使经过核查，也不会被删除；相反，不可解释的特征一定会被删除，有的可能是在拼读前删除，有的可能是在 LF 接口层删除。另外，强势特征一定要在拼读前删除，弱势特征不必删除。

五、基于 EFC 理论的“把”字句的句法推导

焦点虽然是个语用概念，但在句法上却完全可以内化为一种高度抽象的形式特征，为句法推导所使用。徐杰认为焦点是说话人最想让听话人注意的信息，焦点只有强弱的不同，没有其他类型的对立。祁峰认为焦点具有主观性。根据金立鑫的研究，说话人使用“把”字句是为了突出强调“把”后 NP。由此可见，假若说话人主观上想刻意强调某一成分，该成分就可能成为强势焦点。

（一）“把”字句的句法推导

从上文的分析可以得知，“把”后 NP 的来源有两处，一处是动词的宾语，另一处是小句的主语。下面以例（1）a 和例（3）b 代表两种不同的类型进行讨论，为便于讨论，记作例（13）。

例（13）a. 那孩子打碎了花瓶。→那孩子把花瓶打碎了。

b. 那段楼梯把爷爷走得气喘吁吁。

先看例（13）a，普通陈述句“那孩子打碎了花瓶”是基础形式，“把”字句为派生形式。在交际的过程中，说话人刻意强调突显动词宾语“花瓶”，导致“花瓶”带有了强势的不可解释的 [焦点] 特征。根据扩充的特征核查理论，该强势特征对于 PF 接口层来讲是不可“忍受”的，需要在拼读之前删除。根据制图理论，我们可以为例（13）a 指派结构（14）。

例（14）$[_{TopP}[_{Spec}$ 那孩子 $_{j}][_{Top'}$ [Top]$[_{FocP}[_{Spec}$ 花瓶 $_{i}][_{Foc'}$ [Foc]$[_{TP}\cdots[_{vP}[_{DP}$ 那孩子 $_{j}]$ $[_{v'}$ [v]$[_{VP}[_{V}$ 打碎 $][_{DP}$ 花瓶 $_{i}]]]]]]]]]$

在结构（14）中，“花瓶”在动词“打碎”的补足语位置参与句法合并，具有强势的不可解释的 [焦点] 特征，是活跃的目标。当句法合并到 TP 后，具有 EPP 特征的功能范畴 Foc 参与句法合并，Foc 是活跃的探针。Foc 在成分统制

（c-command）的域内搜寻特征匹配的目标进行特征核查。Foc 和“花瓶”特征匹配，Foc 将“花瓶”强势的不可解释的 [焦点] 特征删除，同时“花瓶”提升到 [Spec, FocP] 处，删除 Foc 的 EPP 特征。另外，由于汉语是话题优先型语言，话题范畴也会参与句法合并。主语“那孩子”具有强势的不可解释的 [话题] 特征，根据扩充的特征核查理论，“那孩子”就会提升到 [Spec, TopP] 处。最终生成“那孩子花瓶打碎了”。很明显，这是一个焦点句。至于“把”字的合并，将在下文中讨论。

下面再讨论例（13）b 的句法推导情况。同样，根据制图理论，可以为例（13）b 指派结构（15）。在结构（15）中，小句主语“爷爷”被指派了强势的不可解释的 [焦点] 特征，是活跃的目标。当句法推导到 FocP 时，探针出现，根据扩充的特征核查理论，“爷爷”就移位到 [Spec, FocP] 处进行特征核查，其过程与例（13）a 相同，不再赘述。

例（15）$[_{TopP}[_{Spec}$ 那段楼梯 $][_{Top'}\,[Top][_{FocP}[_{Spec}$ 爷爷 $_{i}][_{Foc'}\,[Foc][_{TP}\cdots[_{vP}[_{Spec}$ 爷爷 $_{i}]$ $[_{v'}\,[v][_{VP}[_{V}$ 走得 $][_{RP}$ 气喘吁吁 $]]]]]]]]$

例（13）a 和（13）b 不同的是话题的生成。例（13）b 的话题是基础生成的，不同于例（13）a 的移位生成。简单来说，例（13）a 的话题“那孩子”是从主语移位而来，是一种内部合并；而例（13）b 的话题“那段楼梯”是从算式库（numeration）中直接选取，是一种外部合并。在语段理论看来，例（13）中两个句子话题生成方式的不同根源于它们算式库的不同，其算式库可以分别表示为（16）。

例（16）a. N={{ 那孩子 }，{ 打碎 }，{ 花瓶 }，{T}，{Foc}，{Top}}

b. N={{{ 爷爷 }，{ 走得 }，{ 气喘吁吁 }，{T}，{Foc}}，{{ 那段山路 }，{Top}}}

宾语放在动词前具有强调意味，一般需要对举，如例（17）。如果只有前半句，“老王啤酒喝”“我武汉去过”总有一种意犹未尽的感觉。换言之，对举允准了焦点句的存在。同样，结构（14）推导出的句子“那孩子花瓶打碎了”在语感上可能有人不能接受。如果接受，那是因为“花瓶打碎了”本身就是个受事主语句。若在“花瓶”前插入“把”，句子就完全没有问题了。可见，“把”和“对举”一样具有允准焦点的作用。

例（17）a. 老王啤酒喝，白酒不喝。

b. 我武汉去过，上海也去过。

（二）“把”的句法属性

句法上关于“把”语法范畴的划分，大致有以下三种看法：以王力为代表的“助动词说”，以吕叔湘、朱德熙为代表的“介词说”，以邓思颖、熊仲儒为代表的“轻动词说”。众所周知，助动词后一般选择动词短语做宾语，“把”显然不符合这一条件。介词是帮助句子介引论元，不能省略，但“把”在很多情况下是可以省略的，上文已讨论。另外，胡德明发现安徽芜湖清水方言中存在“无‘宾’把字句”，如例（18）所示。所以“介词说”也有难以克服的问题。“轻动词说”内部也并非铁板一块，争议也很大，另外传统语法对其也持怀疑态度。

例（18）a. 格碗汤你把喝得。（这碗汤你把它喝掉。）

b. 桌子高头有一瓣西瓜，三仔，你把吃得。（桌子有一瓣西瓜，三仔，你把它吃掉）

在本书看来，将“把”处理成一个焦点标记似乎更加稳妥。张伯江、方梅认为焦点标记要具备三个条件：a. 标记自身不负载实在意义，不可以带对比重音；b. 标记词的作用在于标示其后的成分的焦点身份；c. 标记词不是句子线性结构中的基本要素，因此省略以后句子仍然成立。综合以上三点，处在焦点成分之前的“把”，可能是个焦点标记词。原因如下：一是从语音上来看，“把”不带重音，意义较虚；二是根据上文的分析，“把”后成分具有焦点属性，是说话人想要强调的焦点；三是绝大多数“把”字句可以省略“把”。据笔者统计，不能省略“把”的“把”字句主要有以下两种类型。

例（19）a. 我把你打了一顿。　　→*我你打了一顿。

b. 张三把李四当成了王五。　　→*张三李四当成了王五。

就例（19）a 来看，不能省略“把”可能是人称代词连用的原因，若换成名词就完全可以省略，比如：老张李四打了一顿。例（19）b 不合格的原因可能是动词的原因，就好比“陈大明和李红红结婚了”一样不能省略介词“和”。原因是动词“结婚”后本身就没有宾语空位。

徐杰认为句子跟名词短语和动词短语一样都是向心结构，句子也是有中心的。这个所谓的“句子中心”就是中心动词之前那个谓语开头的位置，即“谓头”，而“谓头”正是句子的三个敏感部位之一。这样一来，说话人把认为重要的信息或强调的信息移位至敏感的“谓头”位置就不难理解了。既然处于谓头位置的信息是重要信息，那么给它添加一个标记就是再自然不过的事情了。这就好比开会时主席台上的每个座位前都要放一个席卡，而听众席一般不放，即使放也是前几排，那是因为主席台和听众席的前几排是“敏感”位置，所以需要放个席卡以示区别。

在本书看来，“把”是一个焦点标记词。语法在选择焦点标记时，恰好选择了“把”，而“把”在用法上同时兼有助动词、介词或轻动词的部分属性。因此，作为焦点标记词的“把”，既要满足焦点标记词使用条件，可能还要遵守介词、轻动词等的句法限制。

“把”进入句法就是通过“把 – 支持”（Ba–Support）的方式直接插在焦点前。“把”的插入类似于英语中的“Do– 支持”（Do–Support）。所谓 Do– 支持，是指英语在构造一般疑问句和附加疑问句时，助动词直接使用，而普通动词需借助于助动词 do，比如例（20）。这里的助动词 do 就是通过直接插入的方式进入句子的。

例（20）a. He went to school. → Did he go to school?

b. She believes me, does she?

从本质上讲，无论是“把 – 支持”还是“Do– 支持”都是一种句法合并操作，是一种经济的句法运作方式。因为“把”和 do 都是词库中的词项，选择进算式库中后就可以直接使用，并不涉及句法成分的移位或语序的调整。

六、结论

传统语法上所说的“把”字句，其实是人们用来表达焦点的一种手段。因此，“把”字句和普通的陈述句、疑问句等并没有本质上的不同。换言之，“把”字句实际上就是人们用来突显信息、强化焦点的一种方式，不具备独立的句式地位。取消“把”字句的句法地位，有利于简化语法系统，符合儿童习得语言的基本事实。

“把”后 NP 是从动词后的宾语或小句的主句处提升移位而来，之所以移到动词前这个所谓的“谓头”位置，那是因为“谓头”是个句法敏感位置。把重要的信息放在重要的位置也符合人类认知的一般规律，即符合语言象似性原则。

“把”本质上是一个焦点标记，用来标明“把”后NP的焦点地位，吸引听话人的注意，达到信息传递的交际目的。既然“把”是个焦点标记，根据张伯江、方梅关于焦点标记判定的“三原则”，“把”就应该可以省略。事实的确如此。当然，也有个别“把”字句不能省略“把”，那是词汇上的原因，与焦点标记无关。

“把”进入句子是通过“把－支持”的句法操作，这类似于英语的“Do－支持”。在理论上，“把－支持”是一种句法合并操作。生成语法理论认为合并是一种经济的句法操作方式。因此，汉语中的“把”字句是使用比较普遍的句子。

第十章　二语习得视角下的语言教学人才培养

第一节　二语习得与民汉双语人才培养模式

民汉双语预科专业属于民族预科性质的招生范畴，这是高校落实国家民族政策的具体体现。民族预科班是指对当年参加普通高校招生全国统一考试、适当降分、择优录取的少数民族学生，实施高等学校本、专科（高职）预备性教育的一种办学形式。另外，报考民汉双语预科专业的考生还须参加贵州省统一组织的少数民族语言口试，成绩要合格。从兴义民族师范学院民汉双语预科专业近年来的招生章程上来看，其招生对象为贵州省少数民族考生，学生经过一年的预科学习后，根据其志愿、预科学习成绩以及综合表现录取到校内相关专业。

一、民汉双语专业的办学现状

党的十九大报告提出，中国特色社会主义进入新时代，我国社会主要矛盾已经转化为人民日益增长的美好生活需要和不平衡不充分的发展之间的矛盾。这是对中国特色社会主义进入新时代做出的实事求是的重大判断。当然，人民对美好生活的需要也包含享有平等接受高等教育的机会。贵州省的高等教育发展规模和水平尤其是民族地区与东部地区相比尚有一定的差距，这直接造成贵州省民族地区适龄人员接受高等教育的机会较之东部地区偏少。为解决这一问题，贵州省民宗委联合部分驻黔高校设立了民汉双语服务基地，以此来带动民族地区学生接受高等教育。兴义民族师范学院从 2015 年开始招收民汉双语预科生，截至 2021 年共招生了 7 届，其中 2015 年—2016 年每年招生 1 个班，每个班计划招生 50 人，2017 年—2021 年每年招生 2 个班，每个班约 60 人。七年来，兴义民族师范专业共为国家培养民汉双语专业人才约 700 名。纵观七年来的民汉双语专业办学实践，具有以下特点。

（一）报到率高

从各届少数民族双语预科班计划招生人数和学生实际报到情况来看，学生报到率呈现出高的特点。其中，2015 年计划招生 50 人，实际报到学生 49 人，报到率为 98%。2016 年计划招生 50 人，实际报到学生 50 人，报到率为 100%。2017 年计划招生 120 人，开设两个班级，实际报到学生 115 人，报到率为 95.8%。2018 年计划招生 120 人，开设两个班级，实际报到学生 116 人，报到率为 96.7%。2019、2020、2021 三年学生报到率均在 97% 以上。

（二）生源地集中

少数民族双语预科专业面向贵州省境内少数民族学生进行招生，从生源地情况来看，大多数集中在黔东南、黔南、黔西南三个民族自治州，毕节、安顺、六盘水等地也有少量生源。其中，2015 级少数民族双语预科共有学生 49 名，黔东南州有 20 人，黔南州 18 人，黔西南州 9 人，毕节地区 2 人。2016 级少数双语预科 50 名学生中黔东南州有 21 人，黔南有 14 人。2017—2021 级来自黔东南州和黔南州的学生超过 70%。

（三）布依族、苗族学生多

据统计，在兴义民族师范学院已招生的 7 届少数民族双语预科班中，布依族和苗族最多。比如，2015 级少数民族双语预科班 49 名学生中，共有 5 个少数民族，其中苗族 21 人，布依族 16 人，水族 6 人，侗族 5 人，彝族 1 人。2016 级少数民族双语预科班 50 名学生，共有 4 个少数民族，其中，苗族 25 人，布依族 10 人，水族 9 人，侗族 6 人。2017 级、2018 级四个班共 231 名学生中，集中为布依族、苗族、侗族，且这三个民族学生人数相当，其他像水族、彝族学生很少。同样，2019、2020、2021 三级学生也是布依族和苗族相对较多。

二、民汉双语预科专业的人才培养方案的制定与完善

少数民族双语预科专业是兴义民族师范学院独具特色的办学模式，2015 年在贵州省教育厅、贵州省民宗委的支持下，开设了首届少数民族双语预科班，面向贵州省少数民族考生进行招生。双语预科班的课程设置是根据国家相关规定，在开设汉语公共课程的同时，还开设有少数民族语言文学课程。该校根据

这一办学模式，如今已经进行了7届双语预科班学生的招生和培养工作，前6届的学生已经全部顺利升入了他们所向往的专业继续深造。

（一）人才培养目标

民汉双语预科专业主要是通过一年预科阶段的学习，进一步提高少数民族预科学生的综合素质和能力，培养其良好的学习习惯，使其掌握基本的学习方法和学习技能，在德、智、体等方面得到全面的提高，确保他们顺利过渡到本科学习阶段。具体包括以下两个方面，一是着重夯实民族预科学生的文化基础知识，通过普通话、英语、少数民族语言等课程的学习，学生在语言运用能力上有所提高。二是突出专业特色及民族地区学生自身的优势，通过民族文学、民族体育、民族音乐、民族文化等课程的研修，加强民汉双语预科学生对民族理论、少数民族文化的了解，为下一步完成本科专业课程学习打下坚实的基础。

（二）课程设置

民汉双语预科专业的生源结构绝大部分地处偏远民族地区，其基础教育水平相对城市比较薄弱，这一点从学生的入学成绩也可以看出。从本质上来讲，“预科”是从高中教育到高等教育的过渡。换句话说，学生通过一年的学习，为本科阶段的学习奠定了基础。民汉双语预科专业两学期共开设10门课程，包括“语言习得理论”“英语”“少数民族文化心理”“布依族语言与文化”“苗族语言与文化”“普通话”“民族传统体育”“少数民族教育政策与法规”“少数民族音乐欣赏”“民间文学”，基中“布依族语言与文化”和“苗族语言与文化”两门民族语言课“二选一”即可，实际上学生只需要完成9门课程的学习。从开设的课程来看，以民族类课程为主，只有“英语”“普通话”为基础性质的课程，“语言习得理论”“民间文学”虽然不属于民族类课程，但与民族类课程紧密相关。这样的课程设置一方面能够突显民族类课程的重要性，另一方面也会突显“预科”的专业属性。

（三）完善人才培养方案

培养方案是学校人才培养工作的总蓝图，是教育教学工作的基本依据，是教学管理的重要文件，是教育教学改革成果的具体体现。针对少数民族双语预科班学生的情况和国家对预科学生的教学要求，兴义民族师范学院文传学院组织教师就该专业人才培养方案的制定进行了专门的讨论与研究，对其内容进行了反复论证，明确了培养目标、培养要求、课程设置、考核规定以及教学计划。在认真总结各级人才培养方案执行情况的基础上，文传学院更新教育思想观念，深入研究人才培养模式，深化学分制改革，认真制定各级人才培养方案，并明确了专业负责人，及时了解培养方案实施过程中产生的问题。针对上一届人才培养方案实施过程中存在的具体问题，进行了认真的修改与完善，如将民族语言类课程由之前的每周 2 节课增加到每周 4 节课，少数民族音乐欣赏课程改为只开设一个学期，为了平衡各学期学生考试科目以及缓解学生学习压力，将原本在第一学期开设的语言习得理论基础课程调至第二个学期开设。

（四）增设特色课程

围绕少数民族语言主干课程，文传学院结合人才培养方案开设了一系列与“语言”“少数民族文化”相关的课程。如“布依族语言与文字”“苗族语言与文字”“第二语言习得理论”“普通话”“英语”和“少数民族音乐欣赏”“民族传统体育”“民间文学”“少数民族教育政策与法规”“西南少数民族文化心理”。这些课程对提高学生的双语能力、理解民族文化等方面具有很大的促进作用。为了弘扬和传承民族语言文化，根据黔西南州和班级学生民族构成等实际情况，设置了两门主要少数民族语言特色课程，分别是布依语和苗语基础课。授课的内容有民族语言的发展史、语音（声母、韵母、声调）、词汇、语法等语言基础知识，同时还要教授学生民族语言的书写规则和日常用语。以达到使不会民族语言的同学会书写简单的词汇，其中有一定语言基础的同学要会书写民族语言，能读懂用民族语言书写的民族古籍文献，达到能熟练地用民族语言进行交流的教学目标。

（五）开展丰富多彩的第二课堂

针对该专业学生在开设双语教学的同时，为继承、发展和繁荣少数民族优秀传统文化，丰富校园文化生活，增强学生的民族意识，在全校开展民族文化进校园活动，每年均要开设少数民族工艺、少数民族服饰、少数民族体育、少数民族语言等特色培训班，并为少数民族双语预科学生举办少数民族工艺品、少数民族服饰等展览，少数民族原生态歌舞晚会等。在举办的各种活动中学生受益匪浅，如在少数民族服饰展览上，该专业学生踊跃报名，展现布依族、苗族、侗族、水族、瑶族、彝族等民族的服饰。在展示服饰的同时，还要求选手讲述其所展示的民族文化以及风俗的文化内涵。通过举办原生态民族歌舞晚会，让同学和当地各族人民群众感受到各个民族丰厚的传统文化内涵和各民族间不同的风土人情。

三、民汉双语人才培养的成效

学生通过一年预科阶段的学习，其综合素质和能力得到了明显提高。一方面，通过普通话、英语、少数民族语言等课程的学习，着重夯实民族预科学生的文化基础知识，学生在语言运用能力上有所提高。另一方面，通过民间文学、民族体育、民族音乐、民族文化类等课程的学习，加强民汉双语预科学生对民族理论、少数民族文化的了解，突出专业特色及民族地区学生的自身优势，为下一步完成本科专业课程学习打下坚实的基础。

（一）学习成绩有了显著提高

下面将以 2019 级、2020 级民汉双语预科班学生第一学期成绩为例进行说明，两级学生在第一学期均开设了 6 门课程，从总分最高分、最低分，不及格情况等方面来初步分析两级学生的成绩状况。

表 10–1 2019、2020 级民汉双语班第一学期期末考试成绩统计表

内容 年级	总分最高分	总分最低分	500 以上人数	400~500 分人数	不及格人数
2019	556	412	76	40	2
2020	536	458	68	50	0

从上表的数据分析可以得知，整体上来说 2020 级学生成绩较均衡，6 门课程总分 500 分以上的占 58%，400 至 500 分之间的人数也占 42%，其中最高分 536 分，最低分 458，未有学生不及格。而 2019 级学生之间的成绩差距较大，最高分为 556 分，平均每门达到了 90 分以上，而最低分只有 412 分，而且还出现了 2 名学生不及格的现象。因此，2019 级学生中出现了成绩特别突出者，同时也出现了学习成绩不理想者，学生之间的差距较大。而 2020 级学生整体成绩

较均衡，没有特别优异者，也未出现不及格者。

另外，从前两级学生的考试情况来看，2017 级、2018 级这两级学生整体情况一致，只是在英语学科上出现过极少数学生不及格的情况。

（二）学习态度端正

该专业学生全部来自贵州省少数民族地区，学生单纯朴素，学习积极认真，态度端正，很少有违规违纪情况出现。通过向学校及学院相关部门和该专业任课教师了解，该专业学生能够遵守学校规章制度，按时上下课，按时作息，完成教师布置的学习任务等。从相关任课教师反映该专业学生参与课堂讲解的情况来看，学生参与率高，每次都用不同的方式完成教师的要求，课堂气氛较活跃，回答问题的积极性较高。但存在明显的问题是预科学生在文化知识结构层次上稍显单薄，基础薄弱，缺乏创新意识。其中，每一级都会出现各方面综合素质较高、责任心强、工作能力强、突出的学生。这些学生不仅学习成绩好，作为班干部能够协调班级同学的各项事务，服务同学，当好教师的参谋助手。

（三）顺利升入本科

1. 学生升本去向

经过一年的预科学习，经过考核、考试等途径，2015 级—2020 级这 6 级学生均已顺利升入本科学习。其中，2015 级民汉双语班 49 名学生，45 名学生选择了汉语言文学专业，是文学与传媒学院 2016 级汉语言文学一班的主力军，其他 4 名学生选择了兴义民族师范学院其他专业。2016 级民汉双语预科班共有 50 名学生，43 人选择了文传学院的相关专业，其中汉语国际教育专业 28 人，汉语言文学专业 15 人。另外 7 名学生选择了兴义民族师范学院的其他专业，政史学院政治专业 1 人，教科学院 4 人（学前教育 1 人、小学教育 3 人），经管学院财务管理专业 2 人。2017 级—2020 级少数民族双语预科班大部分学生升入文学与传媒学院的汉语言文学专业，部分学生选择就读汉语国际教育、广播电视学专业，少部分学生选择了民族学、思政、财务管理、英语、学前教育等专业学习。

2. 学生升本后的学习情况

从升入各专业各级少数民族预科生的学习情况来看，这些学生能够很好地适应教师的教学，与班上同学融洽相处，责任心较强，服务意识较突显，大部分学生主动竞选各种班干部职位，在学校各种社团中也积极应聘相应岗位锻炼自己。据统计，该专业的学生升入本科以后所在班级的班长、学习委员等班干部大部分为少数民族双语预科班学生承担。他们在学习上也能起到带头的作用。

四、关于民汉双语专业人才培养的几点思考

（一）完善人才培养方案

经过六届的教学实践与教学管理，在少数民族双语预科专业人才培养方案的指导下，民汉双语班的教学取得了较为明显的成绩。但通过座谈研讨、实地调查、个别访问等形式向该班任课教师、具体学生进行了交流，了解到目前人才培养方案仍在培养目标、课程设置以及教学计划等方面还存在一些需要改进的地方。

（二）巩固学生文化基础

少数民族双语预科学生入学时分数普遍较低，相对来说其文化基础较薄弱。预科阶段依据少数民族学生的特点，因材施教，着重提高学生的文化基础知识，具体通过一年对普通话、英语、少数民族语言、民族文化、文学等课程的学习，学生在语言运用能力、文化、文学欣赏评判能力、读写、听说、表达能力上均有所提高。培养学生学习兴趣，拓宽知识视野，促使学生文化基础得到进一步巩固。

（三）提高学生综合素质

在民汉双语预科学习阶段注重夯实学生的文化基础的同时，还应加强对学生思想政治教育，培养学生自学能力与终身学习理念，使学生在德、智、体、美、劳、心等方面综合发展与提高。为学生制订学习计划，开列读书清单并督促其实施，为下一步完成本科阶段的专业学习打下坚实的基础。适当增加选修课程，培养学生广泛的兴趣，拓展知识视野，为专业选择提供雄厚的知识储备与多种发展空间。预科一年的培养，努力提高学生自身综合素质，为培养优秀的本科生做准备。

（四）强化中华民族共同体意识教育

该专业学生长期生活在少数民族地区，对自己民族的历史、风俗习惯、文化价值有着比较朴素的认知。在预科学习阶段，文传学院一方面通过开设民族语言、民间文学、西南少数民族文化心理等课程，使学生对民族的认知得到升华。另一方面，组织学生参加民族村寨调研、民族服饰解说、民族歌舞展示、民族手工艺制作等社会实践活动，让学生亲身感受民族地区经济社会翻天覆地的变化。让学生真正领悟到少数民族的文化同样是中华文明的重要有机组成部分，中华文明是由56个民族共同创造的，56个民族都为中华文明的形成与发展做出了重要贡献。

第二节　语言教师培训与综合素养提高

《义务教育语文课程标准（2022版）》指出语文课程应尽力为全体学生形成与发展核心素养，为其他课程的学习奠定基础；为学生形成正确的世界观、人生观、价值观，使学生成长为人格健全的人。要求教师在教授语文课程中让学生感受语言文字的独特价值和多样文化，掌握多种阅读方法提升阅读能力、进行独立思考、欣赏文字魅力。语文教师能力需进一步提升，然而乡村初中语文教师基础较为薄弱，对教学工作探究不足。因此，要全面提升乡村初中语文教师教学能力是落实核心素养育人目标的关键。

一、初中语文核心素养的相关概念

为更好地提升乡村初中语文教师的核心素养能力，将对核心素养、学科核心素养、初中语文核心素养等概念进行说明。

（一）核心素养

在对核心素养一词进行解释之前，首要了解素养一词的意思。“素养”一词最早在《汉书·眭两夏侯京翼李传》中出现，“马不伏历，不可以趋道；士不素养，不可以重国”，其意是马匹没有充足的养分补给，是没有办法在路上奔跑的；人没有一定的能力，是无法让国家变得强盛的。这里的素养就是指做事能力、学习能力与思考能力，及养成良好的待人接物态度。如今对“素养”

一词的解释在《现代汉语词典》中为“修习涵养、平素所供养。”

“核心”一词的释义是中心、主要的部分。结合两个词解释“核心素养”，即影响人发展的原因较多，要重点提升其中最主要、中心的能力。立足实践而谈，即培养出当下社会所需人才。《义务教育语文课程标准》对核心素养的解释是学生通过课程学习逐步形成的正确价值观、必备品格和关键能力，是课程育人价值的集中体现。

（二）学科核心素养

学科核心素养中对学生的人格培养体现出育人价值。在教育中，关注学生的身心发展特点，将学科核心素养与核心素养的功用体现在教学过程中。以核心素养作为基础，具体到某一学科之上。学科核心素养不仅体现学科教学专有的价值，更体现学科教学对于学生独特的贡献与作用。学科核心素养是学科本质和学科教育价值观的反映。学科教学的育人价值，在学科学习过程中，体现该学科所传达出的文字魅力、思想内容，并锻炼思维方式与逻辑表达能力，进而找出解决问题的方法。学者叶澜对学科核心素养评价是“学科能给予仅在该学科才能得到的感受；提供学科美的发现、欣赏和表达能力”。学科核心素养的作用在学生学习能力上体现出，学生在学习某学科后所给予的反馈正是对该学科本质的反映。进入21世纪之后，国家越发注重教育的作用，注重学科核心素养对人的塑造能力，为实现学生不片面化发展做出努力。

（三）初中语文核心素养

从学科视角看，核心素养不只是某一门学科的素养，它对所有学科素养都起着一个示范作用。语文学科核心素养就是要在语文教学中培养学生的素养能力。义务教育语文课程培养的核心素养，指学生在语文学习过程中将所学知识表现出来，体现出了文化自信和语言运用、思维能力、审美力。由此得出，语文课程中的教学目标应围绕语言、思维、审美与文化四个维度进行学习。在学习的过程中，语言是其他三个维度的基础，即学生通过对语言知识的学习与认知，熟练对语言的运用，在学习过程中形成特有的语言表达能力，实现在不同语境下对语言的控制能力。语言是思维的载体，在语言交流与学习中，提升学生的思维能力。审美创造即通过阅读优秀的文学作品，汲取其中的养分，逐渐实现自主品味，形成自身审美体验。通过对语言文化知识的积累，从中体会到传统文化的魅力，在学习与生活过程中传承中国优良传统文化，提升文化自信。这四个维度是一个整体，涵盖了语文学科的工具性与人文性，教师在教学时要从四个维度出发，使学生在学习之后能够达到目标，获得目标所对应的品格与能力。

二、核心素养下初中语文教师加快发展的必要性

对教师的培训是以核心素养为背景，以初中生的身心发展特点为前提提出，对中学语文学科核心素养的价值进行深刻的思考，通过对教师的专业发展要求，指出教师发展的必要性。

（一）基于初中生的身心健康而言

埃里克森理论认为："12~18 岁的中学生正处于自我统一性与角色混乱阶段。"这一阶段又称为"青春期"，处于这个阶段的学生对"我是谁"这个问题具有较大困扰，过程中会产生角色同一与角色混乱。角色同一指个体对自我有明确的认知，对未来抱有期待。角色混乱指个体对自我没有明确的认知，未来具有不确定性，没有目标，信心不足。这个时期的学生需要教师对其进行正确的引导，鼓励其进行自我认同、确定目标、激发学习动机。人本主义学习动机理论代表人物马斯洛将人的基本需要分为七种。这七种需要中对生理、安全、归属于爱、尊重的需要为缺失性需要，对知识的认知与了解、审美、自我实现的需要为成长性需要。前者特点是只要能够得到满足，这种缺失感就会降低；而后者的特点是永不满足。根据研究发现，某种需要未得到满足会使学生缺乏学习动力，如家庭条件不好、父母离异、身边同学的排挤等都会成为学生学习与达成目标成就的阻力。因此，教师在关心学生的学习的同时也要关心学生的生活，以便更好地关注学生的动向，使其能够全身心地投入到学习中。

（二）基于初中语文学科核心素养价值意蕴

语文，包含了工具性与人文性的特点。不仅训练学生的听说读写的能力，还培养学生的文化修养、文化道德、精神情感以及社会生活的各个方面。倪文锦认为工具性真正内涵所指的是："讲语文学科的工具性，是指它旨在传授、

培养学习其他学期所必需的语文知识、技能。从这个意义上说，语文是形式训练的学科。”语文是基础性的学科，其他学科都需用语言文字作为基础进行学习。它作为学生学习的基础，为学生日常生活交流提供了帮助。语文的人文性体现在学生通过学习语文知识，从中体会到文字传达出的魅力，感悟到作者所表达的情感。通过学习，提高学生思想道德修养与提升学生审美鉴赏能力，为学生品格健全发展奠定基础。语文对人具有终身性的影响，与核心素养所提出的要求是一致的，核心素养培养的能力与品行将贯通学生的一生，学生在学习语文过程中收获的能力与体会的情感也将伴随其一生。

（三）基于核心素养下对教师的要求

进入 21 世纪以来，国家更加注重对素养教育的培养，核心素养的出现是对素养教育的进一步升华。2016 年 9 月 13 日正式发布的《中国学生发展核心素养》，研究制定出了中国学生发展核心素养体系，由此可见国家对于核心素养培养的重视。核心素养要求不断提升学生的素养，使学生能应对未来的生活。初中阶段是学生从儿童时期到青少年时期的一个过渡阶段，要求教师在教学的过程中使学生知识与技能并重。教师在教学的过程中起着引导性作用，社会的不断发展也给予教师极大的挑战，使教师在教学中既要提升自己的综合能力水平，也要顺应时代的发展培养出适合当下社会所需要的人才。

三、乡村初中语文教师素养欠缺原因分析

研究发现乡村教师对核心素养了解较少，培训多为职后培训。这使教师培训受到制度、自身及周边环境的影响。对此，本书将对教师素养欠缺的原因进行分析，为教师的发展指明方向。

（一）培训制度不完善

社会发展要求教师不断地提升自己，教师培训是教师提升的最好方式之一。完善的培训制度是语文教师提升能力的重要保障，是教师素养得到提升的有力支撑。在乡村经济条件不发达的地方，教师能够参加培训机会较少，再加上资源分不均，导致好的学校参加培训机会较多，差一点的学校参加培训机会较少。因为培训制度不完善，学校对教师培训会持不同态度，学校管理者对培训重视

程度不够，使教师培训缺乏统一的组织，培训组织对培训内容不进行细化，忽视对教师自身专业技能与素养提升的培养，这些因素都会影响教师培训的效果。

（二）教师专业技能不足

通过调研发现，乡村初中语文教师学历专科生近四成，本科生近六成，研究生几乎没有。这其中，部分教师缺乏专业的教师技能，缺少对课程改革实施的敏锐度。“义务教育语文课程标准”对课程理念的要求是教师要立足学生核心素养发展，充分发挥语文课程育人功能，注重课程的阶段性与发展性，对教材进行研读，与课程内容相整合，促进学生学习方式的变革。但经过调查发现，乡村语文教书对语言知识的理解只是教会学生生字、生词，让学生机械地背诵古诗文。部分教师普通话带有乡音，板书缺乏新意，对中考改革研究甚少，这使他们教学遇到诸多困难。乡村初中语文教师对课程所需的专业知识技能储备不足，文化素养偏低，这在很大程度上会使教师在教学过程中力不从心。

（三）职业成就感缺失

根据调查得知，部分教师幸福感并不高。最初站上讲台进行教学时，教师有着“为教育事业奋斗终身”的信念，但随着时间的发展，教师的信念逐渐磨灭，对从事教师这个行业并不感到幸福。教育学中用教师职业倦怠来对此现象进行解释，即指部分教师在工作一段时间后，对工作提不起兴趣，对职业充满厌倦情绪，身体疲倦。教师职业倦怠产生跟年龄、教龄、职业成就感、社会支持等因素有关。其中职业成就感指个人在其工作领域经过努力实现个人价值。在乡村地区，教师的职业成就感并不高，原因是当地的经济、教育较为落后，学生基础薄弱，家长不重视对孩子的教育等。学生上课积极性不足，跟教师互动较少，变成教师“一言堂”现象。长此以往，教师就失去了教学的兴趣，对自我能力的提升失去兴趣，认为提升自己也不能使学生成绩得到提高，导致专业素养欠缺。

（四）教师专业发展共同体支持的匮乏

乡村地区经济落后，信息资源接收延迟。教师在进行文本解读、教案设计、公开课设计时会遇到各种问题，教师个人力量单薄，需要外部力量进行支援。但由于所处地区落后，信息闭塞，很难提供有效的信息支援，同地区同行专业知识也较为薄弱，没有团队合作意识，教师之间形成孤立无援的状态。且教育部门对教师的关注度不够，使部分教师对课程改革虽有所了解，想在教学中实施新课改的要求，但不知如何在教学中实施运用新课改中的理念与方法，不能将其与教育改革同步发展。

四、核心素养下乡村初中语文教师培训模式的发展策略与路径

对乡村初中语文教师素养欠缺原因进行分析，从制度管理、自身能力以及外部环境等方面找出问题存在的原因。为使教师培训能够规范化，从核心素养视角探究教师发展的对策，为教师培训实践落实到位提供帮助。

（一）完善教师培训制度与培养方式

针对教师培训制度不完善，管理者应当制定符合各级学校的培训制度，明确培训任务，将任务落实到位。在培训机会上应公平公正公开，让各学段教师都有均等机会去参与培训。培训内容也应跟核心素养紧密关联，遵循“全面发展的人”这一培养原则，结合对教师专业能力的提升与全面培养学生的角度出发，制定出符合教师能力提升的培养方案。各类培训要根据语文学科的特点确定培训目标、敲定培训内容、拓展培训思路、创新培训方式，将培训者与受训者紧密结合在一起，加强互动交流。培训内容应以学科核心素养为中心，充分利用互联网的力量，将培训分为线上与线下模式，两种模式相互融合，让教师随时随地都可以自主学习，增强培训效果，扩大培训受益面。

（二）加强语文基础，提高文化能力

针对教师文化素养不高问题，教育部在招聘乡村教师时，可采用人才引进计划，吸引高质量人才进入乡村，给乡村教育注入新的血液。在职教师要努力学习知识，养成良好的学习习惯。语文是一个融合性学科，它要求教师既要熟知科目所需知识，又要博古通今、饱读诗书。拥有强大的文化底蕴才能在授课中带领学生领会到语文学科的魅力，使学生的审美与鉴赏能力得到有效提升。作为教师，不仅要学好该科目所需的专业知识，还要学习教育学与心理学相关的知识，将书中的理论融会贯通，运用到实际教学中。作为 21 世纪的新型教师，教师要对传统文化知识进行积累，提升自身的文化素养与专业素养，能够说一

口流利的普通话，紧跟时代的脚步，终身学习，掌握国家颁布的教育新法令，并将教育改革落实到教学中。

（三）提高乡村语文教师专业发展的自主意识

做好教师培训的宣传工作，给予教师正确的导向。在调查中发现部分教师职业成就感缺失，对教学失去兴趣。对此情况，学校应当开设讲座，重塑教师信心，找回刚入职时“为教育事业奋斗终生”的热情。教师应相信教育的力量，树立坚定的信念，才能在工作过程中不畏困难，收获教育带来的果实。语文是一门有温度的学科，教师要给自己鼓励，对自己、对工作认可，在教学过程中心存温暖，带领学生一起体会语文中优美的文字，发散学生的思维，传达出教师的人文情怀。教师要有为人师表的风范，是学生学习的榜样，应端正心态，对课堂充满热情。教师要有家长的情怀，时刻关心学生动态，让学生信赖自己，顺利开展教育工作。核心素养要求教师不仅要会教书，还需对教材教法教学进行研究，应沉下心研读教材，设计教案，在教学实践中检验科研成果，在课后进行反思以促进教育的进步。

（四）建构教师学习共同体

针对教师孤立无援的状态，学校管理者应当建立教师合作小组。乡村语文教师组成教师互助小组，共同对语文教材进行研读，设计富有新意的教案，相互评课，让教师主动学习、共同讨论问题。“新课标”指出，学科教研组要构建新型的教师学习共同体，在教学中不断总结和提炼发展学生语文学科核心素养的有效途径与方法。教师要共同探讨与解决教学中的问题，不断交流协作，营造出良好的学习氛围。不仅如此，乡村教师应跟市级优秀教师进行学习，形成互帮小组，解决乡村教师对新课改实施到课堂中的疑问，通过讲课、评课、交流合作等方式提高乡村语文教师的学习能力。

五、结束语

近年来，核心素养之下的教育改革正在如火如荼地进行，对教师的教学能力也提出新的要求。既要帮助学生提升成绩，还要教师之间进行交流学习，这就要求教师提升专业技能。由于乡村教师在教学能力方面略有欠缺，为使教师能够提升教学能力与专业技能水平，应当加强对教师的培训。对乡村初中语文教师进行调查研究，问题存在于教师个人与外部环境。结合自身学习经验及前人研究成果、义务教育语文课程标准和核心素养的内涵，有针对性地提出解决问题的策略。教师的发展并不是一蹴而就的，要实现核心素养下教师专业化的发展，就应持续对教师进行培训，使乡村教师素养持续化发展。

第十一章　结束语

Lakoff 和 Johnson 的巨著 *Metaphors We Live by* 两次在芝加哥大学出版社出版，标志着概念隐喻理论逐步走向成熟。概念隐喻理论由于其巨大的解释力和广泛的适用面，深受国内外学者的欢迎。据笔者统计，新世纪以来仅国内以概念隐喻为理论背景的博士论文就有三十余篇，由此可见概念隐喻理论是语言学研究的热点之一。

我们知道，人类最基本的经验就是人类对自己的理解，即体验哲学是认知语言学的哲学基础和认知动力。作为认知语言学最重要研究领域的概念隐喻理论自然也是以体验哲学为基础的。简单来讲，概念隐喻就是从概念 A 向概念 B 的投射。其中，概念 A 是认知上的源域，在认知上具有具体性、简单性、生动性和形象性的特点；而概念 B 是认知上的目标域，在认知上具有概括性、复杂性、单调性和抽象性的特点。认知语言学上的隐喻是人类的一种认知方式和思维方式，不只是语言运用上的技巧，与修辞学的隐喻在属性上完全不同。简单来说，前者是人类认知和表征世界的“工具”，而后者只是具体的语言使用。

语言是人类最重要的交际和思维工具，语言要适应社会交际的需要，就要不断发展变化，但是语言的发展变化要远远滞后于社会的发展变化。语言发展的滞后性为概念隐喻的产生提供了前提和基础。从本质上来讲，以 A 喻 B 是语言经济性的表现。也就是说，人类不可能为新出现的每一个事物都创造一个新的符号，否则人类语言的词库将非常庞大，人类的记忆也会不堪重负，最终也只会给交际带来不便。相反，如果采用“旧瓶装新酒”的方式，不仅会减轻记忆的负担，还不会对交际造成理解上的障碍。

第一节　概念隐喻与英语词汇教学

关于概念隐喻理论视域下的英语词汇教学，本书采用了两种研究范式：一种是理论上的思辨，另外一种是基于教学实验的实证研究。

理论上的思辨研究首先在理论上探讨了概念隐喻理论指导英语词汇教学的可行性和必要性，然后结合英语中的实例进行分析。从逻辑上来讲，基于概念隐喻理论的英语词汇教学对于提高学习者的词汇识记水平、理解能力和运用水平具有较好的效果。传统的死记硬背的方法已不能适应社会发展对人才培养的要求了。英语词汇学习特别是复合词、多义词很有必要采用隐喻的思维方式，加强词汇间的联系，强化组合搭配，化抽象为具体，改变长期以来语言学习中的死记法。我们认为，基于概念隐喻的词汇教学策略有利于提高学生的学习兴趣。因为词汇的存在是有理据的，是活动的相互联系的统一整体，不是孤立的单体。

本书中基于教学实验的实证研究实际上是笔者在 CZ 大学工作时完成的一项教学实验，该实验也是笔者硕士论文的主体部分，同时该实验还获得了 CZ 大学教学质量改革工程项目的资助。在该教学实验中，我们主要采用了访谈法、问卷调查法和试卷测试法等方法来获取相关数据，利用 SPSS17.0 进行描述性统计分析和独立样本检验分析。通过数据分析，我们发现实验班和控制班经过为期一学期不同方式的大学英语教学，虽然两个班的成绩较期初都有了显著提高，但实验班的成绩明显高于控制班。这说明基于概念隐喻的英语词汇教学在提高学生的词汇产出深度方面确实有较好的作用和效果，值得在今后的教学工作中继续采用并大力推广。

英语词汇是英语大厦的基石，传统的死记法导致词汇学习费时低效。英语词汇在语音、形态、语义和逻辑等方面存在着理据，化抽象为具体的概念隐喻在英语词汇习得方面有着广阔的前景和用武之地，能够帮助学习者深入了解英语词汇的本源与实质，有助于提高英语词汇学习效果。

第二节　概念隐喻与对外汉语词汇教学

首先，本书利用概念隐喻等认知语言学的相关理论解释了汉语网络新词“C 位”“吃土”“硬核”“小确幸”、狗粮、“× × 帝”和“躺枪”等产生的认知理据和广泛传播的社会动因。然后从理论上探讨了基于概念隐喻理论的对外汉语词汇教学。

本书采用个案研究的方式，分别研究了汉语常用词和常用成语。主要包括由“根”“管”和“火”派生的常用词的具体用法与相关例句。我们建议在词汇教学中要充分利用认知语言学的体验观，比如在教“辣”时就可以让学生尝一下“辣椒”，在教“火”时可以让学生观看一下大火燃烧的视频，感受“大火”的力量和迅猛,从而加深学生对于课堂知识的理解,提高词汇产出的水平和效果。

本书在探讨成语的对外汉语教学时,也是采用了个案研究法,主要列举了“叶公好龙”“亡羊补牢”“刻舟求剑”“守株待兔”“明日黄花”“坐井观天”“黄粱一梦”“当一天和尚撞一天钟”“黔驴技穷”和“滥竽充数”10 个成语。我们重点讲解了这 10 个成语的相关历史典故、出处来源、寓义及用法等，还结合相关例句进行了深入剖析。另外，我们根据成语的来源和语义内容，收集了部分图片，目的是从直观上加深学生对该成语的理解。研究发现，在成语的对外汉语教学中，我们要向外国学生灌输概念隐喻思想，在学习和使用成语时要学会在历史背景知识和现实生活中的迁移。

第三节　语言本体研究与语言教学

该书不是一般意义上的语言学习方法方面的介绍性书籍， 而是在作者多年语言学习与教学实践的基础上总结出来的一套行之有效的具有指导性意义的方法论。作者从认知语言学的视角，借用概念隐喻、转喻、识解等认知理论，对各个方法进行进一步的提炼、凝结与升华，最终以一种崭新的状态呈现在读者面前。本书并没有陶醉于理论，而是走下理论的“神坛”，大胆地与中国语言教与学的实践相结合，出色地探索出了一条既有理论高度，又适合中国语言教与学实际的路子。真正做到了语言理论与语言教学实践的融合，即教学要以科学理论为指导，科学研究要来自于教学第一线。

语言研究要多从句法现象之间的相互联系的角度出发，用联系的观点全面地分析和解决问题,否认事物的联系会导致陷入形而上学的危险境地。也就是说,语言研究也要避免把语言现象孤立起来，对语言现象的孤立有可能会出现一叶障目的危险。据此，作者做出一个大胆猜想：要是把不同的语言现象、研究范式整合在一起进行研究会不会收到意想不到的效果呢？作者正是本着这种朴素的想法，在开展专题研究的同时尝试将整合到同一个理论模型下，探求隐藏在它们背后的共同机制或普遍原则，从而深化对这几类语言现象的认识。

第四节　本书的不足及展望

一是系统性还要加强。本书无论是讨论国内英语词汇的教学还是对外汉语词汇教学都是以个案形式进行的，整体性和系统性的研究有待进一步强化。另外，本书的结论是否具有普适性尚需在更大范围内的教学实验中进行验证。

二是理论联系实际方面尚待改进。本书在讨论国内英语词汇的教学时，有理论探讨，也有教学实验的实证研究，但在对外汉语词汇教学方面仅是理论方面的研究，或者说仅停留在理论思辨层面，缺乏教学实证研究，这一点在今后的教学科研工作中要加强。

三是存在“重实轻虚”现象。我们知道虚词在语言表达中具有重要的语法功能和话语功能，然而本书无论是在讨论国内英语词汇的教学时还是在讨论对外汉语词汇教学时，所选取的例子大多以实词为主，而虚词或者说功能词基本上没有涉及。

当然，本书中肯定还有很多其他问题，这些问题将是笔者在今后的教学和科研中努力和改进的方向。

主要参考文献

[1] Abney, Steven Paul. The English Noun Phrase in its Sentential Aspects[M]. MIT, 1983.

[2] Aitchison J. Words in the Mind: An Introduction to the Mental Lexicon[M]. Blackwell Publishers, 1987.

[3] Chomsky, Noam. Lectures on Government and Binding[M]. Providence: Foris Publications, 1988.

[4] Chomsky, Noam. The Minimalist Program. Cambridge[M].MA: MIT Press, 1995.

[5] Chomsky, Noam. Deep Structure, Surface Structure, and Semantic Interpretation[M]. In D. Steinberg & L. Jacobovits(ed.) Semantics. London: Cambridge University Press, 1971.

[6] Chomsky, Noam. Minimalist Inquiries: The Framework. In Step by Step: Essays on Minimalist Syntax In Honor of Howard Lasnik[M]. ed. R. E. A. Martin, Cambridge, MA: MIT Press, 2000.

[7] Christie, F. Learning to Write: Where do written tests Come from ? [M]. Keynote paper given at the Twelfth Australian Reading Association Conference on Text and Context, Perth, 1986.

[8] Citko, Barbara. Phase Theory[M].Cambridge: Cambridge University Press, 2014.

[9] Coady J & Huckin T. Second Language Vocabulary Acquisition[M].Cambridge University Press, 1997.

[10] Craik F. I. M & Lockhart R. S. Levels of Processing: A Framework for Memory Research[J]. Journal of Verbal Learning and Verbal Behavior , 1972(11).

[11] Cronbach L. J. An Analysis of Techniques for Diagnostic Vocabulary Test-

ing[J]. Journal of Educational Research , 1942(36).

[12] Dale E. Vocabulary Measurement: Techniques and Major Findings[J]. Elementary English , 1965(42).

[13] Faerch C. K. Haastrup & Phillipson, R. Learner Language and Language Learning[M]. Gyldendals Sprogbibliotek, 1984.

[14] Givón, Talmy. Isomorphism in the Grammatical Code-cognitive and Biological Considerations, In Raffaele Simone (ed.), Iconicity in Language[M]. John Benjamins Publishing Company, 1984.

[15] Grice, H. Meaning[J]. Philosophical Review， 1975(2).

[16] Gundel, J K. Universals of Topic-comment Structure, In Hammond, M. et al (eds.) Studies in Syntactic Typology[M]. Amsterdam/Philadelphia: John Benjamins Publishing Company, 1988.

[17] Halliday, M A K, & Christian Matthiessen M. I. M. Construing Experience Through Meaning: A Language-based Approach to Cognition[M].London and New York: Continuum, 1999.

[18] Halliday, M A K, R Hasan. Cohesion in English[M]. Beijing: Foreign Language Teaching and Research Press, 2001.

[19] Halliday, M. A. K. Notes on Transitivity and theme in English[J]. Journal of Linguistics, 1967 (2).

[20] Hatch E, Brown C. Vocabulary, Semantics and Language Education[M]. Cambridge University Press, 2001.

[21] Hornstein, Norbert et al. Understanding Minimalism[M]. Cambridge: MIT Press, 2005.

[22] Huang, C. T. James. Logical Relations in Chinese and the Theory of Grammar[M].The Dissertation of MIT, 1982.

[23] Jackendoff, R. 1972 Semantic Interpretation in Generative Grammar[J]. Language(1).

[24] Lakoff, G, M. Johnson. Metaphors We Live By[M].University of Chicago Press, 2003.

[25] Lakoff George, Johnson Mark. Metaphors We Live by[M]. University of

Chicago Press, 1980.

[26] Lakoff George & Johnson Mark. Metaphors We Live by[M]. University of Chicago Press, 2003.

[27] Lakoff George & Turner Mark. More than Cool Reason: A Field Guide to Poetic Metaphor （2nd Edition）[M]. University of Chicago Press, 1989.

[28] Laufer B & Nation P. Vocabulary Size and Use: Lexical Richness in L2 Written Production[J]. Applied Linguistics, 1995 (3).

[29] Lewis Michael. Implementing the Lexical Approach: Putting Theory into Practice[M]. Language Teaching Publications, 1997.

[30] Li, Yen-hui Audrey, Plurality in a Classifier Language[J]. Journal of East Asian Linguistics, 1999 (8).

[31] Mckeown M. G. & Courtis M. E. The Nature of Vocabulary Acquisition[M]. Lawrence Erlbaum, 1987.

[32] Nagy W. Herman P & Anderson R. Learning Words from Context[J]. Reading Research Quarterly, 1985 (20).

[33] Nation I. S. P. Teaching and Learning Vocabulary[M]. Foreign Language Teaching and Research Press, 1990.

[34] Nation I. S. P. Learning Vocabulary in Another Language[M]. Cambridge University Press, 2001.

[35] Oxford R. L. Language Learning Strategies: What Every Teacher Should Know[M]. Newbury House, 1990.

[36] Quirk, R. et al. A Comprehensive Grammar of the English Language[M]. London: Longman, 1985.

[37] Radford, Andrew. Analysing English Sentences[M]. Cambridge: Cambridge University Press, 2009.

[38] Reddy Michael. The Conduit Metaphor, In A. Ortony (ed.) Metaphor and Thought[M]. Cambridge University Press, 1978.

[39] Richard J. The Role of Vocabulary Learning[J]. TESOL Quarterly, 1976 (10).

[40] Schmitt N. Formulaic Sequences: Acquisition, Processing and Use[M]. John Benjamins, 2004.

[41] Schreuder R & Weltens. The Bilingual Lexicon[M]. John Benjamins, 1993.

[42] Sperber, D. & Wilson D. Relevance: Communication and Cognition[M]. Oxford: Blackwell Publishers, 1995.

[43] Teng, Shou-hsin. Remarks on the Cleft Sentences in Chinese[J]. Journal of Chinese Linguistics, 1979(1).

[44] Ungerer F & Schmid H. J. An Introduction to Cognitive Linguistics[M]. Language Teaching and Research Press, 2006.

[45] Vehallen M & Rob S. Lexical Knowledge in L1 and L2 of Third and Fifth Graders[J]. Applied Linguistics, 1998 (19).

[46] Xu, Jie. *Sentence Head and Sentence Structure*[M]. London: Longman, 2003.

[47] 别敦荣 . 大学课堂革命的主要任务、重点、难点和突破口 [J]. 中国高教研究，2019（6）.

[48] [美] 布卢姆等 . 教育评价 [M]. 邱渊等，译，上海：华东师范大学出版社，1987.

[49] 曹凤龙 . 认知隐喻的词汇习得策略实证研究 [J]. 淮南师范学院学报，2009（4）.

[50] 曹勇波 . 认知语言学理论在英语词汇教学中的应用研究 [D]. 武汉：武汉理工大学，2008.

[51] 岑运强 . 语言学概论（第二版）[M]. 北京：中国人民大学出版社，2017.

[52] 陈晶 . 认知隐喻与大学英语词汇习得的实证性研究 [D]. 贵阳：贵州大学，2007.

[53] 陈朗 . 二语教学中的隐喻能力培养 [J]. 外语学刊，2010（5）.

[54] 陈忠 . 认知语言学研究 [M]. 济南：山东教育出版社，2005.

[55] 陈惠晶 . 韩国外国语高中学生汉语词汇学习策略研究——以蔚山外国语高中为例 [D]. 广州：广州大学，2019.

[56] 陈申 . 语言文化教学策略研究 [M]. 北京：北京语言文化大学出版社，2001.

[57] 陈修铭 . 概念隐喻对高职学生英语词汇习得的影响研究 [J]. 河南机电高等专科学院学报，2011（5）.

[58] 陈宗利，王恒英 . That 和 Wh- 词引导的英语定语从句之区别及其句法

解释 [J]. 现代外语，2006（4）.

[59] 陈宗利，温宾利 . 程度关系分句与引导词 that 的使用 [J]. 外国语言文学，2007（1）.

[60] 戴理敏 . 概念隐喻与词汇教学 [D]. 济南：山东大学，2007.

[61] 戴炜栋 . 外语教学的“费时低效”现象——思考与对策 [J]. 外语与外语教学，2001（7）.

[62] 戴炜栋，何兆熊 . 新编简明英语语言学教程 [M]. 上海：上海外语教育出版社，2002.

[63] 邓琦 . 思维导图在对外汉语综合课教学中的应用探究 [D]. 呼和浩特：内蒙古师范大学，2019.

[64] 邓思颖 . 形式汉语句法学 [M]. 上海：上海教育出版社，2010.

[65] 邓思颖 . 形式汉语句法学（第二版）[M]. 上海：上海教育出版社，2019.

[66] 邓兆红 . 英汉指示代词“的”与“that”的语法化对比 [C]// 中国英汉语比较研究会、鲁东大学外国语学院主编 . 中国英汉语比较研究会第七次全国学术研讨会论文集 . 中国英汉语比较研究会、鲁东大学外国语学院，2006.

[67] 董奇 . 促进学习的学生参与式课堂评价 [M]. 北京：中国轻工业出版社，2005.

[68] 杜春英 . 概念隐喻在大学英语词汇教学中的实证性研究 [D]. 济南：山东大学，2008.

[69] 杜小博 . 中韩协同教学模式下的初级汉语词汇教学研究——以京畿道地区高中为例 [D]. 桂林：广西师范大学，2019.

[70] 范文芳 . 名词化隐喻在英语语篇中的衔接功能 [J]. 外语研究，1999（1）.

[71] 甘咏 . 概念隐喻理论在英语词汇习得中的认知研究 [J]. 赤峰学院学报（哲学社会科学版），2009（11）.

[72] 弓建丽 . 思维导图应用于对外汉语文化词语教学研究 [D]. 烟台：鲁东大学，2019.

[73] 龚玉苗 . 培养隐喻意识与扩展英语词汇的关系研究 [D]. 兰州：西北师范大学，2005.

[74] 龚玉苗 . 隐喻意识与外语词汇教学 [J]. 外语界，2006（1）.

[75] 郭桐 .2018 至 2019 学年赴泰汉语教师志愿者跨文化冲突案例分析——

以素攀及周边五府汉语教师志愿者为研究对象 [D]. 南宁：广西大学，2019.

[76] 郭德润 .“把”字句的动词 [J]. 江淮论坛，1981（6）.

[77] 郭培粉 . 基于隐喻认知理论的英语专业学生词汇学习的实验研究 [J]. 太原城市职业技术学院学报，2011（9）.

[78] 郭茜，杨志强 . 试论形成性评价及其对大学英语教学与测试的启示 [J]. 清华大学教育研究，2003（5）.

[79] 韩睿子 . 汉英感觉词的隐喻对比及教学策略——以温感词“热”和“hot”为例 [D]. 武汉：华中师范大学，2015.

[80] 何元建 . 现代汉语生成语法 [M]. 北京：北京大学出版社，2011.

[81] 贺滨波 . 隐喻思维训练对于培养写作能力的影响 [J]. 河北理工大学学报（社会科学版），2009（6）.

[82] 侯敏，李丽丽 . 基于焦点信息量化讨论的存现句类型分析 [J]. 华北水利水电大学学报，2017（5）.

[83] 胡附，文炼 . 现代汉语语法探索 [M]. 上海：新知识出版社，1956.

[84] 胡德明 . 安徽芜湖清水话中的“无宾把字句”[J]. 中国语文，2006（4）.

[85] 胡华芳 . 基于隐喻的英语词汇习得 [J]. 武汉科技大学学报（社会科学版），2007（6）.

[86] 胡壮麟 . 语言 · 认知 · 隐喻 [J]. 现代外语，1997（4）.

[87] 胡壮麟 . 评语法隐喻的韩礼德模式 [J]. 外语教学与研究，2000（3）.

[88] 胡壮麟 . 认知隐喻学 [M]. 北京：北京大学出版社，2004.

[89] 黄伯荣，廖序东 . 现代汉语（增订六版）[M]. 北京：高等教育出版社，2017.

[90] 黄丽群 . 认知隐喻与外语学习者的词汇能力 [D]. 贵阳：贵州大学，2006.

[91] 黄腾翔 . 关于高校英语专业普通语言学课程的调查和反思 [J]. 国外外语教学，2011（6）.

[92] 黄远振 . 词的形态理据与词汇习得相关性 [J]. 外语教学与研究，2001（3）.

[93] 贾成南 .“有”字存在句与“There be”结构互译的原型效应 [J]. 重庆交通大学学报，2018（3）.

[94] 焦伟达 . 概念隐喻与中国大学生英语水平的关联度 [D]. 长春：吉林大学，

2009.

[95] 教育部 . 教育部关于印发《普通高等学校少数民族预科班、民族班招生工作管理规定》的通知 .

[96] 教育部高教司 . 大学英语课程教学要求（试行）[M]. 北京：外语教学与研究出版社，2004.

[97] 金立鑫 .“把 OV 在 L”的语义、句法、语用分析 [J]. 中国语文，1993（5）.

[98] 金立鑫 .“把”字句的句法、语义、语境特征 [J]. 中国语文，1997（6）.

[99] 金娜娜，陈自力 . 语法隐喻的认知效果 [J]. 外语教学与研究，2004（1）.

[100] 柯润兰 . 对外汉语高级综合课中的词汇教学 [J]. 中国大学教学，2018（7）.

[101] 雷志敏，刘开军，李海军 . 隐喻应用意识与词汇记忆技巧——关于英语词汇学习方法的创新研究 [J]. 湖南文理学院学报（社会科学版），2006（6）.

[102] 李鹏 . 图式理论在泰国汉语词汇教学中的应用研究——以泰国农业大学色军分校为例 [D]. 厦门：华侨大学，2019.

[103] 李福印 . 认知语言学概论 [M]. 北京：北京大学出版社，2008.

[104] 李更春 . 二语心理词汇及其隐喻式建构 [J]. 苏州大学学报（哲学社会科学版），2009（6）.

[105] 李国宏 . There 的“三域”及其主观化 [J]. 外国语，2019（4）.

[106] 李建萍 . 语义场理论视角下的对外汉语词汇教学研究——以新 HSK 三级词汇为例 [D]. 长沙：湖南师范大学，2019.

[107] 李卢艳 . 基于多模态理论的对外汉语词汇教学设计——以 HSK 中高级词汇为例 [D]. 杭州：浙江科技学院，2018.

[108] 李国南 . 辞格与词汇 [M]. 上海：上海外语教育出版社，2001.

[109] 李清华 . 隐喻对外语教学与外语学习的促进作用——对隐喻能力与概念流利的实证性研究 [D]. 武汉：华中师范大学，2004.

[110] 李珊珊 . 对外汉语文化词汇教学的研究与实践——以菲律宾义德中学的中文教学为例 [D]. 烟台：烟台大学，2019.

[111] 李运河 . 二语词汇习得过程中的隐喻研究 [J]. 湖南医科大学学报（社会科学版），2010（3）.

[112] 廉洁 . 词汇短语对第二语言习得的作用 [J]. 外语界，2004（4）.

[113] 梁东汉 . 论“把”字句 [J]. 语言学论丛，1958（2）.

[114] 林才回 . 认知语言学及其对中学英语词汇教学的启示 [D]. 福州：福建师范大学，2003.

[115] 林书武 . 国外隐喻研究综述 [J]. 外语教学与研究，1997（1）.

[116] 林书武 . 隐喻研究的基本现状、焦点及趋势 [J]. 外语教学与研究，2002（1）.

[117] 刘惠，辛儒靖 . 语义场视角下的对外汉语词汇教学——以词汇等级大纲》中的甲级词为例 [J]. 广西师范学院学报（哲学社会科学版），2019（2）.

[118] 刘昆 . 概念隐喻对英语习语习得影响的研究 [D]. 曲阜：曲阜师范大学，2008.

[119] 刘焱 . 隐喻与词汇教学 [D]. 重庆：西南大学，2009.

[120] 刘承宇 . 语法隐喻的文体价值 [J]. 现代外语，2003（2）.

[121] 刘存伟 . 英语 [it-that] 结构式的语法化研究 [J]. 西华大学学报（哲学社会科学版），2006（6）.

[122] 刘丹凤，魏跃衡 . 谈隐喻意识在英语学习者深层阅读理解中的应用 [J]. 遵义师范学院学报，2007（1）.

[123] 刘梅丽 . 英语多义词隐喻教学法的有效性研究 [J]. 浙江万里学院学报，2009（6）.

[124] 刘世娟，李晶晶 . 从隐喻观看外语词汇习得中的“高原现象”[J]. 北京印刷学院学报，2008（5）.

[125] 刘天坤 . 基于概念隐喻的大学英语词汇教学实证性研究 [J]. 呼伦贝尔学院学报，2010（6）.

[126] 刘婷婷 . 语义场理论在汉语初级词汇教学中的应用研究 [D]. 锦州：渤海大学，2018.

[127] 刘宇红 . Congruence 浅议 [J]. 外国语，2001（6）.

[128] 卢敏 . 产出性词汇知识广度的发展特征 [J]. 外语教学理论与实践，2008（2）.

[129] 陆国强 . 现代英语词汇学（新版）[M]. 上海：上海外语教育出版社，1999.

[130] 陆俭明 . 从语言信息结构视角重新认识“把”字句 [J]. 语言教学与研究，2016（1）.

[131] 陆羽然 . 基于图式理论的初级汉语词汇教学实证研究 [D]. 南京：南京师范大学，2019.

[132] 罗秋雅 . 海外汉语教学初级阶段词汇教学中字词语素综合运用研究 [D]. 北京：北京外国语大学，2019.

[133] 罗少茜 . 英语课堂教学形成性评价研究 [M]. 北京：外语教学与研究出版社，2003.

[134] 罗逸涵 . 初级汉语学习者词汇学习策略与课堂词汇教学 [D]. 青岛：青岛大学，2019.

[135] 罗子沫 . 基于语素教学法的 HSK1–5 级词汇教学设计 [D]. 乌鲁木齐：新疆大学，2016.

[136] 骆明弟 . 论对外汉语词汇教学的“因词施教”原则 [J]. 广西师范学院学报（哲学社会科学版），2019（2）.

[137] 吕晶晶 . 大学英语专业学生的隐喻能力探析 [D]. 大连：大连海事大学，2004.

[138] 吕叔湘 . 汉语语法分析问题 [M]. 北京：商务印书馆，1979.

[139] 马越 . 隐喻理论与成人英语词汇习得 [J]. 中国民航飞行学院学报，2005（4）.

[140] 马佳玲 . 情境教学法在对外汉语初级阶段词汇教学中的应用——以礼智兴华中学的教学实践为例 [D]. 烟台：烟台大学，2019.

[141] 聂志平 . 语言学概论课程建设问题探讨——以浙江师范大学为例 [J]. 浙江师范大学学报（社会科学版），2010（2）.

[142] 聂志平，陈青松 . 语言学概论（第二版）[M]. 北京：高等教育出版社，1980.

[143] 潘琦 . 汉语文化词语及其教学研究 [D]. 乌鲁木齐：新疆大学，2019.

[144] 潘之欣 . 关于高校英语专业“语言学导论”类课程设置的调查 [J]. 外语界，2002（1）.

[145] 彭佳蓓 . 思维导图在对外汉语词汇教学中的应用研究 [D]. 乌鲁木齐：新疆大学，2019.

[146] 彭增安 . 隐喻研究的新视角 [M]. 济南：山东文艺出版社，2006.

[147] 濮建忠 . 英语词汇教学中的类联接、搭配及词汇 [J]. 外语教学与研究，

2003（6）.

[148] 祁峰 . 从焦点理论看特指性是非问句 [J]. 语言科学，2014（5）.

[149] 祁雪 . 隐喻的认知本质对外语词汇教学的启示 [J]. 长春教育学院学报，2010（3）.

[150] [美] 萨丕尔 . 语言论 [M]. 北京：商务印书馆，2011.

[151] 邵红万 . 构建形成性评价与终结性评价相结合的高职英语多元评价体系 [J]. 西南农业大学学报，2009（7）.

[152] 邵敬敏 . “动 + 个 + 形 / 动”结构分析——兼与游汝杰同志商榷 [J]. 汉语学习，1984（2）.

[153] 沈家煊 . “糅合”和“截搭”[J]. 世界汉语教学，2006（4）.

[154] 沈家煊 . 如何解决“补语”问题 [J]. 世界汉语教学，2010（4）.

[155] 石洛祥 . 中国英语学习者惯用语块习得研究 [D]. 重庆：西南大学，2009.

[156] 史兵先 . 隐喻在初中词汇教学中的应用 [D]. 北京：首都师范大学，2009.

[157] 束定芳 . 现代语义学 [M]. 上海：上海外语教育出版社，2013.

[158] 束定芳 . 隐喻学研究 [M]. 上海：上海外语教育出版社，2001.

[159] 束定芳 . 论隐喻的运作机制 [J]. 外语教学与研究，2002（2）.

[160] 宋步峰 . 隐喻认知与英语学习 [D]. 济南：山东师范大学，2003.

[161] 宋玉柱 . “处置”新解——略谈“把”字句的语法作用 [J]. 天津师院学报，1979（3）.

[162] 宋玉柱 . “把”字句、“对”字句、“连”字句的比较研究 [J]. 语言研究，1981（1）.

[163] 宋玉柱 . 关于“把”字句的两个问题 [J]. 语文研究，1981（2）.

[164] 苏丹洁 . 取消“兼语句”之说——构式语块法的新分析 [J]. 语言研究，2012（2）.

[165] 苏远芸 . 概念隐喻理论与大学英语词汇习得 [D]. 南京：南京师范大学，2007.

[166] 苏远芸 . 概念隐喻对非英语专业学生词汇习得的影响 [J]. 湖北第二师范学院学报，2008（4）.

[167] 孙红旗 . 隐喻与大学英语词汇习得 [J]. 天津外国语学院学报，2004（5）.

[168] 孙一晖 . 基于认知负荷理论的初级汉语词汇教学设计——以《我买了一件毛衣》为例 [D]. 沈阳：沈阳大学，2019.

[169] 覃丽 . 英语词汇习得的概念隐喻研究 [D]. 长沙：长沙理工大学，2009.

[170] 唐春燕 . 范畴化视角下的隐喻习得途径——词汇意义的获得 [J]. 天津大学学报（社会科学版），2009（1）.

[171] 陶行知 . 行知书信集 [M]. 合肥：安徽人民出版社，1981.

[172] 汪琴 . 隐喻能力与二语作文词汇丰富性研究 [J]. 台州学院学报，2011（4）.

[173] 王芳 . 概念隐喻理论与大学英语词汇教学 [D]. 哈尔滨：东北林业大学，2007.

[174] 王珺 . 合作教学模式下词汇联想法教学初探——以韩国大静高中为例 [D]. 西安：西北大学，2019.

[175] 王寅 . 论语言符号象似性 [J]. 外语教学与研究，1999（5）.

[176] 王力 . 中国现代语法 [M]. 北京：商务印书馆，1985.

[177] 王寅 . 认知语言学探索 [M]. 重庆：重庆出版社，2005.

[178] 王寅 . 认知语言学 [M]. 上海：上海外语教育出版社，2007.

[179] 王寅 . 基于罗素摹状论分析 There-be 存在构式 [J]. 外语学刊，2019（1）.

[180] 王寅 . 认知语言学教程 [M]. 北京：北京大学出版社，2021.

[181] 王翠莲，张红霞 . 教学课堂的隐喻化尝试 [J]. 安徽工业大学学报（社会科学版），2009（4）.

[182] 王钢 . 浅谈“that”的用法 [J]. 阴山学刊，2003（5）.

[183] 王洪刚 . 外语教学中引入隐喻对学习者词汇学习策略与思维模式影响研究 [D]. 长春：东北师范大学，2006.

[184] 王慧晶 . 认知语言学理论在英语词汇教学中的应用 [J]. 内蒙古农业大学学报（社会科学版），2011（4）.

[185] 王守恒，查啸虎，周兴国 . 教育学新论 [M]. 合肥：中国科学技术大学出版社，2005.

[186] 王晓磊 . 隐喻理解能力与大学英语词汇教学 [D]. 武汉：华中师范大学，2009.

[187] 卫晋菲 . 多模态理论在对外汉语初级词汇教学中的应用研究 [D]. 西安：

西安石油大学，2019.

[188] 温宾利 . 当代句法学导论 [M]. 北京：外语教学与研究出版社，2002.

[189] 吴亮 . “把”字句与“将”字句差异的多角度考察与分析 [J]. 南京航空航天大学学报，2013（3）.

[190] 吴格奇 .“语言学导论”课程教学行动研究与教师知识体系的反思 [J]. 国外外语教学，2005（2）.

[191] 吴广义 .That 用法初探 [J]. 浙江师大学报，2000（3）.

[192] 吴红岩 . 英语标句词 that 可选性的优选论解释 [J]. 广东外语外贸大学学报，2009（1）.

[193] 吴克炎 . 论英语前缘派生词的隐喻功能 [J]. 齐齐哈尔大学学报（哲学社会科学版），2006（6）.

[194] 吴克炎 . 英汉习语的文化误读探源 [J]. 重庆邮电学院学报（社会科学版），2006（4）.

[195] 吴克炎 . 二语习得的优化途径 [J]. 辽宁工程技术大学学报（社会科学版），2007（5）.

[196] 吴克炎 . 论认知与 EFL 术语习得 [J]. 漳州师范学院学报（哲学社会科学版），2009（3）.

[197] 吴克炎 . 英语“吴”法入门——以英汉语言认知比读为动力 [M]. 北京：中国人民大学出版社，2017.

[198] 吴胜伟 . 兼语句的句法语义分析 [J]. 山东农业大学学报，2015（4）.

[199] 吴胜伟 . 基于 MOOC 的“语言学概论”翻转课堂教学改革与实践 [J]. 兴义民族师范学院学报，2021（2）.

[200] 吴为善 . 汉语韵律句法探索 [M]. 上海：学林出版社，2006.

[201] 吴为善 . 认知语言学与汉语研究 [M]. 上海：复旦大学出版社，2011.

[202] 席婉儿 . 隐喻对词义变化影响的研究 [D]. 西安：西北工业大学，2004.

[203] 谢美蓉 . 隐喻理论视域中的大学英语词汇教学研究 [J]. 江西师范大学学报（哲学社会科学版），2009（4）.

[204] 谢娜 . 论形成性评价在大学英语教学中的应用 [J]. 国家教育行政学院学报，2010（7）.

[205] 谢之君 . 隐喻认知功能探索 [M]. 上海：复旦大学出版社，2007.

[206] 辛斌，沈磊 . 指示词语 this 和 that 在英语口语中的使用和理解 [J]. 外语学刊，2005（5）.

[207] 邢福义 . 汉语语法学 [M]. 长春：东北师范大学出版社，1997.

[208] 邢福义 . 汉语语法学（修订版）[M]. 北京：商务印书馆，2016.

[209] 邢福义，吴振国 . 语言学概论（第二版）[M]. 武汉：华中师范大学出版社，2010.

[210] 熊仲儒 . 现代汉语中的致使句式 [M]. 合肥：安徽大学出版社，2004.

[211] 熊仲儒 . 当代语法学教程 [M]. 北京：北京大学出版社，2013.

[212] 徐冰 . 商务语篇中的隐喻与词汇记忆——概念隐喻角度 [D]. 北京：对外经济贸易大学，2004.

[213] 徐杰 . 汉语描写语法十论 [M]. 郑州：河南教育出版社，1993.

[214] 徐杰 . 普遍语法原则与汉语语法现象 [M]. 北京：北京大学出版社，2001.

[215] 徐杰，李英哲 . 焦点和两个非线性语法范畴："否定""疑问"[J]. 中国语文，1993（2）.

[216] 徐金鑫 . 波兰小学汉语课堂词汇游戏研究——以克拉科夫第十二小学为例 [D]. 北京：北京外国语大学，2019.

[217] 许颖 . 对 There be 句型的探索性分析 [J]. 福建外语，2000（4）.

[218] 许舒宁 . 关于对外汉语词汇教学的几点思考 [J]. 课程教育研究，2018（47）.

[219] 薛德芳 .There be 结构及其翻译方法 [J]. 福州大学学报，1984（1）.

[220] 晏尚元 . 指示词 that 的语法化及单向性特征 [J]. 湖南农业大学学报（社会科学版），2010（3）.

[221] 晏雪 . 隐喻在大学英语词汇习得中的作用 [J]. 河北理工大学学报（社会科学版），2010（5）.

[222] 杨丽，周丽芳 . 隐喻能力与词汇深度习得 [J]. 江西农业大学学报（社会科学版），2009（3）.

[223] 杨瑒 . 语境理论下对外汉语词汇教学个案研究 [D]. 贵阳：贵州大学，2019.

[224] 杨林云 . 大学英语精读词汇教学调查与分析 [J]. 外语与外语教学，

1999（7）.

[225] 杨卫芳 . 概念隐喻理论在英语词汇教学中的应用研究 [D]. 南京：南京师范大学，2007.

[226] 叶忠星，查琳 . 认知隐喻对词汇教学的启示 [J]. 牡丹江大学学报，2007（11）.

[227] 尹国嘉 . 隐喻认知模式与英语词汇教学 [D]. 石家庄：河北科技大学，2009.

[228] 游睿思 . 多义词概念义的英汉对比分析与教学 [D]. 杭州：浙江大学，2019.

[229] 于洋，于文玲 . 词汇认知模块探索 [J]. 黑龙江高教研究，2006（10）.

[230] 于根元 . 语言哲学对话 [M]. 北京：语文出版社，1999.

[231] 郁步利 . 表示存在的"there be"和"有"字句及翻译 [J]. 安徽农业大学学报，2010（6）.

[232] 喻劲梅 . 通过隐喻学习英语词汇——关于词汇的意义化学习 [J]. 湖北师范学院学报（哲学社会科学版），2006（3）.

[233] [美] 布龙菲尔德 . 语言论 [M]. 袁家骅，赵世开，甘世福，译 . 北京：商务印书馆，1985.

[234] 岳琳 . 多模态教学模式在对外汉语词汇教学中的应用 [J]. 湖北函授大学学报，2018（14）.

[235] 岳凤霞 . 非英语专业学生隐喻能力的培养 [D]. 南京：南京师范大学，2008.

[236] 岳中奇 . 句首前置定语和状语的位移性质思辨 [J]. 汉语学习，2007（6）.

[237] 张斌 . 新编现代汉语（第二版）[M]. 上海：复旦大学出版社，2008.

[238] 张林 . 英汉对比视角下汉语"鱼"族语词语义研究 [D]. 重庆：重庆师范大学，2019.

[239] 张琳 . 隐喻意识与英语词汇习得及保持 [J]. 北京城市学院学报，2010（3）.

[240] 张敏 . 认知语言学与汉语名词短语 [M]. 北京：中国社会科学出版社，1998.

[241] 张曲 ."There be"句型的认知语文学解读 [J]. 湖南大学学报，2010（3）.

[242] 张瑞 . 词源分析法在对外汉语教学中的应用研究 [D]. 合肥：安徽大学，

2019.

[243] 张羽 . 隐喻认知模式与英语词汇教学 [D]. 哈尔滨：东北林业大学，2008.

[244] 张伯江，方梅 . 汉语功能语法研究 [M]. 北京：商务印书馆，2014.

[245] 张海艳 . 语素分析在中级综合课词汇教学中的运用研究——以状中型复合词为例 [D]. 大连：辽宁师范大学，2019.

[246] 张和生 . 对外汉语词汇教学研究——义类与形类 [M]. 北京：北京大学出版社，2010.

[247] 张妙雪 . 地域文化融入对外汉语教学研究 [D]. 伊犁：伊犁师范大学，2019.

[248] 张瑞丽 . 图片在对泰初级汉语词汇教学中的有效运用策略研究 [D]. 昆明：云南大学，2018.

[249] 张淑琪 . 图式理论指导下的初级阶段对外汉语词汇教学探究——以泰国 Anuban Saraburi School 为例 [D]. 桂林：广西师范大学，2019.

[250] 张舒益 . 输入理论在对泰高中生汉语词汇教学中的应用——以 Trattrakarnkhun School 为例 [D]. 石家庄：河北大学，2019.

[251] 张思琦 . 汉英词“头”（head）和“心”（heart）的认知对比分析 [D]. 西安：西安外国语大学，2015.

[252] 张艺浓 . 语义场理论在初级汉语词汇教学中的应用研究——以罗兰大学孔子学院社会班为例 [D]. 北京：北京外国语大学，2019.

[253] 张运琦，路仙伟 . “There be...”句的修辞功能与汉译 [J]. 四川外语学院学报，1993（1）.

[254] 赵海芳 . 概念隐喻理论在词汇习得中的应用研究 [J]. 北京印刷学院学报，2008（3）.

[255] 赵金色 . “把”字句的句法语义研究 [J]. 内蒙古大学学报，2010（2）.

[256] 赵亚男 . 基于新 HSK 词汇大纲汉语名词的概念隐喻分析与应用 [D]. 海口：海南师范大学，2015.

[257] 赵彦春，黄建华 . 隐喻——认知词典学的眼睛 [J]. 现代外语，2000（2）.

[258] 赵艳芳 . 认知语言学概论 [M]. 上海：上海外语教育出版社，2001.

[259] 郑银芳 . 隐喻理论在二语词汇习得中的应用 [J]. 湖南科技学院学报，

2009（12）.

[260] 郑志军 . 隐喻与隐喻能力 [D]. 重庆：西南师范大学，2004.

[261] 钟晓流，宋述强，焦丽珍 . 信息化环境中基于翻转课堂理念的教学设计研究 [J]. 开放教育研究，2013（1）.

[262] 周旭东 . 词汇教学对高中生英语产出性技能影响的研究 [D]. 武汉：华中师范大学，2012.

[263] 朱德熙 . 语法讲义 [M]. 北京：商务印书馆，1982.

[264] 朱德熙 . 语法答问 [M]. 北京：商务印书馆，1985.

[265] 朱德熙，卢甲文，马真 . 关于动词形容词“名物化”的问题 [J]. 北京大学学报，1961（4）.

[266] 朱经伟 . 隐喻意识与大学英语词汇教学 [J]. 安徽工业大学学报（社会科学版），2009（5）.

[267] 朱丽娜 . 基于 TPRS 教学法的对外汉语初级词汇教学研究 [D]. 锦州：渤海大学，2019.

[268] 朱绍禹 . 中学语文课程与教学论 [M]. 北京：高等教育出版社，2005.

[269] 朱文飞 . 英语词汇的认知分析 [J]. 绍兴文理学院学报，2005（4）.

[270] 朱永生，严世清 . 系统功能语言学多维思考 [M]. 上海：上海外语教育出版社，2001.

[271] 朱云汉 . 介词在学生英语学习中的重要作用——隐喻视角下的探究 [D]. 西安：陕西师范大学，2004.

[272] 庄园 . 对外汉语教学中的网络语教学研究——以近五年网络语为例 [D]. 长春：吉林大学，2019.

[273] 邹紫晗 . 基于语境教学法的对外汉语综合课词汇教学设计 [D]. 哈尔滨：哈尔滨师范大学，2019.

附录1：关于我校大学生英语词汇学习现状的问卷调查

亲爱的同学：

你好！

我们开展此次调查的目的是了解我校大学生英语词汇的学习状况，为教师改进教学提供依据。本问卷的所有选项均无对错之分，所收集的数据仅用于研究，与你的学业考试没有任何关系。

本问卷为匿名调查，请你根据自己的实际情况如实回答。你的回答将对改进我校的大学英语词汇教学提供帮助。谢谢你的配合。

衷心感谢你的支持和协助！祝你在英语学习中取得更大的进步！

2012年9月

说明：请根据自己的实际情况，在你认为最适合你的选项上画“○”。

注意：所选的选项一定要能真实地反映你的实际情况。

1. 我认为英语词汇学习________。
   A. 不怎么重要　B. 重要　C. 比较重要　D. 非常重要
2. 我认为英语词汇学习________。
   A. 容易　B. 难度一般　C. 比较难　D. 非常难
3. 我对英语词汇学习的态度______。
   A. 害怕　B. 讨厌　C. 不喜欢　D. 喜欢
4. 我________根据发音规则记忆单词。
   A. 一直都是　B. 经常　C. 偶尔　D. 从来不

5. 我________采用朗读的办法记忆单词。

A. 从来不　B. 偶尔　C. 经常　D. 一直都是

6. 我________采用抄写的办法记忆单词。

A. 从来不　B. 偶尔　C. 经常　D. 一直都是

7. 我________按照事物的分类把表示同类事物的单词放在一起记忆。

A. 从来不　B. 偶尔　C. 经常　D. 一直都是

8. 我________使用词根、词缀记忆单词。

A. 从来不　B. 偶尔　C. 经常　D. 一直都是

9. 我________使用词根、词缀方面的知识进行近义词辨析。

A. 从来不　B. 偶尔　C. 经常　D. 一直都是

10. 我________采用联想（比如：stamp 原义为邮票，由此联想到“盖戳、盖章”，再联想到“跺脚”）的办法记忆词语的意思、用法和搭配。

A. 从来不　B. 偶尔　C. 经常　D. 一直都是

11. 在做词汇测试题时，我________利用单词比喻义进行选择。（比如：mammoth，猛犸象，曾经是远古时代地球上最大的象，因为是庞大动物的名字，所以 mammoth 这个词也就有了比喻义，表示“非常庞大”的意思。“mammoth enterprise”意为“庞大的企业”；“Obama Health Care Reform Bill is a Mammoth Job Killer”，这是一则新闻标题，意为“奥巴马医改政策是一个巨型‘饭碗’杀手”）

A. 从来不　B. 偶尔　C. 经常　D. 一直都是

12. 你认为自己现在的词汇学习方法有效吗？

A. 十分有效　B. 有效　C. 效果不明显　D. 一点效果都没有

13. 我对以往英语老师的词汇教学方法________。

A. 十分满意　B. 满意　C. 不满意　D. 十分不满意

14. 你希望改变英语词汇学习方式吗？

A. 十分不希望　B. 无所谓　C. 希望　D. 十分希望

15. 我________基于概念隐喻的大学英语词汇教学。

A. 十分了解　B. 了解　C. 不怎么了解　D. 不了解

再次对你的支持和配合表示衷心感谢！

附录 2：关于我校《大学英语》词汇教学改革的问卷调查

亲爱的同学：

你好！

截至目前，基于概念隐喻的大学英语词汇教学已经进行了一个学期，为了进一步了解这种词汇教学模式的实际效果，进一步改进大学英语词汇教学，我们组织了本次调查。

本问卷所有问题均无对错之分，所收集的数据仅用于研究，与你的学业考试没有任何关系。本问卷为匿名调查，你的回答将会对我们改进大学英语词汇教学有很大的帮助，在此对你的合作表示感谢！

祝你期末考试取得好成绩！

请在符合你实际情况的选项上画“○”。

1. 你对本学期老师进行的词汇教学方式________。
   A. 很喜欢　B. 喜欢　C. 不喜欢　D. 说不清楚
2. 经过本学期的词汇教学，你对英语词汇学习________。
   A. 更讨厌　B. 更不喜欢　C. 更喜欢　D. 没变化
3. 你认为老师这学期的教学方法对你的词汇记忆________。
   A. 非常有帮助　B. 有帮助　C. 帮助不大　D. 没有任何帮助
4. 你认为老师这学期的词汇教学方法对你提高词汇运用能力________。
   A. 非常有帮助　B. 有帮助　C. 帮助不大　D. 没有任何帮助

5. 你认为这学期老师讲授词汇学习法对你做测试题中的单项选择题________。

A. 非常有帮助　B. 有帮助　C. 帮助不大　D. 没有任何帮助

6. 当你遇到熟知单词的比喻义时，特别是一词多义现象时，老师这学期讲授的词汇学习法对你正确把握它们的意思________。

A. 非常有帮助　B. 有帮助　C. 帮助不大　D. 没有任何帮助

7. 你认为老师这学期进行的词汇教学方式对提高你的英语整体水平________。

A. 很有帮助　B. 有一些帮助　C. 帮助不大　D. 没有任何帮助

8. 你希望老师今后继续运用这样的词汇教学方式吗？

A. 很希望　B. 希望　C. 不希望　D. 说不清楚

9. 请你对本学期老师所使用的词汇教学方法进行简要评价（比如有什么优点，存在什么不足，你有什么建议等）。

____

____

____

____

____

____

____

____

____

____

____

____

____

____

再次感谢你的合作！祝你期末考试取得满意的成绩！

附录 3：2012 级语文教育 1 班英语高考成绩

（鉴于个人隐私，学生姓名全部用编号表示）

学生姓名	成绩	学生姓名	成绩	学生姓名	成绩
学生 1	96	学生 21	125	学生 41	109
学生 2	95	学生 22	121	学生 42	99
学生 3	109	学生 23	111	学生 43	100
学生 4	103	学生 24	89	学生 44	101
学生 5	96	学生 25	80	学生 45	68
学生 6	125	学生 26	105	学生 46	87
学生 7	97	学生 27	118	学生 47	101
学生 8	106	学生 28	115	学生 48	85
学生 9	111	学生 29	91	学生 49	100
学生 10	121	学生 30	114	学生 50	111
学生 11	117	学生 31	110	学生 51	92
学生 12	113	学生 32	96	学生 52	107
学生 13	85	学生 33	97	学生 53	106
学生 14	96	学生 34	91	学生 54	90
学生 15	115	学生 35	98	学生 55	73
学生 16	116	学生 36	111	学生 56	96
学生 17	87	学生 37	76	学生 57	111
学生 18	117	学生 38	123	学生 58	92
学生 19	115	学生 39	93	学生 59	97
学生 20	103	学生 40	125	学生 60	93

附录 4：2012 级语文教育 2 班英语高考成绩

（鉴于个人隐私，学生姓名全部用编号表示）

学生姓名	成绩	学生姓名	成绩	学生姓名	成绩
学生 1	79	学生 21	101	学生 41	95
学生 2	98	学生 22	80	学生 42	113
学生 3	92	学生 23	103	学生 43	97
学生 4	114	学生 24	117	学生 44	96
学生 5	99	学生 25	107	学生 45	86
学生 6	106	学生 26	114	学生 46	121
学生 7	97	学生 27	96	学生 47	130
学生 8	116	学生 28	88	学生 48	104
学生 9	93	学生 29	80	学生 49	77
学生 10	91	学生 30	116	学生 50	110
学生 11	105	学生 31	109	学生 51	111
学生 12	94	学生 32	111	学生 52	119
学生 13	99	学生 33	91	学生 53	96
学生 14	111	学生 34	110	学生 54	114
学生 15	81	学生 35	89	学生 55	77
学生 16	105	学生 36	110	学生 56	96
学生 17	125	学生 37	110	学生 57	111
学生 18	95	学生 38	85	学生 58	123
学生 19	86	学生 39	112	学生 59	94
学生 20	124	学生 40	85	学生 60	88

附录5：词汇测试题（前测）

1. Compared with his sister, Jerry even more ________ to, and more easily troubled by emotional and relationship problems.

A. sceptical　B. addicted　C. available　D. sensitive

2. It was a nice house, but ________ too small for a family of five.

A. rarely　B. fairly　C. rather　D. pretty

3. —Shall we go out for a walk?

—Sorry. This is not the right ________ to invite me. I am too tired to walk.

A. moment　B. situation　C. place　D. chance

4. As nobody here knows what is wrong with the machine, we must send for an engineer to ________ the problem.

A. handle　B. raise　C. face　D. present

5. Encourage your children to try new things, but try not to ________ them hard.

A. draw　B. strike　C. rush　D. push

6. Just as Professor Scotti often ________ it, success is ninety-nine percent mental attitude.

A. gets　B. makes　C. puts　D. means

7. Though having lived abroad for years, many Chinese still ________ the traditional customs.

A. perform　B. possess　C. observe　D. support

8. The final score of the basketball match was 93-94. We were only ________ beaten.

A. neatly　B. slightly　C. narrowly　D. lightly

9. —Can he take charge of the computer company?

—I'm afraid it's ________ his ability.

A. beyond　B. within　C. of　D. to

10. Frank put the medicine in a top drawer to make sure it would not be ________ to the kids.

A. accessible B. relative C. acceptable D. sensitive

11. ——Hi, Mark. How was the musical evening?

——Excellent! Alex and Andy performed ________ and won the first prize.

A. skillfully B. commonly C. willingly D. nervously

12. ——You are always full of ________ . Can you tell me the secret?

A. power B. strength C. force D. energy

13. A new ________ bus service to Tianjin Airport started to operate two months ago.

A. normal B. usual C. regular D. common

14. After graduation, I hoped that the first job would lay the ________ for the development of my future career.

A. foundation B. structure C. environment D. arrangement

15. All members agreed to sign a trade agreement that would bring the lasting ________ to the developing countries.

A. elements B. beliefs C. supports D. benefits

16. Generally speaking, successful businessman knows how to ________ a chance to develop and expand his business at any time.

A. make B. take C. grasp D. catch

17. Please don't ________ to contact me if you want to know about more detailed information about this terrible accident.

A. determine B. hesitate C. attempt D. require

18. When you fill in the application form, please take your ________ address and phone number so that we can contact you easily.

A. permanent B. unique C. independent D. separate

19. I'm sorry I've forgotten to phone you. I've been ________ busy this week.

A. obviously B. properly C. incredibly D. constantly

20. The authorities have made a major ________ in looking into the Xiangfen coal accident which happened in Shanxi province.

A. influence B. breakthrough C. achievement D. consequence

附录 6：词汇测试题（后测）

1. How can we account for the ________ of the League of Nation to achieve peace in Europe?

A. progress B. element C. concern D. failure

2. —I heard you're flying to Japan again.

—Yeah, my boss ________ for me to discuss contract detail with representation from the famous company.

A. arranged B. appealed C. applied D. acquired

3. The ambitious girl from the poor family has ________ all of the goals she set for herself in university and is ready for the new challenges and opportunities in society.

A. realized B. created C. achieved D. established

4. A recent survey shows that the Golden week holiday is the ________ choice for a wedding in China.

A. perfect B. conscious C. normal D. available

5. It's becoming ________ clear that the social problems will not be easily solved in the present situation.

A. completely B. regularly C. increasingly D. occasionally

6. All players attending the Spoken English Contest held by CCTV ________ considerable skills in their performances.

A. displayed B. applied C. resisted D. supported

7. The survey results from Oxford University seem to ________ a connection between poor housing conditions and bad health.

A. indicate B. prove C. various D. establish

8. Creative thinking is a ________ effort to break away from old thought patterns in order to explore new possibilities.

A. generous B. dangerous C. various D. conscious

9. In this factory, suggestions often have to wait for months before they are fully ________ .

A. admitted B. acknowledged C. absorbed D. considered

10. The boy slipped out of the room and headed for the swimming pool without his parents' ________ .

A. command B. conviction C. consent D. compromise

11. Our research has focused on a drug which is so ________ as to be able to change brain chemistry.

A. powerful B. influential C. monstrous D. vigorous

12. The lost car of the Lees was found ________ in the woods off the highway.

A. vanished B. abandoned C. scattered D. rejected

13. Henry's news report covering the conference was so ________ that nothing has been omitted.

A. understanding B. abandoned C. comprehensive D. understandable

14. She was afraid that unless the train speeded up she would lose her ________ to Scotland.

A. ticket B. place C. seat D. connection

15. The ship was ________ in a storm off Jamaica.

A. drowned B. sunk C. wrecked D. submitted

16. No one has ________ been able to trace the author of the poem.

A. still B. yet C. already D. just

17. More than one-third of the Chinese in the United States live in California, ________ in San Francisco.

A. previously B. predominantly C. practically D. permanently

18. The new secretary has written a remarkably ________ report only in a few pages but with all the details.

A. concise B. clear C. precise D. elaborate

19. The managing director took the ________ for the accident, although it was not really his fault.

A. guilt B. charge C. blame D. accusation

20. The workers agreed to ________ the strike if the company would satisfy their demands.

A. call for B. call forth C. call off D. call up

附录7：2012语文教育1班词汇产出深度前测成绩统计表

（鉴于个人隐私，学生姓名全部用编号表示）

学生姓名	成绩	学生姓名	成绩	学生姓名	成绩
学生1	12	学生21	9	学生41	11
学生2	13	学生22	7	学生42	11
学生3	8	学生23	13	学生43	5
学生4	8	学生24	8	学生44	11
学生5	10	学生25	4	学生45	9
学生6	12	学生26	12	学生46	7
学生7	6	学生27	9	学生47	7
学生8	10	学生28	8	学生48	11
学生9	9	学生29	7	学生49	12
学生10	9	学生30	10	学生50	10
学生11	10	学生31	14	学生51	10
学生12	5	学生32	6	学生52	16
学生13	6	学生33	7	学生53	3
学生14	8	学生34	7	学生54	8
学生15	11	学生35	7	学生55	14
学生16	7	学生36	12	学生56	8
学生17	7	学生37	12	学生57	10
学生18	6	学生38	8	学生58	9
学生19	5	学生39	3	学生59	10
学生20	15	学生40	12	学生60	9

附录8：2012语文教育2班词汇产出深度前测成绩统计表

（鉴于个人隐私，学生姓名全部用编号表示）

学生姓名	成绩	学生姓名	成绩	学生姓名	成绩
学生1	8	学生21	9	学生41	9
学生2	12	学生22	10	学生42	10
学生3	11	学生23	15	学生43	7
学生4	9	学生24	11	学生44	11
学生5	10	学生25	6	学生45	7
学生6	11	学生26	9	学生46	1
学生7	6	学生27	13	学生47	10
学生8	13	学生28	13	学生48	10
学生9	12	学生29	13	学生49	13
学生10	8	学生30	4	学生50	5
学生11	10	学生31	8	学生51	8
学生12	13	学生32	7	学生52	8
学生13	7	学生33	11	学生53	13
学生14	8	学生34	10	学生54	12
学生15	7	学生35	8	学生55	10
学生16	8	学生36	10	学生56	11
学生17	8	学生37	12	学生57	9
学生18	9	学生38	8	学生58	7
学生19	10	学生39	11	学生59	13
学生20	6	学生40	12	学生60	9

附录 9：2012 语文教育 1 班词汇产出深度后测成绩统计表

（鉴于个人隐私，学生姓名全部用编号表示）

学生姓名	成绩	学生姓名	成绩	学生姓名	成绩
学生 1	15	学生 21	16	学生 41	14
学生 2	13	学生 22	12	学生 42	14
学生 3	16	学生 23	13	学生 43	17
学生 4	13	学生 24	18	学生 44	13
学生 5	12	学生 25	15	学生 45	13
学生 6	14	学生 26	13	学生 46	12
学生 7	12	学生 27	12	学生 47	16
学生 8	13	学生 28	14	学生 48	13
学生 9	12	学生 29	13	学生 49	14
学生 10	13	学生 30	18	学生 50	14
学生 11	13	学生 31	15	学生 51	15
学生 12	14	学生 32	15	学生 52	18
学生 13	13	学生 33	14	学生 53	13
学生 14	12	学生 34	15	学生 54	14
学生 15	14	学生 35	12	学生 55	15
学生 16	17	学生 36	14	学生 56	12
学生 17	12	学生 37	15	学生 57	13
学生 18	13	学生 38	13	学生 58	17
学生 19	12	学生 39	15	学生 59	16
学生 20	12	学生 40	15	学生 60	14

附录 10：2012 语文教育 2 班词汇产出深度后测成绩统计表

（鉴于个人隐私，学生姓名全部用编号表示）

学生姓名	成绩	学生姓名	成绩	学生姓名	成绩
学生 1	14	学生 21	14	学生 41	12
学生 2	15	学生 22	14	学生 42	13
学生 3	13	学生 23	14	学生 43	15
学生 4	14	学生 24	16	学生 44	13
学生 5	13	学生 25	16	学生 45	13
学生 6	12	学生 26	15	学生 46	13
学生 7	13	学生 27	15	学生 47	12
学生 8	14	学生 28	14	学生 48	13
学生 9	17	学生 29	15	学生 49	12
学生 10	13	学生 30	12	学生 50	12
学生 11	13	学生 31	14	学生 51	12
学生 12	14	学生 32	13	学生 52	12
学生 13	9	学生 33	15	学生 53	12
学生 14	13	学生 34	13	学生 54	13
学生 15	13	学生 35	13	学生 55	12
学生 16	14	学生 36	13	学生 56	13
学生 17	13	学生 37	14	学生 57	17
学生 18	14	学生 38	12	学生 58	14
学生 19	13	学生 39	14	学生 59	12
学生 20	13	学生 40	12	学生 60	13

第1版　后记

光阴似箭，时光荏苒。一眨眼，硕士毕业快十年了，博士毕业也即将一年。这些年来，我的生活十分简单，要么是在读书，要么是在写作，要么是在考试，要么就是在考试的路上……这些年来的日子是艰辛的，是清贫的，但也是充实的和快乐的。

十年前的2010年，也就是农历的庚寅年。那一年，对我来说是注定不平凡的一年。

那一年，日子似乎甜蜜了许多，空气中也似乎到处飘逸着温馨。在这幸福的日子里，恺恺诞生。恺恺的降临，给我和爱人的这个小小的家庭带来了无限的生机和快乐。

那一年，亭城三居室的新房交付，经济上虽有些拮据但心里却宽敞了许多，我和爱人终于有了自己的“家”了。先是忙着找人设计装修风格，再是买建材，找工人……天天忙得不亦乐乎，日子就这样一天一天地过着，辛苦并幸福着。

那一年，“考驾照热”，周围的同事、学生无不在考驾照。经不住诱惑的我，不管自己有车没车，也不管自己买得起车买不起车，也就随波逐流地报名了驾驶员培训考试。考试费时耗力，百般忙碌的我，想过放弃，但无论如何还是坚持下来了。

那一年，不甘落后的我决定考研，考研可不是一件轻松的事。除了正常的工作外，还有新房子的装修，驾校的训练和对儿子的照顾，复习备考的时间可真是弥足珍贵了。那时的我就像一张拉开的弓，弦每天都绷得紧紧的。每日的起早贪黑，每日的废寝忘食，最终功夫不负“苦命人”，我如愿拿到了闽南师范大学的硕士研究生录取通知书。

迈进闽南师范大学的校门后，师从吴克炎教授学习认知语言学与二语习得。基础薄弱的我不敢有一丝丝怠慢，每天除了上课就是“泡图书馆”，如饥似渴地阅读着各种语言学论著。随着相关理论书籍和论文阅读得越来越多，自己的研究似乎也摸到一点点的“门路”了，慢慢地也就有信心和导师、同学交流讨论了。导师吴克炎教授知识渊博，理论功底深厚，在学术上精益求精，是一位真正的学者。吴老师在学业上对我要求严格，一入学就开出了长长的书单子，对我论文的指导更是一丝不苟。无论是课程论文还是毕业论文，只要我发过去，第二天总能收到吴老师长长的回复，并且给出了操作性极强的修改建议。在吴老师的指导下，我顺利毕业，拿到了硕士学位，并且被评为“优秀毕业生”。感谢吴老师对我的指导，要是没有遇到吴老师，我求学的过程可能会更加曲折。

本书正是在硕士论文的基础上改写扩充而成。相比硕士论文，本书的体量大了许多，也增加了不少内容：一是增加了概念隐喻与英语词汇教学的理论研究内容，二是适当增加了认知语言学相关理论的介绍，三是增加了近年来笔者用概念隐喻等认知语言学相关理论来研究汉语网络新词的文章，四是增加了概念隐喻视角下的对外汉语词汇教学相关研究内容。

本书初稿完成后，导师吴克炎教授又提出了部分修改意见，并应学生请求欣然为本书作序，学生感激不尽。兴义民族师范学院雷励教授应本人请求也赐序一篇，为本书增彩，感谢雷兄！

本书在写作过程中参考引用了许多时贤的论著，都在书中进行了详细标注，如有遗漏，敬请海涵。另外，本书在论证词汇的具体教学方法时，还从互联网上下载了部分图片，由于无法考证原创者，在此向图片的原创者致谢。

感谢孔令钢先生为本书的付出，感谢学生许飞同学帮我校对书稿。

本书所有谬误由本人承担，敬请各位专家同仁批评指正。

吴胜伟
2020 年 5 月
于笔山书院旧址

第 2 版　后记

一眨眼,《概念隐喻与二语词汇教学》出版也有两年多的时间了。该书出版后，得到了许多师友的鼓励，同时也指出了书中存在的不足。我由衷地感谢各位师友的支持、指导和包容。

两年多来，我除了教书，大部分时间就是在阅读和写作，也常常对本书进行反思。本书是以硕士学位论文为基础，结合自己多年的教学科研实际进行了适当的扩充而成的。疫情防控期间，不便外出，也就相应地启动了本书的修订工作。

本书的修订，主要从以下三个方面着手。

一是充实了二语教学方面的最新成果。在中国，广义的二语教学实际上是包含了大学英语教学的。为了更能体现中国大学英语教学的实际情况，此次修订适当增加了英语词汇溯源教学和语言测试评价等方面的内容，还增加了语法隐喻与认知效果相关性方面的研究内容。

二是充实了语言本体的最新成果。构式语法是认知语言学重要的研究范式，在研究领域上与概念隐喻也有很多交叉，因此本次修订适当增加了 there be 构式、“把”字构式、that 引导词、程度宾语等语言本体方面的研究，目的是进一步拓宽概念隐喻的研究范围和解释力。另外，还适当增加了对网络新词阐释的研究内容。

三是充实了语言学教改与人才培养方面的最新成果。从学科属性上来讲，二语教学是应用语言学的分支学科。借用现代信息技术推动语言学类课程教学改革、把课程思政元素融入语言学类课程是实现二语教学上水平上层次的必要条件。归根结底，语言教学也要落实到人才培养上，因此本次修订也适当增加了民汉双语人才培养、民族地区乡村教师培训等方面的内容。

诚恳地说，本书的这次修订能否得到广大师友的认可，我的内心是忐忑的。

最后，我想以唐代诗人朱庆馀的一首诗作为结束语，恳请得到各位师友的批评、指导和包容。

洞房昨夜停红烛，待晓堂前拜舅姑。

妆罢低声问夫婿，画眉深浅入时无。

吴胜伟

2023 年 2 月

于静心斋